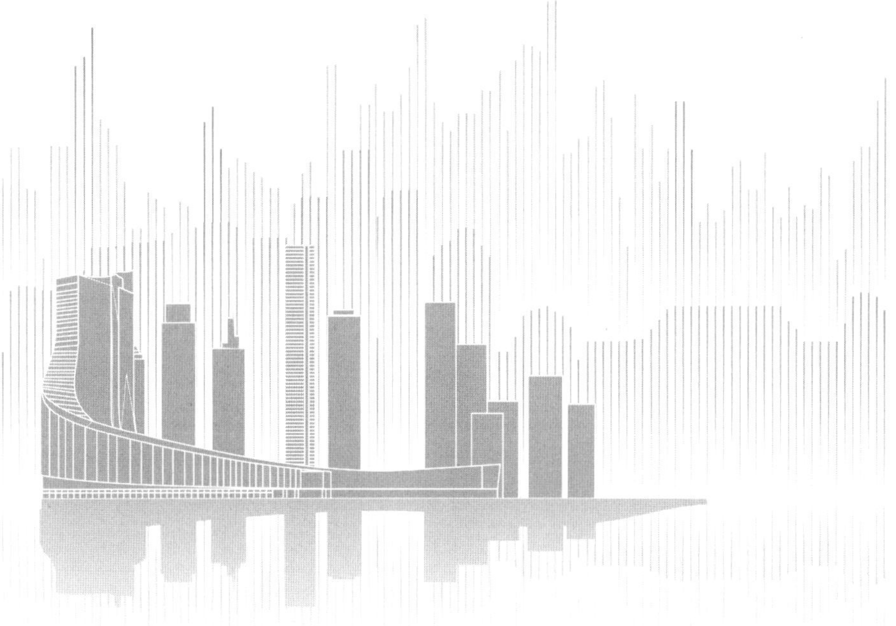

建设工程全过程
疑难法律问题解读

童灵运　陆雷　张佳明奇　主编

法律出版社
LAW PRESS·CHINA
北京

图书在版编目(CIP)数据

建设工程全过程疑难法律问题解读 / 童灵运,陆雷,张佳明奇主编. -- 北京:法律出版社,2024
ISBN 978 - 7 - 5197 - 9188 - 9

Ⅰ. ①建… Ⅱ. ①童… ②陆… ③张… Ⅲ. ①建筑法－法律解释－中国 Ⅳ. ①D922. 297. 5

中国国家版本馆 CIP 数据核字(2024)第 105877 号

建设工程全过程疑难法律问题解读
JIANSHE GONGCHENG QUANGUOCHENG YINAN FALÜ WENTI JIEDU

童灵运 陆 雷 张佳明奇 主编

策划编辑 周 洁
责任编辑 周 洁
装帧设计 李 瞻

出版发行 法律出版社
编辑统筹 司法实务出版分社
责任校对 李慧艳
责任印制 吕亚莉
经　　销 新华书店
开本 710 毫米×1000 毫米 1/16
印张 19 **字数** 252 千
版本 2024 年 6 月第 1 版
印次 2024 年 6 月第 1 次印刷
印刷 三河市龙大印装有限公司

地址:北京市丰台区莲花池西里 7 号(100073)
网址:www. lawpress. com. cn
投稿邮箱:info@ lawpress. com. cn
举报盗版邮箱:jbwq@ lawpress. com. cn
销售电话:010 - 83938349
客服电话:010 - 83938350
咨询电话:010 - 63939796

书号:ISBN 978 - 7 - 5197 - 9188 - 9
定价:78. 00 元
凡购买本社图书,如有印装错误,我社负责退换。电话:010 - 83938349

本书编委会

童灵运　　陆　雷　　张佳明奇　　程一刚

自　序

本书三位主编是一起共事的好伙伴，曾经或目前正在建设工程和房地产法律界专家林镥海律师及郦煜超律师领导的专业团队工作（团队主要从事与建设工程和房地产有关的民商事争议解决、非诉以及刑事等综合法律事务），三位主编至今参与了多本建设工程法律专业书籍的编写。后童灵运律师离开上海回到家乡江苏省苏州市工作，虽然各主编不再一起共事，但却有共同的爱好——研究建设工程疑难法律问题。

主编在长期的实践工作中感受到建设工程领域极易涉诉，其呈现出涉诉主体多、涉诉标的高、诉争事项多、专业问题多、证据庞杂、事实认定难等特点。不少案件因为诸多原因耗时久远，即便胜诉了，当事人也是元气大伤，最终两败俱伤，有些工程也因诉讼而烂尾，成为城市风景的一道伤疤，令人唏嘘。

古语道，“有不尽者，亦宜防微杜渐而禁于未然”，对于风险，我们何不在出现不好的苗头时就将其扼杀在“摇篮”，甚至在之前就做预防呢？在本行业普遍对律师参与工程建设具有重要作用认识不足的现状下，如何能将工程建设的涉诉风险降到最低呢？那就是普法。本书主编认为，除了向从业者宣讲法律课程外，还应当撰写一本类似“新华字典”的专业书籍供从业者检索、学习和参考。在这个背景下，主编决定写一本专业书，这本书的定位从目的上讲，要让从业者“看得懂”，即本书舍弃一切形而上的内容而改用更加朴实、务实且凝练的语言说清建工相关的基本法律问题、争议焦点以及解决路径，从而使从业者能够预见当下的行为可能产生的法律后果并作出有效的应对；从体例上讲，本书“化繁为简”，采用一问、一答、一分析、一案例的形式高效地解答并论证相关疑难法律问题，其中，一问是要让从业者迅速检索到遇见的问题，一答是要让从业者短时间清晰地知道怎么解决问题，一分析是要让想知其所以然的从业者寻找理论支持，一案例是要让从业者了解司法实践中的裁判倾向。

为此，本书精选了司法实践中高频发生且具有指导价值的建工纠纷“100 问”，其涵盖了建设工程全过程中可能涉及的“招标投标”“合同效力”“合同解除”“黑白合同”“实际施工人”“工程价款结算”“工程工期”“工程质量”“工程保修”“优先受偿权”“诉讼管辖”等疑难法律问题。但是，司法实践中争议的问题远不止“100 问”，因此，主编也将出版系列专业书籍，并且将问题延伸到设计、勘察和监理等环节，以期对建设工程全过程各环节产生的疑难问题做系统地法律解读。

最后，在本书撰写的过程中主编得到了业界各位领导、前辈、老师及朋友的倾情指导或帮助，本书才能得以顺利撰写，三位主编在此由衷地感谢各位！

目　录

CONTENTS

一、招标投标　1

1. 哪些属于必须招标的工程建设项目？ …… 1
2. 未经招投标程序，双方签订的建设工程施工合同是否有效？ …… 4
3. 招标文件并未明确是否接受联合体投标，招标人是否有权拒绝联合体投标？ …… 7
4. 联合体在通过资格预审后，是否可以更换联合体成员？ …… 10
5. 在招投标过程中，哪些情形可能会导致中标无效？ …… 12
6. 中标通知书发出后，一方无正当理由拒绝签约如何处理？ …… 15
7. 投标人对依法必须招标的建设工程项目的评标结果有异议的，是否必须先向招标人提出异议？ …… 18
8. 投标人向有关行政监督部门投诉建设工程项目招标投标活动的，是否有时限要求？ …… 20

二、合同效力　23

9. 非必须招标工程选择招标程序，但在招标开始前，双方对合同的内容进行了实质性谈判，施工合同的效力如何认定？ …… 23
10. 低于成本价的施工合同效力如何以及何为成本价？ …… 26
11. 导致建设工程施工合同无效的典型情形有哪些？ …… 29

12. 建设单位未取得建设用地规划许可证或未取得建设工程规划许可证的，施工合同效力如何？ …… 32
13. 建设单位在未取得国有土地使用权证或未取得建设工程施工许可证时，施工合同效力如何？ …… 34
14. 建设工程总承包合同无效是否必然导致分包合同无效？ …… 37
15. 不具备施工资质是否会影响装饰装修工程合同效力？ …… 40
16. 如何认定内部承包合同及其效力？ …… 42
17. 施工合同中“背靠背”条款的效力如何认定？ …… 45
18. 施工合同无效，当事人无法举证证明损失大小的，应当如何确定损失？ …… 48
19. 施工单位因合同无效可向建设单位主张损失的范围包括哪些？ …… 52
20. 双方在诉讼前达成结算协议，一方当事人在诉讼中提出工程造价鉴定申请的应如何处理？ …… 54
21. 是否可以依据结算协议或造价核定单载明的内容结算？ …… 57
22. 建设工程施工合同无效，欠付工程款的利息应当如何计算？ …… 60

三、合同解除 63

23. 建设工程施工合同解除的类型及注意事项有哪些？ …… 63
24. 建设单位是否享有任意解除权？ …… 66
25. 建设单位可以行使法定解除权的典型情形有哪些？ …… 68
26. 施工单位可以行使法定解除权的典型情形有哪些？ …… 74
27. 建设工程施工合同解除后工程价款如何结算？ …… 77
28. 建设工程施工合同解除后，需要赔偿哪些损失？ …… 79
29. 建设工程施工合同解除的方式有哪些？ …… 82

四、“黑白合同” 86

30. 建设工程中“黑白合同”的常见表现形式有哪些？ …… 86

31.“黑白合同”的效力如何认定? …… 88
32.“黑白合同”中实质性内容不一致的判断标准是什么? …… 91
33. 中标后，建设工程施工合同是否可以进行变更? …… 94
34. 如何确定“黑白合同”中作为结算依据的合同? …… 96

五、实际施工人 100

35. 建设工程施工合同纠纷中常见的实际施工人有哪些? …… 100
36. 施工班组、包工头、农民工属于实际施工人吗? …… 103
37. 认定实际施工人的举证要点有哪些? …… 105
38. 实务中，一般如何认定挂靠? …… 108
39. 借用资质的实际施工人是否有权请求建设单位对其施工工程进行折价补偿? …… 110
40. 实际施工人与施工单位之间的外部、内部责任如何承担? …… 113
41. 母公司承接工程后，是否可以将全部工程转给子公司施工? …… 116
42. 实务中，一般如何认定转包? …… 118
43. 实务中，一般如何认定违法分包? …… 124
44. 多层转包、违法分包的中间转包单位、中间违法分包单位承担工程款支付的连带责任吗? …… 128
45. 所有类型的实际施工人都能向建设单位主张工程价款吗? …… 130
46. 实务中，一般如何认定指定分包? …… 132
47. 实务中，一般如何认定违法发包? …… 135

六、工程价款结算 138

48. 施工单位与建设单位就同一建设工程订立的数份建设工程施工合同均无效，但建设工程质量合格，如何进行结算? …… 138
49. 建设单位与施工单位达成结算协议后又以合同无效为由反悔应如何处理? …… 141

50. 建设单位与施工单位未签订书面的建设工程施工合同应当如何进行结算? …… 143
51. 非必须招标的建设工程进行招标后的施工合同如何进行结算? …… 146
52. 中标通知书发出后，建设单位与施工单位因各种原因最终没有签订书面合同，那么在此情况下当事人应如何进行工程价款的结算? …… 149
53. 以房抵债协议在工程结算中应如何处理，其效力如何? …… 152
54. 建设工程施工合同约定工程价款实行固定价结算，因设计变更导致工程量或者质量标准发生变化，建设单位或施工单位请求对工程价款进行调整如何处理? …… 154
55. 建设工程施工合同约定工程价款实行固定价结算，在履行过程中主要建筑材料价格发生重大变化，建设单位或施工单位请求对工程价款进行调整如何处理? …… 157
56. 建设单位和施工单位在施工合同中约定工程价款实行固定总价结算，在未完成施工即终止履行时，双方应当如何进行结算? …… 160
57. 建设工程施工合同约定工程价款按照固定总价结算，建设单位或施工单位主张施工范围、工程量增减的，应当如何处理? …… 163
58. 建设工程存在设计变更，建设单位与施工单位应当如何进行结算? …… 165
59. 建设工程施工合同无效但工程竣工并交付使用的，应以何种标准或方法计算折价补偿款? …… 168
60. 建设工程施工合同无效，合同关于工程款下浮的约定是否可以参照适用? …… 171
61. 建设工程施工合同无效，施工合同中关于工程款的付款条件以及支付方式的约定是否可以参照执行? …… 173
62. 建设工程施工合同无效，施工合同中关于管理费的约定如何处理? …… 176

63. 施工单位能否直接请求建设单位按照竣工结算文件（送审价）结算工程价款？ …… 178
64. 建设单位以施工单位未开具发票为由拒绝支付工程款应如何处理？ …… 181
65. 建设单位和施工单位双方对工程量有争议应当如何处理？ …… 183
66. 行政审计能否作为结算依据以及不同情形下的适用规则是什么？ …… 186
67. 如果双方未约定以行政审计作为结算的依据，施工单位能否要求以审计部门确定的计价方式作为结算的依据？ …… 189
68. 以借款的名义预支工程款在工程结算中一般如何处理？ …… 192
69. 建设工程施工中垫资的认定和处理原则是什么？ …… 195
70. 建设工程中拖欠工程款产生的利息如何处理？ …… 199

七、工程工期　203

71. 建设工程的实际开工日期如何认定？ …… 203
72. 建设工程的实际竣工日期如何认定或日期如何确定？ …… 206
73. 建设工程顺延工期一般情况下需要什么基本条件？ …… 209
74. 施工单位未在约定时间内提出工期顺延申请是否丧失顺延工期的权利？ …… 212
75. 工期违约金诉讼时效的起算点应以什么时候为准？ …… 215
76. 指定分包情形下分包单位造成工期延误的，建设单位是否需要承担工期延误的违约责任？ …… 217
77. 建设工程施工过程中如何进行工程（工期）索赔？ …… 220

八、工程质量　225

78. 建设工程未经竣工验收建设单位擅自使用时出现工程质量问题如何处理？ …… 225

79. 建设单位未经竣工验收擅自使用工程，施工单位还须承担保修责任吗？ …… 228
80. 未竣工建设工程如何判断质量是否合格？ …… 231
81. 建设单位可否请求挂靠方与被挂靠方对建设工程质量不合格等因挂靠造成的损失承担连带赔偿责任？ …… 234
82. 因施工单位的原因造成建设工程质量不符合约定，施工单位拒绝修理、返工或者改建的，建设单位能否减少支付工程价款？ …… 237
83. 哪些情形下建设单位需要对建设工程质量的缺陷承担过错责任？ …… 240
84. 因建设工程质量产生争议，建设单位可以向哪些主体提起诉讼？ …… 243
85. 因保修人未及时履行保修义务，导致建筑物毁损或者造成人身损害、财产损失的，责任应当如何承担？ …… 245

九、工程保修 249

86. 工程质量保修期的期限及起算点如何确定？ …… 249
87. 缺陷责任期的期限及起算点如何确定？如何区分缺陷责任期与质量保修期？ …… 252
88. 怎样认定工程质量问题产生的原因以及责任承担问题？ …… 254
89. 保修期内保修义务和缺陷责任如何承担？ …… 258
90. 施工单位不能完成工程质量缺陷修复的，建设单位可否自行修复并要求施工单位返还相应的维修费用？ …… 261

十、优先受偿权 264

91. 哪些主体可享有建设工程价款优先受偿权？ …… 264
92. 未竣工工程施工单位可否主张建设工程价款优先受偿权？ …… 267
93. 建设工程价款优先受偿权的范围有哪些？ …… 270

94. 建设工程价款优先受偿权何时起算？ …………………………… 272
95. 建设工程价款债权转让后，受让人是否享有优先受偿权？ ………… 275
96. 应当通过何种方式行使优先受偿权？ …………………………… 277
97. 建设工程价款优先受偿权可否通过调解确认？ ………………… 280
98. 施工单位对哪些建筑不享有优先受偿权？ ……………………… 283

十一、管辖　287

99. 工程总承包合同纠纷案件或设备安装合同纠纷案件的诉讼管辖如何确定？ ……………………………………………………………… 287
100. 在建设单位与施工单位所签订的施工合同中，已经约定了仲裁条款的，实际施工人向建设单位主张工程价款时，是否受该仲裁条款制约？ ………………………………………………………… 290

一、招标投标

1. 哪些属于必须招标的工程建设项目？

答：一般情形下，必须进行招标的工程建设项目需要同时满足“具体范围”和“规模标准”两项基本条件；具有符合法律规定的“特殊情况”或“具体情形”的，可以不进行招标。

第一，一般情形下，必须进行招标的工程建设项目需要同时满足“具体范围”和“规模标准”两项基本条件。

首先，关于“具体范围”。根据《招标投标法》第 3 条的规定，在中华人民共和国境内的“大型基础设施、公用事业等关系社会公共利益、公众安全的项目”“全部或者部分使用国有资金投资或者国家融资的项目”“使用国际组织或者外国政府贷款、援助资金的项目”均属于必须进行招标的工程建设项目。

其次，关于“规模标准”。《必须招标的工程项目规定》第 5 条又规定了符合上述“具体范围”的工程建设项目其勘察、设计、施工、监理以及与工程建设有关的重要设备、材料等的采购须达到一定的“规模标准”，具体为：施工单项合同估算价在 400 万元人民币以上；或重要设备、材料等货物的采购，单项合同估算价在 200 万元人民币以上；或勘察、设计、监理等服务的采购，单项合同估算价在 100 万元人民币以上。同一项目中可以合并进行的勘察、设计、施工、监理以及与工程建设有关的重要设备、材料等的采购，合同估算价合计达到前述标准的，也必须招标。

另外，关于必须进行招标的工程建设项目的“具体范围”问题，《必须招标的基础设施和公用事业项目范围规定》对于上述“大型基础设施、公用事业等关系社会公共利益、公众安全的项目”又进行了细分，具体分为五类；《必须招标的工程项目规定》分别对于上述“全部或者部分使用国有资金投资或者国家融资的项目”和“使用国际组织或者外国政府贷款、援助资金的项目”进行了细分。在此笔者对于必须招标的工程项目的“具体范围”问题采用穷举方法一一列举，以便读者查询使用，具体为：

（1）全部或者部分使用国有资金投资或者国家融资的项目：使用预算资金200万元人民币以上，并且该资金占投资额10%以上的项目；使用国有企业事业单位资金，并且该资金占控股或者主导地位的项目。

（2）使用国际组织或者外国政府贷款、援助资金的项目：使用世界银行、亚洲开发银行等国际组织贷款、援助资金的项目；使用外国政府及其机构贷款、援助资金的项目。

（3）不属于（1）、（2）项情形的大型基础设施、公用事业等关系社会公共利益、公众安全的项目：煤炭、石油、天然气、电力、新能源等能源基础设施项目；铁路、公路、管道、水运，以及公共航空和A1级通用机场等交通运输基础设施项目；电信枢纽、通信信息网络等通信基础设施项目；防洪、灌溉、排涝、引（供）水等水利基础设施项目；城市轨道交通等城建项目。

笔者特别提示，根据《国家发展改革委办公厅关于进一步做好〈必须招标的工程项目规定〉和〈必须招标的基础设施和公用事业项目范围规定〉实施工作的通知》的规定，上述第（1）项中的“预算资金”包括一般公共预算资金、政府性基金预算资金、国有资本经营预算资金、社会保险基金预算资金。上述第（1）项中的“占控股或者主导地位”，是指其出资额占有限责任公司资本总额50%以上或者其持有的股份占股份有限公司股本总额50%以上的股东；出资额或者持有股份的比例虽然不足50%，但依其出资额或者持有的股份所享有的表决权已足以对股东会、股东大会的决议产生重大影响的股东；国有企业事业单位通过投资关系、协议或者其他安排，能够实际支配项目建设的，也属于占控股或者主导地位。项目中国有资金的比例，应当按照项目资金来源中所有国有资金之和计算。

值得注意的是，自2018年6月起，根据国家发改委颁布施行《必须招标的工程项目规定》及《必须招标的基础设施和公用事业项目范围的规定》，民营企业投资的商品住宅、科教文卫体、旅游、市政工程、生态环境保护等项目均不再属于必须招标的范围。

第二，具有符合法律规定的“特殊情况”或“具体情形”的，可以不进行招标。

除必须招标的建设工程项目外，仍有部分建设工程项目属于强制招标的例外情形。根据《招标投标法》和《招标投标法实施条例》的规定，有“特殊情况”和“特殊情形”的可以不进行招标。

属于“特殊情况”的为：涉及国家安全、国家秘密、抢险救灾或者属于利用扶贫资金实行以工代赈、需要使用农民工等情形。

属于“特殊情形”的为：需要采用不可替代的专利或者专有技术；采购人依法能够自行建设、生产或者提供；已通过招标方式选定的特许经营项目投资人依法能够自行建设、生产或者提供；需要向原中标人采购工程、货物或者服务，否则将影响施工或者功能配套要求；国家规定的其他特殊情形。

笔者在此对属于“特殊情况”不进行招标的一般原因做如下简要分析，供读者参考。

对于涉及国家安全和国家秘密的项目，鉴于建设项目保密性的要求，不便于将项目建设的实际情况对外进行公布，故属于可以不进行招标投标的项目；对于抢险救灾项目，鉴于建设项目时效性的要求，其工程工期有着严格限制，为保障人民群众的人身和财产安全，不便于实际履行招标投标程序，故在工程效率的严格要求下，通常可以不进行招标投标；对于扶贫资金利用中的以工代赈项目，鉴于建设项目扶贫性的要求，资金主要用于为贫困地区的人民群众创造就业机会，进而获取劳动报酬，该扶贫资金进行定向支付，对于资金利用地区有严格限制，故属于可以不进行招标投标的建设项目。

案例案号：（2022）最高法民终118号

案情概要：案涉《建设工程施工合同》及《补充协议》签订于2014年和2016年，案涉项目为商品住宅，工程于2017年8月交付完成。

裁判观点：根据法律规定，工程项目达到相应标准的，必须进行招标，案涉工程显然属于必须招投标的工程。虽然《工程建设项目招标范围和规模标准规定》已于2018年废止，2018年6月1日生效实施的《必须招标的工程项目规定》和2018年6月6日生效实施的《必须招标的基础设施和公用事业项目范围规定》将商品住宅项目从必须招标的工程项目范围内删除。但案涉合同签订于2014年和2016年，案涉工程也于2017年8月交付，案涉工程施工期限早于《必须招标的工程项目规定》和《必须招标的基础设施和公用事业项目范围规定》的颁布实施日，一审法院依据行为时的相关法律规定认定案涉工程属于必须进行招标的项目并无不当。

2. 未经招投标程序，双方签订的建设工程施工合同是否有效？

答：除必须招标的建设工程项目外，不受招投标法律规范的约束，故未经招投标程序，双方签订的建设工程施工合同应为有效；若非必须招标投标的建设工程项目经过招标投标程序的，在司法实践当中多倾向于认为该工程项目应当受招投标法律规范的约束。

所谓必须招标的建设工程，是指根据法律或行政法规的规定，必须经过合法有效的招标投标程序，双方签订的建设工程施工合同才为有效。反之，若法律或行政法规未强制规定必须招标投标，则双方直接签订的建设工程施工合同应当为合法有效。

在实践中，该类问题争议较大的情形多为“未经招投标程序，双方签订的房屋建筑工程施工合同是否有效”。笔者倾向于认为：2018年6月1日之前，未经招标投标程序，商品住宅类项目施工合同无效；2018年6月1日（含）以后，未经招标投标程序，商品住宅类项目施工合同有效。

首先，我们需要了解关于商品住宅类项目的规定的发展路径。2000 年 5 月 1 日发布的《工程建设项目招标范围和规模标准规定》（已失效）第 3 条规定商品住宅类项目属于必须招标投标工程；2018 年 6 月施行的《必须招标的工程项目规定》《必须招标的基础设施和公用事业项目范围规定》将民营企业投资建设的商品住宅类项目剔除在外，其不再属于必须招标的工程项目。

其次，在 2018 年新规施行后，在此之前未经招投标程序而签订的商品住宅类项目施工合同的效力是否会发生变化？在司法实践中存在两种观点：笔者倾向于第一种观点，即认为商品住宅类项目施工合同无效。《民法典》第 155 条规定，无效的或者被撤销的民事法律行为自始没有法律约束力。在 2018 年 6 月 6 日前，未经招投标程序签订的商品住宅类项目施工合同因违反效力性强制性规定，应属无效。后续行为一律还原至初始状态，我国现行法律并未对合同效力补正作出相关规定。即便商品住宅类项目施工合同已经在实际履行过程中，或已经实际履行完毕，且补办相关招标投标手续，也不会使施工合同法律效力从无效变为有效。第二种观点则认为商品住宅类项目施工合同有效。《最高人民法院关于适用〈中华人民共和国民法典〉时间效力的若干规定》第 8 条规定："民法典施行前成立的合同，适用当时的法律、司法解释的规定合同无效而适用民法典的规定合同有效的，适用民法典的相关规定。"在施工合同签订时一些必须招标投标的工程项目，随着我国市场经济"放管服"政策的推行，建筑业市场蓬勃发展，根据现有法律规定，已不再属于必须招标投标的工程项目。无论从司法审判角度出发，按照"宁使合同有效而不使合同无效"原则，最高人民法院的多数案例支持未经招标签订的商品住宅类项目施工合同有效，抑或从社会公共利益、公众安全角度出发，已经履行完毕的商品住宅类项目施工合同，经竣工验收合格交付买受人使用的，认定合同有效更有利于维护社会秩序稳定。故认为商品住宅类项目施工合同有效。

最后，值得注意的是，非必须招标投标的建设工程项目经过招标投标程序的，司法实践多倾向于认为该工程项目应当受招投标法律规范约束，但要区分是否为“内部招标”（最高人民法院民一庭倾向于认为完全局限于企业或单位内部，不涉及企业之外第三人信赖利益，未扰乱基本的招投标市场秩序的，一般不受招投标法的约束）。

综上，非强制招标项目，实际也未进行招标投标的，一般情形下，双方签订的建设工程合同应为有效。那么在该类建设工程项目存在“黑白合同”的情况下，工程价款应当如何进行结算？

在原《最高人民法院关于审理建设工程施工合同纠纷案件适用法律问题的解释（二）》（征求意见稿第四稿）第9条非必须招标工程进行招标后的工程价款结算依据方案二中，有观点认为，建设工程项目双方当事人在相关行政管理部门备案的施工合同未经招标投标的，不适用《招标投标法》第64条的规定。当事人仅以双方另行签订的施工合同与备案合同实质性内容不一致为由，请求法院以备案合同结算工程价款的，不予支持。各地法院基本支持该观点，笔者亦倾向于支持该观点。另有观点认为，建设工程合同在双方签订后经过相关行政管理部门备案的，具有相应的行政公示效力，无论后续双方是否签订变更实质性内容的合同，均应当以经备案的合同作为结算依据。在《最高人民法院关于审理建设工程施工合同纠纷案件适用法律问题的解释（一）》［以下简称《新建设工程施工合同解释（一）》］中，已经逐步取消了建设工程施工合同的备案要求，“白合同”的定义从备案合同向中标合同转化，故该观点在实践中很难再被支持。

从上述论证可以看出，司法实践中对于该类问题不存在争议，非强制招标项目，实际未招标投标且存在“黑白合同”的情形下，双方当事人一般应当以实际履行的施工合同为准。

案例案号：（2022）最高法民终49号【强制招标项目，政策变化后，依然认定合同无效】

案情概要：在未进行招投标的情况下，施工单位已于2010年4月开工，后补办了相关招投标手续。

裁判观点：建设工程必须进行招标而未招标或者中标无效的，建设工程施工合同无效。《某工程施工合同》签订于2010年6月10日，一审判决基于当时国家发展和改革委员会发布的强制招标项目范围，认定案涉工程为必须招标项目，由此认定案涉合同因违反法律强制性规定而无效，具有事实和法律依据。

案例案号：（2021）最高法民终754号【非强制招标项目，政策变化后，认定合同有效】

案情概要：2011年8月29日，建设单位与施工单位签订两份《施工协议书》，虽然属于没有经过招标而签订合同的情形，但是由于在一审过程中，国家关于必须招标工程项目的范围发生了变化，案涉工程已不再属于必须招标的工程项目。

裁判观点：案涉工程为商品住宅项目，根据2000年5月1日施行的《工程建设项目招标范围和规模标准规定》（已失效）的规定，商品住宅项目属于必须进行招标的关系社会公共利益、公众安全的项目。但是，根据2018年6月施行的《必须招标的工程项目规定》《必须招标的基础设施和公用事业项目范围规定》，案涉工程不再属于必须招标的工程项目。因此，一审判决认定2011年8月29日建设单位与施工单位自愿签订并实际履行的两份《施工协议书》有效，并无不当。

3. 招标文件并未明确是否接受联合体投标，招标人是否有权拒绝联合体投标？

答：招标人应当在资格预审公告、招标公告或者投标邀请书中载明是否接受联合体投标。如未载明，不得拒绝联合体投标。

现行法律规定并未对“联合体”的概念进行明确，而是对联合体的组成身份进行了阐释，如《招标投标法》第31条、《建筑法》第27条、《招标投标法实施条例》第37条。根据《招标投标法》第31条可知，在建设工程招标投标过程中，两个以上法人或者其他组织可以组成一个联合体，以一个投

标人的身份共同投标，即法律赋予投标人参与投标的选择权，进而其可以响应招标和参加投标展开竞争。

鉴于部分建设工程项目投资巨大，施工内容烦琐复杂，一家施工单位难以满足工程工期、工程质量等方面的要求，招标人往往将该建设工程项目拆分成不同标段进行分别招标，或者在招标文件中允许联合体进行投标，最终根据建设工程项目的实际情况和潜在投标人数量自主决定。这样便可以划分施工段或者增加投标人数量，减少建设工程项目施工风险，提高项目通过竣工验收的可能性。

第一，招标文件未明确是否接受联合体投标的，招标人无权拒绝联合体投标。

从投标人角度来看，投标人可以自行决定是否组成联合体，联合体投标属于两个投标人共同的意思表示，两个及以上的法人或其他组织可以根据自身实际情况优势互补。《招标投标法》第 31 条规定，招标人不得强制投标人组成联合体共同投标，投标人有权决定是否成立联合体投标，招标人不得进行强迫和干涉。

在招标文件没有明确要求的前提下，投标人组成联合体投标的，因现行法律规定没有将其作为否决投标的条件之一，评标委员会在进行评标时无权拒绝。例如，《政府采购货物和服务招标投标管理办法》第 19 条规定，在政府采购货物和服务招标投标活动中，如招标文件没有载明，不得拒绝联合体投标。

从招标人角度来看，虽然尚无明文规定禁止投标人以联合体的形式进行投标，但是不乏招标人在招标文件中未明确是否接受联合体进行投标的情况。在招标投标过程中，招标人应当充分考虑项目实际，在一个建设工程项目中同时需要两个及以上的施工单位或供应商，但是同时满足该项目专业要求的潜在投标人数量过少，难以充分竞争时，可以分专业进行单独招标，或者根据项目专业性资质等级要求投标人组成联合体，使建设工程项目满足质量要求，降低项目管理成本。

第二，招标人已经明确接受联合体投标的，投标人可以组成联合体进行投标，但不得再组成联合体投标。

根据《招标投标法实施条例》第 37 条，招标人应当在资格预审公告、招标公告或者投标邀请书中载明是否接受联合体投标。对于招标人来说其有自主选择权，可以选择是否接受联合体投标，例如招标人接受联合体投标的，通常会在招标文件中明确“本次招标接受联合体投标”，在此情形下，投标人不得再行组成联合体进行投标，否则招标人有权予以拒绝。

第三，还需注意联合体成员的资质等级问题。在投标人组成联合体进行投标时，联合体成员的资质等级存在不同情况，主要可以划分为三类：

首先，联合体各成员均具备同类别资质。当联合体内部各成员均具备同一类别相同等级资质时，该情况毫无疑问仅由同一类别同一资质等级进行确定；当联合体内部各成员具备同一类别不同等级资质时，根据《建筑法》第 27 条的规定，联合体整体的资质等级应当按照内部成员最低资质等级进行确定。例如，甲施工单位和乙施工单位组成联合体进行投标，甲施工单位具有地基基础工程专业承包一级资质，乙施工单位具有地基基础工程专业承包二级资质，双方对于建设工程项目的施工范围是一致的，在此情况下资质等级应为地基基础工程专业承包二级。

其次，联合体各成员具备不同类别资质。当联合体内部各成员具备不同类别资质时，联合体整体的资质等级应当根据各联合体成员不同类别资质等级分别确定。

最后，联合体内部一成员不具备资质，其他成员具备资质。在工程实践中，存在联合体内部部分成员已经满足建设工程项目资质等级要求，但联合体内部另外成员，例如供应单位、融资单位等不具备资质等级，两者组成联合体进行建设工程项目投标的情况。有观点认为，《建筑法》第 13 条明确，相关单位在取得相应资质等级后方可从事建筑活动，不具备资质等级的单位无权作为联合体成员；另有观点认为，在建设工程项目中，并非仅有施工和设计阶段，可能还有采购或运营阶段，联合体内部各成员根据各自职能进行分工未违反法律规定，且《招标投标法》第 31 条并未提出资质等级要求。

对此，笔者倾向于认为，联合体整体在投标前，应当对于建设工程项目招标范围进行复核，如果该项目仅限于施工，则联合体内部各成员均应具备相应资质等级；如果该建设工程项目还包括后期运营，但施工单位并不具备后期运营能力，对于无资质要求的部分可以由其他单位承接，这样有利于建设工程项目合同目的的实现。

案例案号：（2019）吉24行终82号

案情概要：招标人发布招标公告，载明不接受联合体投标。中标公告公示期内，某未中标的投标人提出异议，认为招标人自行决定不接受联合体投标的行为严重侵害了投标人的利益，是违反法律的行为，主张该招标行为无效。异议被驳回后，其诉至法院。

裁判观点：根据《招标投标法实施条例》第37条的规定，招标人应当在资格预审公告、招标公告或者投标邀请书中载明是否接受联合体投标。本案中，招标人在其对外发布的《招标公告》中，对于投标人资格进行了规定，已经明确载明"不接受联合体投标"，并非在没有进行事先公告的情况下拒绝联合体投标。因此该招标行为合法有效。

4. 联合体在通过资格预审后，是否可以更换联合体成员？

答：联合体在通过资格预审后，不得增减或变更联合体成员，否则其投标无效。

第一，根据《招标投标法实施条例》第37条的规定，联合体在通过资格预审后，不可以调整联合体成员。

有关单位组成联合体进行投标前，联合体内部各方都应当满足招标文件所明确的资质条件以及相应能力，联合体将被视为一个独立的投标人个体。对于招标人来说，当投标人以联合体形式通过资格预审后，该投标人身份信息已经固定，其可能成为中标候选人之一，进而成为中标人签订中标合同。

退一步讲，在招标投标项目中，合同双方主体范围均已经确定，中标人将在通过资格预审的名单中选择，如果此时再对联合体成员进行变更，原资格预审名单将发生变动，则构成未通过资格预审的申请人参与招标投标活动，因该申请人不具有投标资格，其投标行为无效。如不对此加以限制，准予联合体更换成员，将构成不正当竞争行为，严重损害招标投标的市场秩序。

第二，与上述情形法律后果相同的是，联合体作为投标人参与投标后，其内部成员不得再单独以自己的名义就本项目另行参与投标。

其实质在于，如果再准许联合体内部成员单独以自己的名义投标，将赋予该成员单位两次投标机会，严重违反公开、公平、公正和诚实信用原则。为避免投标人滥用联合体的权利，通过不同途径以多重身份参与投标活动，进行不正当竞争，《招标投标法实施条例》第 37 条同样规定，禁止联合体成员在同一项目中以自己名义单独投标，或另行组成新联合体进行投标。但是，建设工程项目存在多个标段时，如果联合体成员在一个标段的招标活动中参与了投标，则仍允许联合体成员参与其他标段的招投标活动。

另外，从法律角度来看，作出不得调整联合体成员的规定，不仅有利于维持中标合同主体的稳定，更有利于联合体各方的法律责任的确定。

第三，在工程实践中，争议较大的是联合体内部成员的对外责任承担问题，主要分为以下两类情形：

其一，联合体各方对于建设单位承担连带责任。

《建筑法》第 27 条规定，大型或结构复杂的建筑工程，共同承包的各方对承包合同的履行承担连带责任；《政府采购法》第 24 条规定，联合体各方就采购合同约定事项对采购人承担连带责任；《房屋建筑和市政基础设施项目工程总承包管理办法》第 10 条规定，联合体各方就工程总承包项目承担连带责任。从前述法律规定不难看出，在建设工程项目中，联合体就其“上游单位”的责任承担模式较为统一，由联合体各方共同对建设单位承担连带责任，联合体成员的内部约定不得对抗建设单位。

其二，联合体一方对“下游单位”因单独签订协议而单独承担法律责任，其他成员不承担连带责任。

在第二种情形下，以正常的建设工程项目为例，会存在两层法律关系，第一层法律关系为联合体内部成员之间签订的内部协议，第二层法律关系为联合体成员对外签订协议，既包括与“上游单位”签订施工合同，也包括与“下游单位”签订相关合同。当联合体一方以其名义单独对外签订协议，进而因该协议产生纠纷将承担法律责任时，若联合体内部协议未明确约定各成员的对外责任承担，或者未明确约定签订方是否有权代表联合体整体对外签订协议，将导致联合体责任分配不明。笔者倾向于认为，基于合同相对性原则，签订协议的主体单独承担法律责任，联合体其他成员不承担连带责任。这样可以通过规避个体的单独行为风险进而维护整体的利益，即维护联合体整体的权益，维护社会的公平正义。当然，需要明确的是，这里并非在坚持合同相对性的前提下，简单地认定其他联合体成员不承担连带责任。在结合具体案件情形进行分析时，需要准确把握协议签订背景、签订过程和履约情况等不同因素，若符合债的加入或担保等情形，可依法予以处理。

案例案号：（2023）新31民终396号

案情概要：建设单位就某工程发出招标文书，载明接受联合体投标，资格预审前，施工单位甲、乙、丙组成联合体投标，中标后联合体中的甲变更为其他施工单位，联合体重新与建设单位签订施工合同。后建设单位与施工单位产生纠纷。

裁判观点：招标人接受联合体投标并进行资格预审的，联合体应当在提交资格预审申请文件前组成。资格预审后联合体增减、更换成员的，其投标无效。本案联合体成员更换后重新签订的施工合同无效。

5. 在招投标过程中，哪些情形可能会导致中标无效？

答：（1）因招标人行为导致中标无效的情形：必须招标项目，招标人向他人透露已获取招标文件的潜在投标人的名称、数量的；必须招标项目，招标人存在可能影响公平竞争的其他情况；必须招标项目，招标人泄露标底的；必须招标项目，招标人与投标人就投标价格、投标方案等实质性内容进行谈判的；招标人在评标委员会依法推荐的中标候选人以外确定中标人的；依法必须进行招标的项目在所有投标被评标委员会否决后招标人自行确定中标人的。

（2）因投标人行为导致中标无效的情形：投标人相互串通投标的；投标人与招标人串通投标的；投标人以向招标人或评标委员会成员行贿的手段谋取中标的；投标人以他人名义投标或者以其他方式弄虚作假，骗取中标的。

（3）因招标代理机构行为导致中标无效的情形：招标代理机构泄露应当保密的情况和资料的；招标代理机构与招标人、投标人串通损害国家利益、社会公共利益或者他人合法权益的。

在招标投标过程中，应当严格遵循“公开招标、择优录取”原则，招标人与中标人均受中标通知书的约束，只有经过符合法律规定的招标投标程序，建设单位与施工单位所签订的建设工程施工合同才为合法有效，中标无效必然导致建设工程施工合同被认定无效。根据《招标投标法》第50条、第52条、第53条、第54条、第55条、第57条的规定，可能导致中标无效情形的招标主体分为招标人、投标人、招标代理机构三大类。

第一，因与投标人相关的无效情形在实践中较多，故笔者对其进行以下详细分析：

投标人相互串通投标的，具体情形如下：投标人之间协商投标报价等投标文件的实质性内容；投标人之间约定中标人；投标人之间约定部分投标人放弃投标或者中标；属于同一集团、协会、商会等组织的投标人按照该组织要求协同投标；投标人之间为谋取中标或者排斥特定投标人而采取其他联合行动；不同投标人的投标文件由同一单位或者个人编制；不同投标人委托同一单位或者个人办理投标事宜；不同投标人的投标文件载明的项目管理人员为同一人；不同投标人的投标文件异常一致或者投标报价存在规律性差异；

不同投标人的投标文件相互混装；不同投标人的投标保证金从同一单位或者个人的账户转出。

投标人以他人名义投标主要为通过受让或者租借等方式获取资格、资质证书投标。

投标人弄虚作假的，具体情形如下：使用伪造、变造的许可证件；提供虚假的财务报告或者业绩；提供虚假的项目负责人或者主要技术人员简历、劳动关系证明；提供虚假的信用报告；其他弄虚作假的行为。

因投标人串通投标导致中标无效的，笔者倾向于认为按照“违法者不得获益”原则，由投标人承担法律责任，在建设工程价款结算过程中，应当以中标合同（“白合同”）和实际履行合同（“黑合同”）两者中工程价款较低者作为最终结算工程价款的依据。

招标人与投标人串通投标的，具体情形如下：招标人在开标前开启投标文件并将有关信息泄露给其他投标人；招标人直接或者间接向投标人泄露标底、评标委员会成员等信息；招标人明示或者暗示投标人压低或者抬高投标报价；招标人授意投标人撤换、修改投标文件；招标人明示或者暗示投标人为特定投标人中标提供方便；招标人与投标人为谋求特定投标人中标而采取的其他串通行为。

第二，中标无效后的相关责任承担问题。

因招标人与投标人串通投标导致中标无效的，鉴于建设单位在建筑市场中的绝对优势地位，笔者倾向于按照“违法者不得获益”原则，由招标人承担法律责任，在建设工程价款结算过程中，应当以中标合同（“白合同”）和实际履行合同（“黑合同”）两者中工程价款较高者作为最终结算工程价款的依据。

从中标无效的法律后果来看，中标系招标人对于招投标结果的承诺，也是中标通知书签发和中标合同签订的前提条件。当出现中标行为被认定无效情形后，即便签发的中标通知书在此之前已经发生法律效力，因不具备合法性，与此相关中标通知书和中标合同自始无效，故不会产生中标合同项下的违约责任承担问题，但是可能会发生因中标合同无法签订的缔约过失责任承担问题，要求由过错方承担损失赔偿。如果涉及多人共同侵权造成损害，则应当由共同侵权人承担连带责任。在招标投标有效期内，招标人可以根据招标项目实际情况自主决定重新签发中标通知书并签订中标合同；倘若已经超过招标投标有效期，则招标人应当重新组织招标。

案例案号：（2021）最高法民终425号

案情概要：张某挂靠施工单位承揽案涉工程，且在投标之前即与建设单位签订施工合同并开始实际施工。

裁判观点：《招标投标法》第43条规定，在确定中标人前，招标人不得与投标人就投标价格、投标方案等实质性内容进行谈判；第53条规定，投标人相互串通投标或者与招标人串通投标的，中标无效。《最高人民法院关于审理建设工程施工合同纠纷案件适用法律问题的解释》（已失效）第1条规定，没有资质的实际施工人借用有资质的建筑施工企业名义签订的建设工程施工合同，应当认定无效。本案中，张某挂靠施工单位承揽案涉工程，且在投标之前即与建设单位签订施工合同并开始实际施工，原审法院认定案涉《建设工程施工合同》无效，符合法律规定。

6. 中标通知书发出后，一方无正当理由拒绝签约如何处理？

答：中标通知书发出后，一方无正当理由不与对方订立合同，或者在签订合同时提出背离招投标文件实质性内容的附加条件，或者放弃中标的，视为拒绝签约。拒绝签约的建设单位或施工单位除了可能面临相应的行政处罚外，还可能承担以下违约责任：（1）中标通知书发出后，中标人拒绝签约，不得主张退还投标保证金；（2）中标通知书发出后，招标人无正当理由拒绝签约构成违约，没有约定招标人违约责任时，中标人可以请求招标人返还投标保证金并参照投标保证金数额赔偿损失。

第一，中标通知书一经到达则承诺生效。

在招标投标程序中，招标人通过开标和评标程序，对所有参与投标的投标文件进行评审比较，选择满足交易条件最优解的投标人，该投标人即为最终的中标人。投标人参与投标的要约行为与招标人最终确定中标人并签发中标通知书的承诺行为，两者共同形成了签订中标合同的意思表示。根据《民法典》第137条和第484条的规定，在建设工程项目招标过程中，中标通知书自到达中标人时生效，基于招标投标程序的特殊性，对于中标通知书适用到达主义，招标人和投标人均有义务以招标文件和投标文件为基础签订书面正式的施工合同。

第二，实践中导致无法签约的两类常见情形。

当中标通知书发出后，按照正常流程，应由建设单位与施工单位签订建设工程施工合同。根据《招标投标法》第46条，招标人和中标人应当自中标通知书发出之日起30日内，按照招标文件和中标人的投标文件订立书面合同。招标人和中标人不得再行订立背离合同实质性内容的其他协议。但是往往这个时候，就可能出现下述两类情况，导致无法成功签约。

第一类为中标人无正当理由拒绝签约。特别是在适用最低价中标策略时，投标人在建设工程项目中标后，经复核比对发现该建设工程项目利润低、风险高，无利可图，或直接放弃，或通过在施工合同签订过程中要求增加附加条件、变更施工合同实质性内容、不支付履约保证金等不同途径，拒绝签约或违法分包，变相损害招标人的合法权益。

对于第一类情况，由行政监督部门责令改正，可以处中标项目金额10‰以下的罚款。《招标投标法实施条例》第74条规定，中标人无正当理由不与招标人订立合同，在签订合同时向招标人提出附加条件，或者不按照招标文件要求提交履约保证金的，取消其中标资格，投标保证金不予退还。对依法必须进行招标的项目的中标人，由有关行政监督部门责令改正，可以处中标项目金额10‰以下的罚款。对于招标人来说，可以取消该投标人后续投标资格，并不予退还投标保证金；因此，对招标人造成额外损失的，可以要求投标人对于超过保证金部分予以赔偿。

第二类为招标人无正当理由拒绝签约。拒绝签约的形式包括直接无理由拒绝签约的行为、放弃中标的行为、双方所签订的施工合同存在实质性内容变更，如变更建设工程项目技术标准和合同价款，损害其他投标人的合法权益的行为等，进而导致施工合同无法签订，均应视为拒绝签约。

对于第二类情况，由行政监督部门责令改正，可以处中标项目金额10‰以下的罚款。《招标投标法实施条例》第73条规定，依法必须进行招标的项目的招标人有拒绝签约的情形之一的，由有关行政监督部门责令改正，可以处中标项目金额10‰以下的罚款；给他人造成损失的，依法承担赔偿责任；对单位直接负责的主管人员和其他直接责任人员依法给予处分。

第三，拒绝签约的责任问题。

关于一方拒绝签约的责任定性。在中标通知书发出后，施工合同是否已经成立？有观点认为，若双方施工合同未成立，则承担缔约过失责任；若双方施工合同已经成立，则承担本约合同或预约合同的违约责任。即存在预约合同的违约责任、本约合同的违约责任、缔约过失责任三种观点。笔者倾向于认为该责任属于本约合同的违约责任，主要原因在于经招标投标的建设工程项目，由建设单位向施工单位发送中标通知书，且中标通知书已到达施工单位，那么招标文件、投标文件、中标通知书三者直接产生等同于书面合同的法律效力，建设单位和施工单位两者之间要约和承诺已经达成一致。需要明确的是，《招标投标法》第46条所规定的“订立书面合同”仅仅是通过书面形式进行固定，并不影响双方建设工程施工合同的成立。

在工程实践中，拒绝签约的情形常见于投标人。笔者建议招标人采取适当措施，有效化解投标人毁标风险。例如，在招标文件中增加不良履约行为惩戒制裁措施，提高投标担保金额，增加投标担保对于投标人的约束力；在选择中标人时，应当将商誉良好、履约能力强和业绩优秀作为评标标准；至少选择三个中标候选人，以便在发生撤标后仍有备选方案，增强招标人对于招标投标活动的整体掌控性。

案例案号：（2021）鲁 14 民终 1288 号【投标人拒绝签约】

案情概要：施工单位中标某施工工程，建设单位向其发出中标通知书后，施工单位未在期限内与建设单位签订施工合同。后施工单位要求建设单位退还保证金，建设单位拒绝。

裁判观点：施工单位中标后无正当理由拒签合同，导致废标，无权要求退还保证金。

案例案号：（2023）新 01 民终 402 号【招标人拒绝签约】

案情概要：施工单位中标某施工工程，建设单位向其发出中标通知书后未在期限内与其签订施工合同。施工单位要求退还保证金及利息，支付施工单位因投标产生的费用，包括已经支付的招标代理费、装订费、场地费、公证费等。建设单位拒绝。

裁判观点：建设单位向施工单位发出中标通知书后，未在 30 日内与其签订书面合同，也未按招标公告内容将所招标工程交付给施工单位施工，而是单方面终止了双方的招标及中标结果，违背了诚实信用原则，应当依法承担缔约过失责任，赔偿施工单位因此而遭受的损失，退还保证金。

7. 投标人对依法必须招标的建设工程项目的评标结果有异议的，是否必须先向招标人提出异议？

答：投标人应当在中标候选人公示期间先向招标人提出异议。

第一，异议人应在法定期限内进行投诉。

在建设工程项目招标投标过程中，提出异议和投诉是当事人化解矛盾、解决争议的途径。《招标投标法》第 65 条规定，投标人和其他利害关系人有权向招标人提出异议或者依法向行政监督部门进行投诉，该条款确立了招标投标过程中的异议和投诉程序。同时，在《政府采购法》中也有类似规定。

提出异议的主体必须为招标投标活动的参与人或者因招标投标活动导致其权利受到实质性影响的人，包括资质预审申请人、投标人、其他利害关系人。其他利害关系人主要指资质预审申请人和投标人以外的受招标投标活动直接影响或间接影响的自然人、法人或其他组织。一是有意向参与资格预审或者投标的潜在投标人；二是与投标人利益共享的供应单位等；三是中标结果影响其个人收益或职业发展的投标项目负责人等。接收异议的主体应当为招标人，这里既包括招标人本身，也包括招标代理机构。

“法律不保护沉睡的权利”，投标人或其他利害关系人认为招标投标活动违法要求投诉的，应当在法律规定的期限内进行投诉。关于投标人对于招标投标程序的投诉，法律针对资格预审文件和招标文件、开标、评标结果三类特定事项规定了异议前置条件，该三类情形必须先向招标人提出异议。对于除此之外的事项，投标人或其他利害关系人认为不符合法律规定的，可以直接向有关行政监督部门进行投诉，而不是必须先向招标人提出异议。

第二，针对不同情形的投诉应注意的事项。

其一，潜在投标人或其他利害关系人对资格预审文件和招标文件有异议的，应当在法定期限内向招标人提出。根据《招标投标法实施条例》第 22 条，对于资格预审文件的异议，应当在提交资格预审申请文件截止时间 2 日前提出；对于招标文件的异议，应当在投标截止时间 10 日前提出。前述的异议应针对资格预审和招标文件提出，包括含糊不清、自相矛盾、倾向性限制、排斥潜在投标人和设置歧视条款等。

其二，投标人对开标有异议的，应当在开标现场向招标人提出。根据《招标投标法实施条例》第 44 条，对于开标的异议，仅限于参加开标仪式的投标人提出，未参加开标仪式的投标人无权提出异议，并且应当在开标现场当场提出异议。

其三，投标人或其他利害关系人对依法必须招标项目的评标结果有异议的，应当在中标候选人公示期间提出。根据《招标投标法实施条例》第 54 条，对于依法必须招标的建设工程项目，投标人或其他利害关系人提出对评标结果的异议的，招标人须在收到异议之日起3日内作出答复。

针对上述三类异议情形，法律规范作出明文规定，异议人必须在限定时间内提出，招标人也必须在限定时间内答复。而除此之外的异议情形，对于异议提出时间和答复时间及形式法律并未明文加以限制，招标人可以选择答复，也可以选择不答复，答复的形式也不必须为书面形式。

案例案号：（2019）苏行申2197号

案情概要：投标人未中标某施工工程，中标结果公示期满后其向行政监督机关投诉中标候选人存在财产被冻结或者查封的情形，认为应废除其中标候选人资格，行政监督机关以未在期限内投诉为由不予受理。投标人提起行政诉讼。

裁判观点：根据《招标投标法实施条例》的规定，投标人对评标结果有异议的，应当先向招标人提出异议。本案中，投标人投诉中标候选人存在财产被冻结或者查封的情形，认为应废除其中标候选人资格的事项，属于对评标结果有异议，应先向招标人提出异议，但投标人未向招标人提出异议。根据《工程建设项目招标投标活动投诉处理办法》第12条第6项的规定，投诉事项应先提出异议而没有提出异议的，不予受理。

8. 投标人向有关行政监督部门投诉建设工程项目招标投标活动的，是否有时限要求？

答：投标人或其他利害关系人认为招标投标活动不符合法律、行政法规规定的，可以自知道或应当知道之日起10日内向有关行政监督部门投诉。

第一，关于投诉时间效力的规定。

《招标投标法实施条例》第60条规定，投标人或其他利害关系人可以自知道或应当知道之日起10日内进行投诉，这是从行政效力角度出发，对投诉作出法定期限限制，促使当事人主动行使自身权利。如果当事人未在10日内行使投诉的权利，法定期限届满后，当事人将丧失投诉权利，行政监督部门有权不予受理投诉。法律对投诉时限作出规定，一方面，鉴于招标投标程序时间普遍较短，投标人和利害关系人尽早投诉，将便于行政监督部门及时查处并纠正所存在的违法行为，保障投标人和利害关系人的合法权益；另一方面，若该建设工程项目已经签订施工合同并实际履行，甚至已经接近竣工验收阶段，此时再要求行政监督部门进行查处或纠正，相关证据可能早已丢失或实际损失难以挽回，故相关当事人应当尽早向行政监督部门进行投诉。

第二，投诉的适格主体。

与异议程序存在本质区别的是，参与投诉程序的主体不限于投标人、利害关系人，还应当包括招标人。招标人作为招标投标程序中不可或缺的主体，是与建设工程项目招投标具有最直接利害关系的人员，其可以就招标投标活动中发现的违法行为向行政监督部门进行投诉。例如，投标人相互串通投标；投标人以向招标人或评标委员会成员行贿的手段谋取中标；投标人以他人名义投标或者以其他方式弄虚作假，骗取中标。招标人可以直接向行政监督部门投诉，要求取消其投标资格并给予行政处罚，也可以向评标委员会反馈，要求作出否决投标处理。

第三，行政监督部门的选择。

对于行政监督部门的确定，即投诉受理主体的选择，投诉人可以根据《招标投标法实施条例》第 4 条的规定，选择有管辖权的行政监督部门，并向其提出投诉。例如，涉及房屋建筑相关建造活动、基础设施相关建造活动、市政工程项目等的招标投标活动，应当由各地住房和城乡建设行政主管部门进行处理。国务院工业和信息化、住房城乡建设、交通运输、铁道、水利、商务等不同部门按照职责分工对有关招标投标活动实施监督。如果投诉人同时向两个以上具有管辖权的行政监督部门进行投诉，根据《招标投标法实施条例》第 61 条的规定，由最先收到投诉的行政监督部门进行处理。

但是，行政监督部门的监督权是受限制的，其无权对招标投标活动中的“定标、评标”进行干预，招标人有权自行组织招标、制订招标文件、决定中标人和发出中标通知书等，评标委员会有权独立进行评标，双方均应依法接受行政监督部门的行政监督。行政监督权的行使受法律限制，仅限于法定违法情形出现时，行政监督部门可以要求当事人纠正违法行为并接受行政处罚决定。对于该行政行为，当事人有权申请行政复议，或者进行行政诉讼，可以自行选择相应的行政救济途径。

第四，如何理解“知道或应当知道”。

对于“知道或应当知道”的理解，笔者倾向于根据招标投标程序的不同阶段进行区分：一是在资格预审公告或者招标公告发布后，投标人应当知道公告中是否存在规定了排斥潜在投标人的条款等违法情形；二是在取得资格预审文件或招标文件后，投标人应当知道文件中是否存在规定了不合理的限制条款等违法情形；三是开标之后，投标人应当知道参与投标人名称、数量和标底等情况；四是在中标候选人公示后，投标人应当知道中标人是否存在违反招标文件或违反法律法规的情形；五是招标人在收到评审报告或者评标报告之后，应当知道评标委员会评标时是否符合法律规定程序，是否存在违反规定标准、评审程序等情况。

案例案号：（2020）最高法民终1号

案情概要：投标人认为某招投标活动存在诸多违法违规行为，已经严重损害了投标人作为利害关系人公平竞争的权利，遂向行政监督部门投诉，行政监督部门认为投标人的投诉超过法定期限，作出不予受理的决定。投标人向法院提起撤销《不予受理通知书》的行政诉讼。

裁判观点：《招标投标法实施条例》第60条第1款规定，投标人或者其他利害关系人认为招标投标活动不符合法律、行政法规规定的，可以自知道或者应当知道之日起10日内向有关行政监督部门投诉。投诉应当有明确的请求和必要的证明材料。本案中，投标人举报案涉招投标活动弄虚作假、违反有关规定，但其投诉行为已超出投诉期限，行政监督部门作出被诉《不予受理通知书》的行政行为，事实清楚，适用法律正确。

二、合同效力

9. 非必须招标工程选择招标程序，但在招标开始前，双方对合同的内容进行了实质性谈判，施工合同的效力如何认定？

答：在非必须招标项目中，如选择通过招标投标程序订立建设工程施工合同，应当受《招标投标法》的约束和调整；如中标前进行了实质性内容的谈判并签订合同，属于“先定后招”的行为，违反了《招标投标法》第43条的强制性规定，一般认为合同无效。

第一，非必须招标项目中，如选择通过招标投标程序订立建设工程施工合同，应当受《招标投标法》的约束和调整。

对于非必须招标的工程项目，如果建设单位选择适用了招标方式，建设单位和施工单位是否受《招标投标法》及相关法律法规的约束，在实践中存在一定的争议。但根据《最高人民法院新建设工程施工合同司法解释（一）理解与适用》，最高人民法院民一庭认为，“如果选择适用了招标方式，就必须遵守《招标投标法》及相关法规的要求，依法合规地开展各项活动”，该观点是目前的主流观点，笔者亦持该观点。

第二，《招标投标法》禁止对招标的项目进行实质性谈判，进行了实质性谈判的合同原则上无效。

根据《招标投标法》第43条的规定，在确定中标人前，招标人不得与投标人就投标价格、投标方案等实质性内容进行谈判。

在部分工程项目中，建设单位为了工程进度，在招标程序前与施工单位、监理单位等私下沟通或签订协议，即在中标前订立合同，在实际施工后才另行组织招标投标程序，为施工单位补办招投标手续，用于施工备案，实践中该行为常被称作“先定后招”。此行为系典型的就实质性内容进行谈判，违反了《招标投标法》第43条的强制性规定。

对于“先定后招”行为，一般需要厘清三点：其一，关于必须招标的建设工程项目，上文已经论述，故在此不予赘述；其二，“先定”的时间节点，根据《招标投标法》第43条所叙述的时间节点，“先定”应当在确定中标人以前；其三，招标人与投标人双方通过对实质性内容的谈判已经确定合同关系，即已经确定施工单位为中标人。

关于中标前订立的合同的效力，因招标人与中标人未经招标投标程序签订建设工程施工合同，违反《新建设工程施工合同解释（一）》的规定，应当认定无效；关于中标后备案合同的效力，即便招标人与投标人完成招标投标程序后，双方签订建设工程施工合同并备案，因双方先前对实质性内容的谈判已构成违法行为，双方后续备案合同应当同样认定无效。

关于实质性内容的范围，主要包括工程范围、工程工期、工程价款和工程质量，这四项确定为实质性内容一般是无争议的。此外，关于建设工程价款的支付方式是否属于实质性内容，笔者倾向于认为需要结合招标文件来看，若招标文件就建设工程价款的支付方式有清晰要求，则招标人与投标人双方不得随意变更支付方式，支付方式属于实质性内容。下面笔者主要结合《建设工程施工合同（示范文本）》对上述实质性内容作简要分析，供读者参考。

工程范围：在《建设工程施工合同（示范文本）》（GF－2017－0201）第一部分合同协议书中，主要核对招标投标前后的两份合同中工程概况的工程承包范围是否一致。就工程范围而言，主要对建筑工程十大分部工程进行描述，即地基与基础、主体结构、装饰装修、建筑节能、给排水及采暖、通风与空调、电梯、建筑电气、智能建筑、建筑屋面。需要注意的是，部分合同在对工程范围描述时，可能会与工程内容相混淆，工程内容更多指向具体工程的施工工艺，通常在具体的分项工程部分进行描述，以主体结构分部工程为例，其工程内容通常指模板、混凝土、钢筋、预应力、现浇结构、装配式结构。

工程工期：在第一部分合同协议书中，主要核对招标投标前后的两份合同中合同工期是否一致，即工期总日历天数或总工期是否一致。工程工期指建设工程项目从正式破土动工到按施工合同约定达到竣工验收标准所花费的全部时间，不包含施工准备时间。按照形成方式不同，常见的工期可分为合同工期、定额工期和合理工期三类。在第二部分通用合同条款中，第1.1.4.3条载明，工期是指在合同协议书约定的承包人完成工程所需的期限，包括按照合同约定所作的期限变更。

工程价款：在第一部分合同协议书中，主要核对招标投标前后的两份合同中签约合同价（含税）和合同价格形式是否一致，包括以工程量清单计价形式构成的工程造价，分部分项工程费、措施费、其他项目费、规费、税金，以及双方在合同中约定的预付款、进度款、竣工结算款等。

工程质量：在第一部分合同协议书中，主要核对招标投标前后的两份合同中工程质量标准是否一致。工程质量是指在有关法律法规、技术标准、设计文件和合同中，对工程的安全性、适用性、耐久性、经济性、美观性等特性的综合要求。工程质量作为主要控制目标之一，涉及建设工程项目各参与方，因工程质量问题所引发的事故可能造成人员伤亡或严重经济损失，不仅仅涉及简单的民事责任，更有可能涉及行政责任或刑事责任。

案例案号：（2020）最高法民申4035号

案情概要：施工单位于2007年6月进场施工，并就工程承包范围、工程造价等实质性内容与建设单位达成共识，2007年8月经过招投标程序与建设单位签订《建设工程施工合同》并予备案。

裁判观点：根据《招标投标法》的规定，中标后所签订的施工合同中的价款有违工程实际情况，并非为双方当事人的真实意思表示，双方为招投标程序而签订的《建设工程施工合同》无效。

10. 低于成本价的施工合同效力如何以及何为成本价?

答: 低于成本价的施工合同应属无效，这里的成本价是指投标人的个别成本，而不是社会平均成本，也不是行业平均成本。

《招标投标法》第33条、第41条以及《招标投标法实施条例》第51条规定了投标人不得以低于成本的报价竞标，投标人的投标价格低于成本价的，评标委员会应当否决其投标，因此，低于成本价的施工合同因违反《招标投标法》的强制性规定，根据《民法典》第153条的规定应属无效。

那么何为成本价呢?

《〈中华人民共和国招标投标法实施条例〉释义》第51条的解读指出，“这里的成本是指投标人的个别成本，而不是社会平均成本，也不是行业平均成本”，笔者亦持该观点。

在建设工程招标采购活动中，投标人以低于成本价的价格进行投标的情形较为常见，在实践中投标价低于成本价的原因有两种：一是竞争性低价。因投标过程中，投标人之间存在竞争关系，其主要目的是获取中标资格，投标报价往往低于行业平均成本或同行平均报价成本。二是倾销性低价。投标人报出明显低于市场平均成本的价格，具有主观恶意，意图通过不正当的竞争手段达到恶意中标的结果。此处着重讨论的系第一种类型，在现行法律规范中，并未对成本价作出明文规定或严格区分，故在认定过程中应当把握适度从紧的原则，开展科学合理的评估工作。

对于成本价的理解，在司法实践中争议较大，主要围绕企业个别成本、投标竞争成本和社会平均成本三个概念进行论述，笔者在此有必要分别进行阐述：

第一类观点认为成本价为企业个别成本。低于成本价是指低于投标人完成投标项目所需支出的个别成本。每个投标人的管理水平、技术能力与条件不同，即使完成同样的招标项目，其个别成本也不可能完全相同，个别成本与行业平均成本存在差异，这是市场经济环境下的正常现象。在评标过程中，标底可以分为不可竞争费用（工程税费、工程规费以及安全文明施工费）、有限竞争费用（人工费、材料费、机械费、措施费）、完全竞争费用（管理费、施工利润）三类，将不可竞争费用与调整后的有限竞争费用相加即为投标人的企业个别成本，若投标人报价低于该成本，则按照废标处理。

企业个别成本可以根据企业定额进行计量和计价测算出来，对于正常的建设工程项目，工程价款通常在一个合理报价区间内。如果某一建设工程项目的投标价明显低于该合理报价区间，可以作为异常投标价进行评估。虽然企业个别成本涉及商业秘密，但在目前建筑市场中，通过企业历史投标数据，可以精准测算企业个别成本。

第二类观点认为成本价为投标竞争成本。投标竞争成本价为施工单位在投标过程中，为获得建设工程项目的中标资格，采取的临时降低自身报价的投标策略。投标人在满足不可竞争费用和有限竞争费用的基础上，降低完全竞争费用中的施工利润，将建设工程项目利润进行压缩，以期能在后续其他项目中持续中标。笔者认为，该类低于社会平均成本却高于企业个别成本的报价形式，应当被允许和鼓励，这有利于施工单位加强自身的管理能力。

以浙江为例，凡投标报价低于平均报价 8% 及以上，且在投标文件中没有进行充分、必要的说明，或者没有提供相关证明材料的，将被认定为低于成本价竞标；投标报价低于平均报价 5% ~8% 的，要求投标人提供确保工程安全、质量、进度的书面说明，再由评标委员会进行认定。结合具体工程价款构成来看，建议人工费部分不低于平均报价的 85%，材料费部分不低于平均报价的 98%，机械设备费部分不低于平均报价的 70%，企业管理费部分不低于平均报价的 70%。

第三类观点认为成本价为社会平均成本。笔者认为，社会平均成本系依据建筑行业主管部门发布的工程定额标准和价格信息所编制，即建筑行业平均成本或定额标准，并非投标人计划投入施工的实际成本测算，不应作为投标人完成建设工程项目施工所支出的企业个别成本的参考。社会平均成本代表了建筑行业的平均施工水平和先进管理水平，部分施工能力欠缺或管理落后的施工单位必然在成本价上高于施工能力出色或管理先进的施工单位，这与《招标投标法》鼓励竞争的立法初衷不相符合。

对于社会平均成本的评估，主要根据建筑行业的定额标准和计价方式，通过建设工程项目施工图计算工程量，并结合定额标准计算预算成本。部分预算成本难度较大的政府工程项目，可以通过同一地方区域或同一专业类别内的数据样本进行核算，评估所得的社会平均成本具有较强的可信度。

此外，笔者特别提示，若建设工程因设计变更等情形导致工程量减少，进而影响工程造价减少，不属于低于成本价情形。在建设工程施工过程中，设计变更、施工范围变化等常见情形，会导致工程量按需大幅增加或减少，可能会存在工程实际造价远高于或低于合同约定造价，该类情形属于建设工程合法合规调整，不属于低于成本价情形。

值得注意的是，招标投标相关法律要求不得以最低价投标竞价，其主旨在于要求从最基础的工程造价来控制建设工程质量安全标准，以维护社会公共利益，而非对于建设单位和施工单位双方签订施工合同的意思自治的强制约束。在建设工程实践中，一些施工单位在投标时低于成本价竞标，在中标签订施工合同后，又以合同约定的工程价款低于成本价为由主张施工合同无效并提起诉讼，要求按照定额标准或者市场价格结算工程价款，严重违背诚实信用原则。故只有从源头杜绝低于成本价中标导致合同无效，才能维护建筑行业正常秩序。

案例案号：（2021）皖民终 477 号

案情概要：施工单位主张建设单位没有按照招标文件明确的编制依据对招标控制价进行编制，导致编制的招标控制价低于成本价，其未能及时发现该问题，造成施工单位的中标价也低于成本价，双方签订的建设工程承包合同因违反法律、行政法规的强制性规定而无效，故而提起本案诉讼。

裁判观点：依据《招标投标法》《招标投标法实施条例》的规定，中标人低于成本价中标，属于违反法律法规的强制性规定，中标应属无效。依据招标文件、投标文件和中标通知书签订的建设工程施工合同也应无效。故一审关于“是否低于成本价中标，不影响双方签订的建设工程施工合同效力”的认定不当。

11. 导致建设工程施工合同无效的典型情形有哪些？

答：典型情形有：（1）承包人未取得建筑工程企业资质或者超越资质等级的；（2）没有资质的实际施工人借用有资质的建筑施工企业名义的；（3）建设工程必须进行招标而未招标或者中标无效的；（4）中标合同约定工程价款低于成本价的；（5）承包人进行转包或违法分包的；（6）发包人在起诉前未取得建设用地规划许可证、建设工程规划许可证的；（7）法律、行政法规规定的其他情形。

关于上述典型情形第（1）项中承包人未取得建筑工程企业资质或者超越资质等级的，建设工程资质相关违法问题，在实务中较为常见的具体表现情形有：施工单位在没有资质的情况下违法承揽建设工程；施工单位冒用、盗用营业执照、资质证书承揽工程；施工单位的分支机构以自己的名义对外承揽工程；非施工单位超越经营范围对外承揽建设工程。此外，施工单位在工程竣工前未取得相应资质，竣工验收合格后才取得资质的，建设工程施工合同也应认定为无效。

资质问题关乎工程的质量和安全。对于我国境内的建设工程项目，应当确保工程质量和安全，符合国家的建筑工程安全标准。我国对于建设工程项目实施强制资质管理制度，建设单位在招投标过程中，以及在签订合同过程中，不仅需要核查工程价款、工程工期等实质性内容，还需要核查施工单位是否满足施工资质标准，即是否具有对专业工程所要求的施工能力。鉴于建设工程项目的特殊性和复杂性，建设单位应当在合同订立阶段就做好工程施工管理风险把控，防止在施工合同履约过程中发生工程质量事故。对于不具有相应资质的施工单位签订的建设工程施工合同，在法律性质上，缺乏合同生效的必要条件。

由于资质问题较为重要，对于典型情形第（1）项即承包人未取得建筑工程企业资质或者超越资质等级的，笔者在此分别做以下详细分析。

第一，施工单位超越资质等级而签订合同的。

施工单位在与建设单位签订施工合同时，若超越了其自身资质等级许可的范畴，因其违背了《建筑法》等法律的强制性规定，导致合同无效。但有一种情况除外，《新建设工程施工合同解释（一）》第4条规定即使承包人在施工合同签订时并不具备相应资质，但只要在工程竣工前取得相应资质等级，合同效力即可补正为有效。

施工单位与建设单位在签订建设工程施工合同时，超越自身原有资质等级而承揽工程，这一情况在目前建筑业中较为普遍。在工程实践中，首次申报资质等级以及增加增项资质等级审批所需的时间较长，为了便于开拓新的建设工程项目业务，施工单位往往会采取工程施工与资质申报审批同步进行的方式，只要在工程竣工前取得相应的资质等级，则该建设工程施工合同有效。

但在后续施工过程中，仍会出现两类情况：第一类，施工单位在建设工程竣工后，仍未取得法律规定的相应资质，施工合同因违反有关资质要求的效力性强制性规定应属无效；第二类，施工单位在后续施工中，取得了法律规定的相应资质，住建部倾向于允许施工单位通过事后补办手续的方式，来补正施工合同的效力，但要严格限定补正时间，以确保各方合法利益。

笔者倾向于认为，施工单位超越资质的补正时间应严格限制在工程竣工前。施工单位在承揽工程时尚未取得相应资质，但在工程竣工时已经取得与承揽工程相对应的资质等级，说明该施工单位已经具备法律所要求的施工能力。假如将补正时间修改为起诉前或者一审诉讼中，则可能与建设工程实际施工时间相隔甚远，无法客观反映施工单位的施工管理水平和技术水准，无法确保工程质量安全。如果对补正时间进行严格限定，则将导致目前建筑市场中大量的施工合同无效，不利于建筑市场的稳定，结合现有工程实践所采取的折中做法，既能保证建设工程的质量安全，又可以稳定建筑市场准入制度。

第二，施工单位没有资质等级而签订合同的。

与超越资质等级存在本质区别的是，超越资质等级允许补正合同效力。但对于施工单位在没有资质等级的情况下签订合同，施工单位是否可以允许补正合同效力，即允许施工单位在建设工程竣工前取得相应资质的，则视为施工合同有效，这在理论界存在不同观点。但在实务中对此多数持有否定观点，即施工单位无资质等级所签订的施工合同无效。

施工单位未取得建筑工程企业资质所签订的施工合同无效。施工单位无资质等级与超越资质等级存在本质差异，施工单位在超越资质等级的情况下仍有进行效力补正的机会，属于具备一定施工能力但能力尚待补足，抑或已具备施工能力但尚未取得行政主管部门的确认。但对于未取得建筑资质等级的情况，《新建设工程施工合同解释（一）》第1条第1款明确所签订的施工合同无效。未取得建筑工程企业资质即属于无资质企业，规定其签订的合同无效的目的在于严格限定建筑行业的市场准入条件，规范建筑市场的秩序。

笔者倾向于支持施工合同无效。对于超越资质等级与没有资质等级，两者存在实质不同，没有资质等级意味着施工单位尚未取得建筑市场的准入资格，而超越资质等级意味着施工单位已经取得最低的准入资格，但是能力尚有欠缺或者已经具备相应能力但尚未申报资质。鉴于建设工程质量涉及人民群众人身和财产安全，故我国现行法律对于建筑市场准入设置了严格条件。

上述第（2）至第（6）项已在本书其他部分阐述，此处不再赘述，上述第（7）项中的其他情形多与建设工程强制性标准相关，例如任意压缩合理工期、降低工程质量标准等。

案例案号：（2021）豫1503民初3533号【未取得建筑施工企业资质】

案情概要：建设单位与施工单位签订《某工程装修施工合同书》，后建设单位发现施工单位无建筑业资质，将导致消防验收无法通过。建设单位诉请解除与施工单位的装修合同。

裁判观点：案涉装修工程的承揽也应当取得建筑业企业资质。施工单位无资质承揽，其与建设单位签订的案涉合同应为无效。

12. 建设单位未取得建设用地规划许可证或未取得建设工程规划许可证的，施工合同效力如何？

答：建设单位未取得建设用地规划许可证或未取得建设工程规划许可证的，施工合同无效，但是在起诉前建设单位取得规划审批手续的除外。

一个工程项目在建设中，一般需要取得建设用地规划许可证、国有土地使用权证、建设工程规划许可证、建设工程施工许可证，即行业中常说的“四证”。关于建设用地规划许可证及建设工程规划许可证的取得与否与施工合同效力的关系，笔者做如下分析。

对于建设工程施工项目，建设单位需要先行核查是否属于必须办理建设用地规划许可证及建设工程规划许可证的项目，例如部分自有土地或者不使用土地的地下管网施工项目不必办理建设用地规划许可证；部分不变动房屋主体结构或者不变动规划指标的工程项目，无须修缮、装修或拆除的，不必办理建设工程规划许可证。

第一，未在起诉前取得建设用地规划许可证的，施工合同无效。

建设用地规划许可证系城乡规划行政主管部门审核签发，涉及建设用地的位置、面积、建设单位等，是建设工程用地的法律凭证。依据《城乡规划法》第 37 条和第 38 条，无论土地性质是划拨还是出让，均应当由建设单位申请建设用地规划许可证，取得建设用地规划许可证是建设单位合法进行建设工程项目发包的必要前提。《城乡规划法》第 39 条更是明确规定，没有取得建设用地规划许可证则无权进行土地开发，相关审批文件由县级以上人民政府予以撤销，已经占用的土地应当予以退回。故此，鉴于《城乡规划法》的相关规定系效力性强制性规定，没有取得建设用地规划许可证即进行施工的行为将严重损害国家和社会公共利益，因此与此相关的施工合同应属无效。

第二，未在起诉前取得建设工程规划许可证的，施工合同无效。

建设工程规划许可证系城乡规划行政主管部门审核签发，是证明建设工程满足城市规划要求的法律凭证。在《新建设工程施工合同解释（一）》出台前，依据《城乡规划法》第40条和第64条的规定，建设单位尚未取得建设工程规划许可证即开工的，因违反效力性强制性规定，所签订的施工合同应属无效。

在理论探讨中存在两类观点：第一类观点认为，建设工程项目因未取得建设工程规划审批手续而导致施工合同无效后的结算，可以依据《民法典》第793条处理，假如建设工程竣工验收合格，抑或经修复后合格，则参照施工合同约定折价补偿；假如建设工程经修复后仍不合格，则按照双方主体的过错比例，由建设单位和施工单位承担实际损失。第二类观点认为，建设工程施工合同因未取得建设工程规划审批手续是无效合同，该类观点系主流观点。该施工合同标的物系违法建筑，无论工程质量是否合格，在法律性质上均不具有可利用性，应当将未取得建设工程规划许可证而签订的施工合同认定为无效。

笔者倾向于第二类观点，鉴于建设工程施工合同纠纷案件案情较为复杂，涉及工程工期、质量、工程价款、司法鉴定等争议焦点，案件审理期限较长，故《新建设工程施工合同解释（一）》第3条规定，允许当事人对施工合同效力进行补正，补正的时间限定于起诉前。若建设单位在起诉前仍未取得建设工程规划许可证，则无法通过该规定补正施工合同效力，建设工程施工合同无效。

在工程实践中，有一类特殊情况，尽管该建设工程项目尚未取得建设工程规划许可证，但建设行政主管部门已经明确批准该建设工程项目的，笔者倾向于应当视为具备规划审批手续，不属于违章建筑，施工合同有效。

由于建设单位负有办理规划许可手续的义务，并且具有办理审批手续的能力，若建设单位未履行法律规定义务，以及未履行施工合同约定义务，主张施工合同无效，法院将以建设单位违背诚实信用原则，根据《新建设工程施工合同解释（一）》第 3 条第 2 款，不予支持建设单位提出的施工合同无效的主张。

案例案号：（2020）最高法民终 1274 号

案情概要：建设单位就案涉工程向规划、国土、环保等部门递交过审批手续，但未取得行政主管部门最终核发的建设用地规划许可证、建设工程规划许可证、土地使用证。

裁判观点：建设单位所称 1994 年 1 月 29 日取得的建设用地规划许可证并不是颁发给建设单位的；2016 年 10 月 24 日区住房保障和城乡建设管理局印发的文件、2017 年 7 月 18 日国土资源分局给建设单位的函，均不能证明建设单位取得了司法解释规定的建设工程规划许可证等规划审批手续。且截至目前，建设单位亦不能举证证明其已取得案涉工程的建设工程规划许可证等规划审批手续，故一审法院认定案涉合同无效并无不当。

13. 建设单位在未取得国有土地使用权证或未取得建设工程施工许可证时，施工合同效力如何？

答：建设单位未取得国有土地使用权证或未取得建设工程施工许可证的，不影响施工合同效力。

一个工程项目在建设中，一般需要取得建设用地规划许可证、国有土地使用权证、建设工程规划许可证和建设工程施工许可证，即“四证”。关于国有土地使用权证及建设工程施工许可证的取得与否与施工合同效力的关系，笔者做如下分析：

第一，未取得国有土地使用权证的，不影响施工合同效力。

我国实行土地公有制，《宪法》第 10 条规定，城市的土地属于国家所有。农村和城市郊区的土地，除由法律规定属于国家所有的以外，属于集体所有。《土地管理法》第 4 条规定，国家实行土地用途管制制度。国家编制土地利用总体规划，规定土地用途，将土地分为农用地、建设用地和未利用地。根据土地的法律性质不同，建设用地使用权可以分为国有建设用地使用权和集体建设用地使用权，鉴于集体建设用地使用权设立仍有部分障碍，此处所阐述的建设工程土地使用证主要指国有土地使用证。国有土地使用证一般会记载土地使用权人、坐落、地号、地类（用途）、使用权类型（出让/划拨）和使用权面积等要素。

建设单位无法取得国有土地使用权证多因取得用地指标以后，建设单位没有完成土地出让合同所约定的义务，例如未支付全部土地出让金、拍卖土地尚未完成动迁等。建设单位履行完毕土地出让合同约定的义务，且缴纳了全部土地出让金，即可取得土地使用权证。

《城镇国有土地使用权出让和转让暂行条例》第 16 条规定土地使用者在支付全部土地使用权出让金后，应当依照规定办理登记，领取土地使用证，取得土地使用权。

国有土地使用权证审批办理系行政审批手续相关问题，建设单位未办理国有土地使用权证的行为系行政违法行为，不影响建设工程施工合同效力，亦不影响社会公共安全和公共利益。

第二，未取得建设工程施工许可证的，不影响施工合同效力。

建设工程施工许可证是行政主管部门对施工行为的行政管理措施。建设工程施工许可证的相关行政管理规定属于管理性强制性规定，建设单位未依法领取施工许可证的，不影响当事人签订的建设工程施工合同的效力。《建筑法》第 7 条明确规定建设工程开工前应当依法申领施工许可证。建设工程施工许可证通常记载工程名称、建设地址、建设规模、合同金额及约定工期、建设单位、设计单位、监理单位等。依据该条规定，施工许可证并非效力性强制性规定，而属于管理性强制性规定。

在《最高人民法院新建设工程施工合同司法解释（一）理解与适用》中，最高人民法院民一庭认为，“对于未取得国有土地使用证、建设工程施工许可证而签订的建设工程施工合同，则不认定为合同无效”。《浙江省高级人民法院民事审判第一庭关于审理建设工程施工合同纠纷案件若干疑难问题的解答》明确，发包人未取得建设用地使用权证或建筑工程施工许可证的，不影响建设工程施工合同的效力。缺少建设工程施工许可证并不必然导致施工合同无效，现有主流观点与司法实践保持一致。

笔者倾向于认为，建设行政主管部门对施工许可证的审批，其实质目的在于审查建设单位是否具备法律规定的建设条件，是建设行政主管部门对建设工程项目相应资格的一种审查方式，是保证建设工程项目合法性和合规性的审查，其法律性质属于行政管理，未取得施工许可证并不必然损害国家、集体、社会公共利益。因此，《建筑法》第 7 条关于办理施工许可证的规定应属管理性强制性规定，没有取得建设工程施工许可证不影响建设工程施工合同的效力。

从时间顺序上看，建设工程施工许可证申领时间晚于施工合同签订时间，所以时间在后的行政许可行为不能影响时间在前的施工合同的效力。此外，从法律责任角度来看，虽未取得建设工程施工许可证不影响合同效力，但未取得施工许可证的，行政主管部门仍可责令改正，或者处以罚款。

综上，鉴于国有土地使用权证和建设工程施工许可证均属于管理性强制性规定所要求的内容，若建设单位未取得前述两证，均不影响施工合同效力。但是，从行政责任角度来看，建设单位仍可能面临相应行政处罚风险，故值得注意。对于建设单位来说，“四证”对于保证建设工程项目的合法合规是必要的，应当引起双方主体的高度重视，建设单位应当以身作则，积极并且主动地进行相关审批手续的申报、办理，避免建设工程项目在履约过程中被建设行政主管部门处以停工或罚款的处罚，进而被认定为违章建筑，面临被强制拆除的法律风险。对于施工单位来说，虽然办理“四证”并非其义务，但在工程实践中，常常由建设单位委托施工单位代为办理，必须对此做好相应证据固定记录。并且施工单位也应当尽到配合建设单位审批办理的义务，例如由施工单位组织相应专业人员编制施工组织设计规范、施工技术规范、质量安全管理规范等。施工单位作为建设工程项目的履约方，应当做好“四证”的管理工作，监督建设单位及时合法办理“四证”。

案例案号：（2020）浙民终785号

案情概要：建设单位与施工单位签订案涉《施工合同》后，施工单位进场施工。合同履行过程中，施工单位自认未取得该项目的建设工程施工许可证。

裁判观点：一审法院认为案涉项目未取得规划许可证，施工合同无效。二审法院认为依据原《最高人民法院关于审理建设工程施工合同纠纷案件适用法律问题的解释（二）》第2条的规定，施工单位未取得建设工程施工许可证，不属于发包人未取得规划审批手续之情形，一审判决认定案涉《施工合同》无效缺乏法律依据，予以纠正。

14. 建设工程总承包合同无效是否必然导致分包合同无效?

答：建设单位与施工单位之间的建设工程施工合同无效，不必然导致分包合同无效。若施工单位将部分工程分包给有资质的分包单位，则分包合同有效，除非案涉工程本身存在违法性（如未取得建设工程规划许可证、未取得建设工程用地规划许可证或案涉工程被认定为违法建筑等情形）。

第一，原则上分包合同的效力应当根据合同无效的法定情形进行独立判断。

在建设工程发包方式系工程总承包的情形下，建设单位与施工单位签订的建设工程施工合同称为总承包合同，在此基础上，施工单位与分包单位所签订的建设工程施工合同称为分包合同。总承包合同与分包合同是两个独立合同，合同相对主体不一样，两者是相互联系的，分包合同隶属于总承包合同，但二者并非法律上的主从合同关系，总承包合同无效，不必然导致分包合同无效。

因此，分包合同的效力应当根据合同无效的法定情形进行独立判断。如果分包合同已经因为总承包合同无效而存在事实上的履行不能，守约方可以主张解除合同。对此，在理论界存在不同观点，有观点认为总承包合同和分包合同相互独立，不属于主从合同关系，无论总承包合同是否无效，都不影响分包合同效力，该观点亦是目前主流观点；另有观点认为，分包合同系总承包合同的扩展，来源于总承包合同，如果总承包合同无效，必然导致分包合同无效。

第二，不同类型的分包合同的处理方式。

在实务中，分包工程一般存在劳务分包（劳务作业分包）和专业分包（专业工程分包）两种情况。

其一，在劳务分包的情况下，需要核查当事人是否满足法定资质要求。劳务作业分包是指施工总承包企业或者专业承包企业将其承包工程的劳务作业发包给劳务承包企业完成的活动。

根据《新建设工程施工合同解释（一)》第 5 条的规定，具有劳务作业资质的承包人签订的劳务分包合同，原则上属于有效合同。但是，存在下列三类情况时，劳务分包合同应属无效合同。第一类，以劳务分包为名支解工程或者以劳务分包为名，实为专业工程分包。若为加快完成建设工程，支解工程再分包，以达到提高利润的目的，系属违法，合同无效。第二类，劳务作业承包人二次分包。劳务作业承包人必须自己完成所有承包的工程任务，如不加以限制，不但建设工程质量无法保障，也将扰乱建筑行业市场秩序。第三类，以个人名义进行劳务承包。劳务作业承包人必须为企业，不得为自然人，以个人名义承包劳务的，合同当然无效。

值得注意的是，随着国务院“放管服”改革的深入，2016 年 4 月，住建部率先在浙江、安徽、陕西开展建筑劳务用工制度改革试点，取消劳务资质办理和资质准入。所以，可以展望的是，对于将来的劳务分包合同纠纷，在相应法律法规落地实施后，不可再轻易认定劳务分包合同无效。

其二，在专业分包的情况下，应按照具体情况及合同无效的法定情形对合同效力进行独立判断。

本问题涉及的专业工程分包一般特指施工总承包企业将其所承包工程中的专业工程发包给具有相应资质的其他建筑业企业完成的活动，在此对“甲指分包”不做讨论。在工程实践中，主要存在下列三种情形，需要结合实际情况分别予以判别：第一类，总承包合同因建设工程项目未经行政审批而被认定无效，专业分包合同亦属无效。建设工程项目未办理建设用地规划许可证、建设工程规划许可证的，则该建设工程项目在法律性质上属于违章建筑，因该建设项目所展开的一系列施工合同均因违反效力性强制性规定而无效，包括专业分包合同。第二类，总承包合同因签订程序不合法而被认定无效，专业分包合同不必然无效。例如工程总承包合同存在“黑白合同”的，即经过招标投标程序而签订工程总承包合同，之后双方另行签订修改了实质性内容的合同，在此类情形下，分包合同效力需要结合实际情况进行判别。第三类，总承包合同因当事人资质等级违法而被认定无效，专业分包合同亦属无效。建筑市场实行资质等级准入制度，当事人不具有建设工程项目相应资质等级的合同应属无效，在此类情形下，因总承包合同资质等级违法，必然导致后续专业分包合同无效。

综上，无论是劳务作业分包抑或专业工程分包，从合同签订角度来看，双方当事人主体上需要具备法定资质，签订相应工程合同需满足法定条件，以减少被认定为违法分包的法律后果，导致合同双方当事人承担不利后果。从总承包合同角度来看，需要关注总承包合同是否具备建设用地规划许可证等立项审批手续，否则将影响分包合同效力。例如，总承包合同因未取得建设用地规划许可证或建设工程规划许可证而无效的，分包合同也因违反效力性强制性规定而无效。从分包合同角度来看，对于分包工程需要由分包人自身独立完成，不得进行二次分包，否则将被认定为转包或违法分包，进而可能被建设行政主管部门处以限制投标、罚款、降低资质等级等行政处罚。

案例案号：（2020）最高法民终428号

案情概要：总承包单位具有建筑工程、公路工程等施工总承包一级资质，桥梁工程、隧道工程等专业承包一级资质；劳务单位具有建筑劳务分包等资质。双方签订《某工程施工合同》，约定主材、机械、车辆由总承包单位提供。劳务单位认为主材及机械设备均由其提供。

裁判观点：根据《新建设工程施工合同司法解释（一）》第5条，且劳务单位虽称主材、机械设备系由其提供，但并未提供证据证明，结合总承包单位与劳务单位之间的工程量清单及验工计价单显示均为工作内容和对应单价，可以认定案涉合同系劳务分包合同，双方签订的合同系双方当事人真实意思表示，应认定有效。

15. 不具备施工资质是否会影响装饰装修工程合同效力？

答：装饰装修工程大体可以分为工业装饰装修工程和家庭居室装饰装修工程。工业装饰装修工程需要具备施工资质，否则合同无效；一般的家庭居室装饰装修工程不需要具备施工资质，故不具备资质不影响合同效力，但装饰装修会改变建筑主体和承重结构，或者法律法规另有要求的除外。

建筑装饰装修工程占建设工程整体市场份额不高，但是装饰装修工程的数量却是最多的，其所产生的法律纠纷的数量也很多。部分装饰装修工程合同涉及设计、采购和施工多个环节，故争议问题较为复杂。此处着重阐述装饰装修工程是否需要资质，以及相应资质对于合同效力的影响。

装饰装修工程属于建筑活动的其中一类，隶属于建筑行政主管部门管辖范围。《住宅室内装饰装修管理办法》第2条第2款规定，住宅室内装饰装修，是指住宅竣工验收合格后，业主或者住宅使用人对住宅室内进行装饰装修的建筑活动；《建筑装饰装修工程质量验收标准》第2.0.1条规定，建筑装饰装修是指为保护建筑物的主体结构、完善建筑物的使用工程和美化建筑物，采用装饰装修材料或饰物，对建筑物的内外表面及空间进行的各种处理过程。

根据上述规定，装饰装修工程大体可以分为工业装饰装修和家庭居室装饰装修。

第一，工业装饰装修需要具备施工资质，没有资质则会影响合同效力。

工业装饰装修是指对写字楼、酒店、车站、厂房等工商业及公共场所进行装饰装修的活动。需要注意的是，建设单位对于大规模商品房住宅项目实施的批量装饰装修，属于特殊的例外情形，因具有公共利益属性，受住建部门强制监管，属于工业装饰装修。建设单位进行大规模住宅装饰装修以盈利为目的，针对不特定对象，不属于业主个人的消费行为，不适用《消费者权益保护法》。工业装饰装修受《建筑法》《民法典》《新建设工程施工合同解释（一）》调整，鉴于工业装饰装修的质量和安全等会影响社会不特定人群的利益，故应加强对于工业装饰装修的监管。

第二，家庭居室装饰装修一般无须具备施工资质，没有资质不影响合同效力。

在各地法院的司法判例中，对于家庭居室装饰装修是否需要资质，存在两种不同的裁判观点，但笔者更倾向于没有资质不影响合同的效力，主要理由为：《建筑法》第 2 条第 2 款规定了建筑活动是指各类房屋建筑及其附属设施的建造和与其配套的线路、管道、设备的安装活动，其中并未明确提到装修，尤其是室内装修工程。同时《建设工程质量管理条例》第 2 条第 2 款虽然将装修工程涵盖在建设工程范围内，但从文义解释角度来看，亦不能当然推导出包含室内装修，从立法原义和体系解释角度来看，《建设工程质量管理条例》针对的是建设工程交付前的装修工程，并不包括交付后业主的自行装修。《住宅室内装饰装修管理办法》第 45 条也明确规定，住宅竣工验收合格前的装饰装修工程管理，按照《建设工程质量管理条例》执行。所以，室内装修工程如果委托了不具备资质的企业施工，合同效力并无障碍。

另外，家庭居室装饰装修是指居民为改善自身居住环境，自行或者委托他人对于居住的居室进行修饰处理的活动。家庭居室装饰装修不受《建筑法》调整，而是受《民法典》合同编第十七章承揽合同调整。

但是，对于家庭居室装饰装修所涉及的家具、家电和装饰品等商品，则同时适用于《消费者权益保护法》《产品质量法》等法律法规。家庭居室装饰装修与工业装饰装修最主要的区别在于，家庭居室装饰装修适用于《消费者权益保护法》，而工业装饰装修不适用。家庭居室装饰装修工程的建设主体应为业主或者住宅使用人，装修对象应为住宅用房，所以对于施工人资质无强制性要求，可以由施工单位承揽，也可以由自然人承揽。

综上所述，在现有司法实践中，对于不同的装饰装修类型，采用不同的合同效力认定形式，符合市场经济规律，有利于促进和保护市场交易。虽然现行法律规范并未进行装饰装修类法律问题作出强制性规定，但目前司法审判案例仍体现现行装饰装修行业特点，由法院结合实际情况进行灵活裁判。如果对于家庭居室装饰装修强制适用资质等级制度，则绝大部分的家庭居室装饰装修合同将无效，不利于装饰装修行业的茁壮发展。故笔者建议，对于装饰装修工程合同的认定需要进行仔细研判，辨别其隶属于哪一种类，有利于对合同效力的正确认定作出正确的判断。

案例案号：（2022）青02民终573号

案情概要：韩某与龚某签订《某工程装修协议》，约定韩某将其住宅以包工包料的方式承包给龚某装修，龚某诉请支付装修款。

裁判观点：装饰装修合同是指建筑装饰装修企业与发包方订立的明确装饰装修中双方权利义务的协议，其要求施工人具备一定的施工资质。而家庭居室装饰装修是指城乡居民为改善自己的居住环境，自行或者委托他人对居住的房屋进行修饰处理的工程建设活动，即施工人依据发包人的要求完成一定的工作成果，其并不要求施工人具备一定的施工资质，因此，家庭居室装饰装修活动不属于《建筑法》的调整范围。本案系家庭装饰装修，案涉合同有效。

16. 如何认定内部承包合同及其效力?

答：施工单位与其下属分支机构或在册职工就施工单位承接的项目签订的内部承包合同，称为企业内部承包合同，施工单位在资金、技术、设备、人力等方面提供支持。企业内部承包合同合法有效。施工单位应对建设工程施工过程及工程质量进行管理，并对外履行建设工程施工合同的义务。

第一，内部承包经营模式不违反法律、行政法规的强制性规定，内部承包合同应受到法律保护，依法应属有效。

什么是内部承包？内部承包一般是指“企业与其分支机构或员工个人通过内部承包协议约定，分支机构或员工个人负责经营管理实现效益后获取一定提成”。工程建筑企业内部承包制，一般指工程建筑企业将其承包的工程以内部承包合同的形式，把全部或部分工程交由企业下属分支机构（子公司除外）或内部职工进行实际施工，并在资金、技术、设备、人力等方面给予支持，分支机构或内部职工自负盈亏，施工企业收取一定数额或比例的管理费用的企业内部经营管理制度。

内部承包合同合法有效。我国现行法律、行政法规并未明文规定认可内部承包合同的效力，亦无明文规定否认内部承包合同的法律效力。笔者倾向于认为，根据缔约自由原则，在不违反法律、行政法规强制性规定的情况下，内部承包合同应受到法律保护，依法有效。另外，内部承包作为一种经营方式在市场中广泛存在。例如，《〈建筑工程施工转包违法分包等违法行为认定查处管理办法（试行）〉释义》中明确了合作、联营、内部个人承包等形式本身并不被法律所禁止，均是施工单位生产经营过程中提升竞争力和企业效益的有效措施；部分地区的高级人民法院在审判指导意见中对内部承包协议的效力作出了规定，例如，《浙江省高级人民法院民事审判第一庭关于审理建设工程施工合同纠纷案件若干疑难问题的解答》中规定，“当事人以内部承包合同的承包方无施工资质为由，主张该内部承包合同无效的，不予支持”。北京市高级人民法院、福建省高级人民法院的审判指导意见中也均认为内部承包合同不因内部承包人缺乏施工资质而无效。

第二，要严格区分假借内部承包名义实施违法施工的行为。

在目前的建筑市场中，是禁止将建设工程项目进行转包和挂靠的，大部分施工单位会选择内部承包经营的方式，内部承包经营作为一种建筑企业内部管理的方式，其实质就是建筑企业内部的特殊分工。根据法无禁止即可为原则，在司法实践中，往往允许采用该类经营模式，但是禁止以内部承包经营为名，实则以转包、违法分包或挂靠的形式承接工程，此为法律所明文禁止的行为，将产生施工合同无效的法律后果。

在司法实践中，通常结合以下几种情形综合判断是否属于内部承包法律关系：

其一，内部承包人为施工单位的下属分支机构的，其与施工单位之间是否存在管理与被管理的隶属关系。在内部承包关系中，需要首先对主体身份适格性问题进行审查，下属分支机构是指经合法注册登记并领取营业执照的分公司。

其二，内部承包人为个人的，如本企业职工或在册项目经理等，其与施工单位之间是否存在劳动关系。对于个人身份的审查，则需要着重关注施工单位与个人之间是否签订书面劳动合同、是否按时发放工资、是否缴纳社会保险，以及关注个人劳动关系存续期间与工程项目时间的关联性。

劳动合同关系系区别内部承包和转包的关键所在，例如，施工单位将其所承包的建设工程项目以签订责任书的形式全部交由个人进行施工，在施工单位不能证明其与个人之间存在劳动合同关系的情况下，法院可以将其认定为转包合同。

其三，内部承包人是否在施工单位的管理和监督下进行项目施工，使用施工单位的建筑资质、商标及企业名称等是否属于职务行为。

其四，施工现场的项目经理或其他现场管理人员是否接受施工单位的任免、调动和聘用。

其五，内部承包人组织项目施工所需的资金、技术、设备和人力等是否由施工单位予以支持。施工单位提供资金支持是指建设工程项目资金由施工单位负责支付，施工单位根据建设工程施工合同中工程价款支付节点或时间，向内部承包人进行付款，并在财务问题处理上对内部承包人进行管理，根据工程进度、质量等绩效情况，支付内部承包人绩效工资；技术支持是指施工单位提供大型机械设施、施工工艺技术等；人力支持是指施工单位为内部承包人所在项目安排项目经理、工程顾问、财务负责人等。

其六，内部承包人与施工单位是否共享利润、共担风险。在共享利润方面，内部承包也是施工单位的重要经营方式，内部承包合同通常设定内部承包人应当达到的绩效指标，按绩效指标的完成情况，施工单位给予内部承包人一定比例的提成；反之，给予一定的处罚。在共担风险方面，内部承包合同具有双重属性，内部承包人对外以施工单位名义开展工程建设相关活动，由施工单位对其行为承担相应法律后果。对内则要评估施工单位与内部承包人的过错，对于因内部承包人原因所导致的损失，则施工单位有权向内部承包人进行追偿。

案例案号：（2015）最高法民申字第2872号

案情概要：施工单位承接建设单位发包的相关工程后，其分公司与王某签订《某工程内部承包合同》，将部分工程分包给王某施工。施工单位主张王某系本公司职工，但未能提交劳动合同或工资条等能够直接证明双方存在劳动关系的证据。

裁判观点：因王某并非施工单位职工，双方签订的《某工程内部承包合同》并不符合内部承包的法律特征。合同约定，施工单位分公司收取管理费，在扣除税费等相关费用后由王某自负盈亏，该行为违反了法律、行政法规的强制性规定，双方签订的《某工程内部承包合同》应认定为无效。

17. 施工合同中“背靠背”条款的效力如何认定?

答：“背靠背”条款主要体现在建设工程分包合同中，其常由施工单位与分包单位进行约定，即待建设单位与施工单位进行结算且建设单位支付工程价款后，施工单位再按照分包合同约定比例向分包单位支付工程价款；

"背靠背"条款和相应的分包合同效力问题在实践中存在多种情形，读者可以根据有利于自己的情形和案例进行抗辩。

"背靠背"条款又称为"Pay – when – paid"或者"Pay – if – paid"条款，在建设工程合同和买卖合同中较为常见。简单来说，"背靠背"条款是指中间商在收到上游单位支付的款项后，再向下游单位付款。在建设工程领域实践中，"背靠背"条款常见于建设工程转包、违法分包和挂靠等合同中，施工单位为减轻支付工程价款压力，便于资金流通，将分包合同中的付款条件与总包合同中的付款条件相挂钩。

鉴于在建设工程合同中当事人存在对"背靠背"条款认识与理解的偏差，在司法实践中法官对于该条款的价值判断与利益平衡的理解与认定不一致，会发生类案不同判、法律适用不一致等司法现象。"背靠背"条款属于施工单位与分包单位之间关于工程价款支付的风险分担条款，对于该风险分担条款如何进行定性，现有法律法规尚未作出明文规定，有三种较为主流的观点，笔者一一列举供读者参考。

第一，附期限条款。所谓附期限，是以将来客观上确定发生的事实作为决定法律行为效力的附款。该观点认为，在建设单位向施工单位支付工程价款后，施工单位必须向分包单位按约定比例支付工程价款，这是必然发生的事件，仅取决于时间先后。

第二，附条件条款。所谓附条件，是以将来客观上不确定发生的事实作为决定法律行为效力的附款。即建设单位向施工单位支付工程价款属于不确定事件，是否会发生以及何时会发生均不确定。在此观点下，即便分包工程已经竣工验收合格并交付，且施工单位向建设单位已主张工程价款结算，但"背靠背"条款是否生效，取决于建设单位是否向施工单位实际支付了工程价款。

第三，既非附条件亦非附期限条款。该观点是指：一方面，在施工单位收到建设单位支付的工程价款前，该"背靠背"条款尚未生效，属于附条件或者附期限情形。另一方面，鉴于该条款尚未生效，则施工单位不能援引该条款抗辩分包单位的付款请求，这显然与实际不相符合。

笔者倾向于将“背靠背”条款认定为合同条款附条件。民事法律行为所附的条件，是行为人用以限定民事法律行为生效或者失效的附属意思表示，应当将所附条件与民事法律行为中的供货条件、付款条件等相互区分。前者不是民事法律行为自身的内容，后者却是民事法律行为自身内容的一部分，而非决定其生效或者失效的附属意思表示。“背靠背”条款显然属于后者，而非合同所附条件或期限，二者区别明显。所以，“背靠背”条款在法律性质上可以理解为施工单位与分包单位对于付款行为作出的特别约定，应属约定合同履行条件的条款，并非民事法律行为所附条件或期限。

对于“背靠背”条款和分包合同效力问题，在司法实践中主要有三类情形。

第一类情形，分包合同有效，“背靠背”条款有效。因建设工程分包合同系双方当事人意思自治的产物，“背靠背”条款是分包合同的一部分，不存在无效或可撤销的法定情形，应属有效。在此情形下，为避免争议，笔者建议施工单位在签订分包合同时，明确提示分包单位注意并说明“背靠背”条款，对付款时间、付款金额比例的约定可以通过加粗加下划线等形式进行重点的提示与说明，从而提高条款被认定有效的可能。在实践中，建议施工单位根据建设单位支付工程价款情况按同等比例支付给分包单位，同时施工单位须注意不存在拖延结算或怠于行使其到期债权等情形，并且已固定多次向建设单位主张权利的事实证据。

第二类情形，分包合同无效，“背靠背”条款因合同无效而无效。“背靠背”条款系分包合同的组成部分，因此，分包合同无效则该条款无效。那么，在“背靠背”条款无效后，施工单位可否依据《民法典》第793条，参照适用该条款结算工程价款呢？对此有不同的观点，有观点认为，虽然分包合同因为违反效力性强制性规定而无效，但是该条款系双方真实意思表示，在分包合同无效的情形下，仍可以参照该条款约定进行工程价款结算；另有观点认为，在分包合同无效的情形下，参照适用结算工程价款的条款仅应局限于计价方式或计价标准等工程价款计价相关条款，“背靠背”条款并非与工程价款计价相关，不可以参照适用。

第三类情形，分包合同无效，“背靠背”条款为独立可分割条款应当有效。在此类情形下，法院会认为，分包合同无效，且建设工程经验收合格的，计算工程价款参照适用施工合同约定仅限于计价方法和计价标准条款，而“背靠背”条款应视为支付条款，因不属于前述范畴而有效。

案例案号：（2021）沪02民终392号【分包合同有效，“背靠背”条款有效】

案情概要：发包人与承包人签订《某工程消防工程分包合同》。合同约定“背靠背”条款。承包人主张付款，发包人以未收到建设单位款项为由拒付承包人合同款。

裁判观点：发包人在收到建设单位支付的工程款后，再向承包人支付款项，系附条件民事法律行为。发包人未收到建设单位支付的款项，则有权拒付承包人相应工程款。

案例案号：（2022）粤01民终3175号【分包合同无效，“背靠背”条款无效】

案情概要：建设单位与施工单位签订《某工程专业分包合同》。合同约定了“背靠背”条款。

裁判观点：由于双方签订的《某工程专业分包合同》无效，故“背靠背”条款无效。

18. 施工合同无效，当事人无法举证证明损失大小的，应当如何确定损失？

答：建设工程施工合同无效，当事人无法证明损失大小的情况下，可参照合同的质量标准、建设工期、工程价款支付时间等内容确定损失大小，法院一般会结合双方过错程度、过错与损失之间的因果关系等因素作出裁判。

第一，施工合同无效产生赔偿损失的法律责任，该责任在法律性质上属于缔约过失责任，赔偿范围一般不包括可得利益损失。

在建设工程施工合同被认定无效后，根据《民法典》第157条的规定，有过错的一方应当赔偿对方由此所受到的损失，各方都有过错的，应当各自承担相应的责任，即在建设工程施工合同中，由受损失的一方请求对方承担损失赔偿责任。

通说认为合同无效产生的损失系信赖利益损失，即守约方因信赖合同有效而产生的实际损失，故一般不包括可得利益损失。例如，施工单位可主张的实际支出损失、停窝工损失；建设单位可主张的实际支出损失、延误工期的损失、工程质量的损失等。

第二，基于施工合同无效参照合同约定支付工程价款的处理原则，一般认为当事人可以请求参照施工合同约定确定损失大小。

按照"谁主张，谁举证"的举证原则，一般应由受损失的一方承担举证责任，然后再根据双方过错大小和因果关系进行认定。对于所产生损失的具体金额，在施工合同无效且当事人双方在合同中对损失赔偿标准有明确约定的前提下，基于施工合同无效参照合同约定支付工程价款的一般处理原则，当事人可以请求参照施工合同约定确定损失大小。《新建设工程施工合同解释（一）》第6条规定由当事人举证损失存在困难的，一般可参照合同约定的质量标准、建设工期、工程价款支付时间等内容确定损失大小。

另外，值得注意的是，在《新建设工程施工合同解释（一）》第6条中，已将请求主体明确为"当事人"，笔者认为这意味着赋予了建设单位和施工单位相同权利，若对方当事人存在过错，且过错与损失之间存在因果关系，则有权请求参照合同约定计算损失。

第三，在本问题中笔者着重探讨建设单位因合同无效向施工单位主张损失赔偿的常见范围，而施工单位向建设单位主张损失赔偿的范围将在下一问题中探讨。

其一，工期索赔。建设工程施工合同被认定无效，将导致施工合同中工期条款及违约责任承担条款等无效，但施工单位仍应承担工期延误责任。根据公平原则和诚实信用原则，建设单位有权就工期延误所产生的损失要求施工单位进行赔偿，但赔偿范围仅限于实际已发生的损失，不包括尚未确定或尚未发生的损失，建设单位可在损失确定或发生后另行主张。

对于建设单位而言，因施工单位工期延误而不能正常接收并使用工程，将导致工程管理费用增加、投资成本增加、交易机会减少、交易利润减少等。对于前述因工期延误可能造成的损失，原则上仍应遵循合同无效的一般处理原则，即由建设单位承担举证责任证明实际损失，但实践中，建设单位往往举证较为困难，导致实际损失数额难以确定。

例如，在酒店等经营性用房、工厂等生产性用房的施工合同被认定为无效后，因施工单位逾期竣工导致建设单位无法进行正常经营或生产，其实际损失已经发生，但对于具体的损失金额难以进行认定。在此情形下，施工单位可以参照适用合同关于工程价款的约定获得救济，但建设单位难以在工程逾期竣工情形下计算损失的具体金额，将承担举证不能的不利后果，造成诉讼中的权利失衡，亦不符合公平原则。在诉讼过程中，仅凭借法官的自由裁量对损失金额进行裁判，因自由裁量难以做到统一，会影响裁判的严肃性和统一性。因双方在施工合同中约定的关于逾期竣工的违约责任条款更符合建设单位和施工单位对可预见损失的价值预期，也更符合双方的真实意思，故在当事人无法证明实际损失的情况下，参照合同关于工期的索赔条款的约定计算损失更为适宜。

其二，实际支出的费用。因施工单位原因导致建设工程施工合同无效，例如未取得建筑工程企业资质、超越资质等级和借用资质等，施工单位均应当赔偿建设单位已支出的招标投标、订立合同、施工合同备案、准备或者实际履行合同等相关费用。因建设单位原因导致建设工程施工合同无效，施工单位可以要求赔偿办理招标投标手续支出的费用、合同备案支出的费用、订立合同支出的费用、除工程价款之外的因履行合同支出的费用等。

其三，因工程质量产生的损失。因施工单位原因导致建设工程施工合同无效的，建设单位有权请求施工单位承担赔偿责任。在实践中，建设单位也会对质量不合格存在过错或者双方均存在过错，此时双方应分别承担责任。

建设单位和施工单位共同承担责任的情形有：（1）建设单位技术文件存在缺陷，且施工单位应该发现却未发现的；（2）“甲供料”存在缺陷，施工单位未检验的；（3）建设单位指定分包，且施工单位未履行总包职责的；（4）建设单位要求降低建设工程质量标准，且施工单位不拒绝的。

建设单位单独承担责任的情形有：（1）建设单位技术文件存在缺陷，且施工单位难以发现的；（2）“甲供料”存在缺陷，且经施工单位检验仍不可能发现的；（3）建设单位直接指定分包或支解发包，且施工单位已按照施工合同履行总包职责的；（4）建设单位擅自变更设计方案的。

其四，其他人身、财产损失。根据《民法典》第802条，因承包人的原因致使建设工程在合理使用期限内造成人身损害和财产损失的，承包人应当承担赔偿责任。因施工单位原因导致建设工程存在缺陷，致使建设单位相关人员或财产遭受损害的，建设单位有权要求施工单位承担责任。

案例案号：（2021）鲁10民终1725号

案情概要：建设单位主张工程逾期期间的融资损失，要求施工单位承担其中的一部分。施工单位以没有证据证明融资损失与逾期完工行为之间存在直接因果关系为由，拒绝赔偿。

裁判观点：案涉建设工程施工合同无效，施工单位仍应当承担工期延误责任。建设单位应就对方过错、损失大小、过错与损失之间的因果关系承担举证责任，且应以实际发生的损失为限。

19. 施工单位因合同无效可向建设单位主张损失的范围包括哪些？

答： 施工单位因合同无效可向建设单位主张损失的范围包括实际支出损失、停工损失、窝工损失等。

第一，合同无效的赔偿以弥补实际损失为原则，当事人举证应紧紧围绕“三要件”。

《民法典》第157条规定了合同无效的赔偿以弥补实际损失为原则。正如上一问题所分析的，在法律性质上，因合同无效所产生的损失赔偿责任属于缔约过失责任，不属于违约责任或者侵权责任，因此，当事人可获得损失赔偿的范围仅限于信赖利益损失，原则上不包括可得利益损失。根据《中华人民共和国民法典合同编理解与适用》对于“合同履行后可以获得的利益”的理解，排除履行利益，就是可得利益。通说认为，可得利益仅限于未来可以得到的利益，不包括履行本身获得的利益，而主要是指获取的利润所对应的利益。

同时，损失赔偿的认定，司法实践主要遵循基本的“三要件”：其一，有损害事实存在或者有损失发生；其二，当事人有过错，这是当事人赔偿损失的实质构成要件；其三，过错与损失之间有因果关系。

根据《新建设工程施工合同解释（一）》第6条，当事人进行索赔需遵循“谁主张，谁举证”的诉讼规则，就对方过错、损失大小、过错与损失之间的因果关系承担举证责任，并参照合同约定的质量标准、建设工期、工程价款支付时间等内容确定损失大小。

第二，施工单位因合同无效可向建设单位主张损失的范围主要包括以下两大类：

第一类，实际支出损失。建设单位因存在与招投标制度相关的原因，例如规避招标、虚假招标等；存在与行政手续相关的原因，例如未能在起诉前取得建设用地规划许可证、建设工程规划许可证等，导致建设工程施工合同无效的，建设单位应该赔偿施工单位因办理招标投标手续支出的费用、签订施工合同支出的费用、建设工程施工合同备案支出的费用以及因履行合同所产生的除工程价款外的其他费用等实际损失和费用。

第二类，停工、窝工损失。因建设单位原因导致施工单位停工、窝工的，施工单位有权主张停工、窝工损失：（1）建设单位延迟提供图纸，逾期提供施工现场、施工条件等基础资料，提供的基础资料存在错误、漏项，未能按照合同约定提供图纸或者提供图纸不符合合同约定，提供的测量基准点、基准线和水平点及其书面资料存在错误或疏漏等，施工单位有权要求建设单位顺延工期，并赔偿由此造成的窝工损失；（2）建设单位未履行提交工程变更施工方案、施工技术交底、工程施工条件等协作义务，导致施工单位窝工，经施工单位催告后，建设单位仍未履行相应义务，致使建设工程难以完成的，施工单位有权要求建设单位承担赔偿责任；（3）在建设工程施工之前，施工单位已通知建设单位就隐蔽工程进行检查，因建设单位原因，导致施工过程中存在隐蔽工程的，施工单位有权要求工期顺延，并要求建设单位赔偿窝工损失。

此外，可得利益损失在合同无效的情形下一般不可主张，而在合同有效的情形下可以尝试努力争取。建工领域的可得利益损失一般指施工单位在完成建设工程施工合同全部内容后预期可以获得的财产增值利益，因建设单位不履行或者不适当履行导致施工合同解除后，施工单位预期可得利益减少的，施工单位可以请求建设单位予以赔偿。在司法实践中，对于计算和认定可得利益损失，通常适用可预见规则、减损规则、损益相抵规则和过失相抵规则，即从非违约方主张的可得利益损失总额中扣减违约方不可预计的损失、非违约方不当扩大的损失、非违约方因违约获得的利益、因非违约方的过错所造成的损失和必要的交易成本。故施工单位因此所诉请的可得利益损失赔偿，应受预见性规则约束，即施工单位的索赔请求不得超过建设单位在签订施工合同时可以预见到的施工单位的可得利益。

笔者在此提示，在施工过程中，施工单位应及时制作有效的工程签证和工程联系单，比如因建设单位原因导致施工单位产生了额外的费用，施工单位应按照合同约定程序制作工程签证。根据《新建设工程施工合同解释（一）》第20条，当事人对工程量有争议的，按照施工过程中形成的签证等书面文件确认。对此应关注以下几点：一是签证主体，要求建设单位和施工单位双方共同签字确认，单方作出的意思表示不能代表双方的行为，仅有单方签字或盖章的书面文件不得作为有效签证；二是签证权限，进行签证的主体需要具有相应的授权，非授权人员签署的签证文件不具有法律效力，仅属于效力待定的签证，在取得相应主体的有效授权后方可产生法律效力；三是签证内容，签证内容仅限于工程工期、工程价款以及工程量三项，其他内容均不属于工程签证范畴；四是要求双方主体对于签证内容协商一致，若建设单位仅签署“已阅”的意见，则该签证仅可作为相关证据，不可直接作为工程价款结算依据。

案例案号：（2017）最高法民终175号

案情概要：施工单位通过招投标签订《某工程施工合同》，但是合同签订前施工单位就已参与设计图纸会审及部分施工放线。施工过程中，监理单位确认因建设单位原因导致停窝工，但未明确损失数额。施工单位为确认损失数额要求进行司法鉴定，但其提供的鉴定材料均系自行制作，且建设单位不予认可。法院以鉴定材料真实性无法确定为由未准予司法鉴定。

裁判观点：案涉合同因存在“未招先定”违反《招标投标法》，合同无效。但建设单位依然要承担因其原因导致的停窝工损失。

20. 双方在诉讼前达成结算协议，一方当事人在诉讼中提出工程造价鉴定申请的应如何处理？

答：建设单位与施工单位已达成结算协议的，按照结算协议结算，一方当事人在诉讼程序中提出工程造价鉴定申请的，另一方应抗辩不同意鉴定，法院一般也不会准许。

第一，何为建设工程结算协议？

建设工程结算协议，系指双方对于建设工程施工合同中的工程价款金额达成一致并签订的协议。通常来说，建设工程价款结算依据行业惯例可以分为工程预付款结算、工程进度款结算、工程竣工价款结算三类，具体如下：

第一类，工程预付款结算。预付款系指施工单位为工程项目施工采购建筑材料、租赁工程设备、修建临时设施和组织施工人员进场所需的款项。该款项不得用于和建设工程项目无关的事宜，应专款专用，类似施工单位从建设单位取得的无息贷款。在建设工程施工合同中，对于预付款结算事宜进行的约定，涵盖支付金额、支付时间、支付方式、支付条件等。

第二类，工程进度款结算。施工单位在工程施工过程中，针对月进度、形象进度、控制界面所完成的工程数量计算各项款项，向建设单位申请办理工程进度款结算。对于工程进度款结算的证据保留，可以考虑从预支工程款账单、建设单位和监理单位的签证、已完工程月报表、月终工程款结算账单、中间结算审批单等材料出发。

第三类，工程竣工价款结算。工程竣工价款结算系指在建设工程整体项目完工并经验收合格后，施工单位和建设单位进行的最终工程价款结算。施工单位编制工程竣工结算文件，由建设单位进行审查，或委托咨询机构进行审查。建设单位可以和施工单位就工程竣工结算价款另行签订结算协议，该结算协议具有独立性和有效性。办理工程竣工价款结算的一般公式为：竣工结算工程价款 = 预算或概算或合同价款 + 工程价款调整数额 − 预付及已结算工程价款 − 保修金。

在司法实践中，仍需要对结算协议的结算范围进行甄别，笔者倾向于将上述第一类、第二类结算归类为“小结算”，小结算的结算协议仅限于工程造价，包括已付款项的结算。将第三类结算归类为“大结算”，笔者认为，从司法实践的角度看，这类结算协议不仅仅包括结算工程款的内容，往往还包括对违约责任、损失赔偿等事项达成的“一揽子”解决协议，对大结算的结算协议应审查是否包含应付总价款、所有已付款、所有应扣款等全部款项，如果涉及全方面的结算，则应视为大结算的结算协议。第三类工程竣工价款结算，可以视为施工合同双方当事人在工程竣工后的最终清算结果，系双方的真实意思表示，该结算协议一旦成立生效，代表建设单位和施工单位双方对于工程价款结算金额达成一致，具有终局性和一次性。对于该结算协议，没有相应证据可以证明对未约定部分进行保留的，双方均不得对此另行主张。

第二，诉前和诉中工程价款结算协议的效力。

《新建设工程施工合同解释（一）》第29条规定，双方诉前达成结算协议的，一方要求司法鉴定，法院不予准许。该规定是对诉前结算协议效力的肯定，建设工程施工合同双方主体在诉讼前通过真实意思表示签订有效的结算协议，可以对抗诉讼中的工程造价鉴定申请，对双方主体均有约束力，不得反悔。

同时，双方达成结算协议的时间并不局限于诉讼前，若双方在诉讼中达成结算协议，同样可以排除工程造价鉴定申请。需要注意的是，双方可能就部分工程结算内容达成协议，此时仅就结算协议约定的工程范围可以排除工程造价鉴定，对于结算协议未涵盖到的工程，双方仍可就争议部分申请法院启动工程造价鉴定。

第三，建设工程施工合同无效并不必然导致结算协议无效。

建设单位和施工单位双方有权通过合同的形式，确定合同无效后的权利义务，建设工程施工合同的无效不会导致双方结算协议无效，即不会导致双方就工程价款（折价补偿款）、支付方式、支付时间、未按约定支付的违约责任等事项所签订的合同无效。《民法典》第793条规定，建设工程施工合同无效但建设工程经验收合格的，可以参照合同关于工程价款的约定折价补偿。故即便建设工程施工合同无效，建设单位和施工单位双方就该工程价款、支付方式和时间等达成协议，系双方当事人真实意思表示，属于自愿原则的体现，且没有违反效力性强制性规定，建设工程施工合同无效不会影响结算协议的效力。

案例案号：（2021）桂03民终2313号

案情概要：施工单位与劳务单位签订劳务分包合同。工程完工后，双方就工程造价、工程借支款进行了结算，且劳务单位在项目班组结算表、班组借支明细表上签字，对工程造价、工程借支款项予以认可。劳务单位在庭审中以因赶工期付出的额外成本复杂为由，申请对赶工期费用进行司法鉴定。

裁判观点：法院依据《新建设工程施工合同解释（一）》第29条“当事人在诉讼前已经对建设工程价款结算达成协议，诉讼中一方当事人申请对工程造价进行鉴定的，人民法院不予准许”的规定，对劳务单位的工程造价鉴定申请不予准许。

21. 是否可以依据结算协议或造价核定单载明的内容结算？

答：如果结算协议或造价核定单系当事人的真实意思表示，可以按照其载明的内容结算。

《新建设工程施工合同解释（一）》第29条明确了双方在诉讼前已经对工程价款结算达成一致的，不再启动司法鉴定，即原则上按双方合意内容结算。那么，双方签订的结算协议与相关方确认的造价核定单是否属于对工程价款结算达成的一致意见呢？这个问题要区分不同情况进行分析。

第一，签订结算协议属于对工程价款结算达成一致意见。

结算协议一般可以理解为，施工单位根据施工合同、图纸和已完工程量，按照约定的计价原则和方式与建设单位办理工程款最终确认的经济类合同文件，当然，施工单位与分包单位之间签订的结算文件也属于结算协议。

首先，从法律规定角度看。《新建设工程施工合同解释（一）》第29条规定，诉讼前已经对工程价款结算达成一致的，不再启动司法鉴定。实务中，当事人对建设工程价款结算达成协议的情形经常发生，一方当事人往往在诉讼中以种种理由不认可先前达成协议的结算金额，企图通过工程造价司法鉴定突破已有约定调增或调减结算金额。

该条规定的情形下，一方当事人可向法庭举证证明双方已就工程价款结算达成协议。证据形式既可以是双方签字确认的结算书、造价核定单，也可以是一方出具的尚未支付工程款的欠条，还可以是双方当事人的口头约定。主张以协议为结算依据的一方当事人，负有相应的举证责任。若该证据经法庭质证可以作为认定事实的根据，则对方当事人提出的工程造价鉴定申请，人民法院一般不会准许。同时，诉讼当事人违背诚实信用原则恶意申请鉴定的情形时有发生，双方已经签订了结算协议，一方当事人仍然坚持申请工程造价司法鉴定，希望通过漫长的鉴定程序达到延迟支付结算款的目的，对于这类违背诚实信用原则的鉴定申请，法院也不会准许。

其次，从结算协议的法律性质角度看。《民法典》规定当事人协商一致可以补充、变更合同。双方当事人就工程价款结算达成的协议，可以理解为补充协议，而《民法典》第567条则规定，合同的权利义务关系终止，不影响合同中结算和清理条款的效力。因此，结算协议的效力不因施工合同无效而无效。

实务中，人民法院对双方当事人结算阶段达成的结算协议的效力，一般持肯定态度。比如，《北京市高级人民法院关于审理建设工程施工合同纠纷案件若干疑难问题的解答》第7条认为，施工合同无效，但工程经竣工验收合格，当事人一方以施工合同无效为由要求确认结算协议无效的，不予支持。一方面，结算协议的效力独立于双方当事人之前签订的其他协议。另一方面，结算协议不受无效合同的牵连，不因其他协议无效而无效。结算协议的效力应当依法独立判断。

最后，从结算协议的形成时间角度看。《新建设工程施工合同解释(一)》第29条规定，双方当事人关于工程价款结算的协议应当在诉讼前达成，但在诉讼过程中，一方当事人申请工程造价鉴定的，法院会限制启动工程造价司法鉴定。《民事诉讼法》第53条规定双方当事人可以自行和解。和解贯穿诉讼全过程，所以对上述司法解释第29条规定的“诉讼前”应做扩大解释，即无论结算协议形成于诉讼前还是诉前调解、诉讼过程中，均不应当启动工程造价司法鉴定，或立即终止已经启动的造价鉴定，或不再采用已经出具的司法鉴定意见。

一旦双方签订了有效的结算协议，则诉讼中不能启动司法鉴定再次确认工程造价金额，该协议就是一份终局性的补充合同，双方当事人均受其约束。因此，双方当事人应当注意能够签订结算协议的人员及其权限，应当在施工合同中明确工程结算的程序和人员安排，防止非授权人员签订此类协议，造成纠纷；同时还应注意，签订的结算协议应约定是否仅限工程价款，是否不包括索赔、违约金及其他损失等。

第二，相关方确认的造价核定单也属于对工程价款结算达成的一致意见。

首先，造价核定单是表格，不是合同。造价核定单也称为竣工结算审定签署表，根据《建设工程造价咨询规范》第2.0.7条的规定，竣工结算审定签署表是相关方签署确认的有关最终工程竣工结算数额及变动情况对比的表格，是结算文件的重要组成部分。简单来讲，造价核定单是经过相关方确认的表格，不是合同，这与结算协议有本质区别。

其次，造价核定单可阻止工程造价司法鉴定的启动。如上文所述，当事人就工程价款结算达成的协议包括造价核定单，因此，经相关方确认的造价核定单可阻止工程造价司法鉴定的启动，同理，当事人对造价核定单的确认并不影响之后在诉讼中就其他相关专门问题申请鉴定。

案例案号：（2020）最高法民终1号

案情概要：建设单位与施工单位签订案涉工程施工合同，合同履行过程中，主体工程即将封顶时，工程因资金问题停工。建设单位委托鉴定机构就施工单位提交的已完工程的结算报告出具鉴定报告，施工单位确认。诉讼中，建设单位不认可诉前出具的鉴定报告，要求司法鉴定，一审法院不予准许。

裁判观点：建设单位委托有关机构作出鉴定报告后，施工单位表示认可；同时，施工单位向建设单位提交确认函，要求建设单位对于鉴定报告载明的已完工程价款进行确认，对此建设单位在确认函上盖章确认。可见，双方对于已完工程价款的结算已经达成协议，建设单位以其诉讼中不同意该鉴定报告为由申请鉴定的主张不能成立，法院不予支持。

22. 建设工程施工合同无效，欠付工程款的利息应当如何计算？

答： 建设工程施工合同无效，欠付工程款利息的计算标准，有约定的参照约定处理；没有约定或者约定不明的，按照同期同类贷款利率或者同期贷款市场报价利率计息。

第一，工程价款利息是法定孳息。

建设单位支付工程价款系法律规定的义务，建设单位未按照建设工程施工合同约定的时间和金额支付构成违约行为，建设单位应当承担违约责任。那么，建设单位欠付工程价款所产生的利息，其法律性质应当如何认定？

对此，在理论中存在不同观点：第一类观点认为利息属于法定孳息。《民法典》第321条第2款规定，法定孳息，当事人有约定的，按照约定取得；没有约定或者约定不明确的，按照交易习惯取得。在司法实践中，绝大部分裁判将欠付工程款的利息认定为法定孳息，无论建设单位是否存在延迟付款的过错，因建设单位具有支付工程款的义务，同时应当支付相应利息，与双方过错无关。建设单位欠付工程价款，一般双方对于工程价款数额已经明确，双方法律关系转化为简单的债权债务关系，由此产生的利息的性质也已转化为类似借款利息的性质，欠付工程价款的利息应属法定孳息。第二类观点认为利息属于损失。依据《民法典》第157条，损失赔偿以当事人过错为构成要件，即有过错的一方应当赔偿对方由此所受到的损失，各方都有过错的，应当各自承担责任。在此情形下，鉴于建设单位存在相应过错和支付工程款的义务，进而适当支付部分资金占用费是合理的。此时则应由施工单位承担举证责任证明建设单位存在过错，或由法院对双方当事人的过错进行划分。第三类观点认为利息属于违约金。将利息归属于违约金，主要是因为坚持《民法典》关于违约金以补偿性为主、惩罚性为辅的原则。

笔者提示，《新建设工程施工合同解释（一）》第 26 条所述“按照同期同类贷款利率或者同期贷款市场报价利率计息”是指对于 2019 年 8 月 20 日之前的工程欠款，仍应按照中国人民银行发布的同期同类贷款利率计息；对于 2019 年 8 月 20 日之后的工程欠款，则按照全国银行间同业拆借中心发布的同期贷款市场报价利率计息。

第二，建设工程施工合同无效的，施工单位仍有权主张欠付工程价款利息。

在建设工程施工合同无效的情形下，根据《新建设工程施工合同解释（一）》第 24 条的规定当事人可以请求参照合同约定折价补偿，且第 26 条和第 27 条也未区分合同效力，且工程价款利息是法定孳息，建设单位因占用工程价款实际受益，应向施工单位支付利息，故建设工程施工合同无效的，施工单位仍有权主张欠付工程价款利息。

综上所述，笔者倾向于认为，对于欠付工程款利息，在合同无效的情形下，《新建设工程施工合同解释（一）》第 24 条规定的折价补偿应当包含施工单位被占用工程价款的利息损失。双方当事人对计算标准有约定的从约定，没有约定或者约定不明的按照同期同类贷款利率或者同期贷款市场报价利率计息。

此外，笔者特别提示几点：

其一，允许双方当事人在施工合同之外，单独签订结算协议，或者由建设单位单独出具载明工程价款支付时间和利息计算标准的承诺函，即使施工合同被认定无效，前述协议或承诺函若不违反法律强制性规定，则应视为合法有效，对双方当事人均具有约束力。

其二，关于欠付工程款利息的起算时间点。在合同无效的情形下，因建设工程施工合同系双方当事人真实意思表示，首先应以施工合同约定的支付工程价款时间作为利息的起算时点。双方当事人没有约定或者约定不明的，应根据《新建设工程施工合同解释（一）》第 27 条，分别以建设工程交付之日、提交竣工结算文件之日以及当事人起诉之日作为应当支付工程价款及利息的时间。

其三，应特别注意《新建设工程施工合同解释（一）》第25条规定的垫资利息与第26条规定的工程欠款利息的区别。

案例案号：（2021）最高法民申2545号

案情概要：建设单位与实际施工人签订《某工程施工合同》，约定逾期利息为每月2%。合同履行过程中，支付条件已经成就，但案涉合同无效。实际施工人主张按照合同约定的每月2%的标准支付利息。建设单位认为合同无效，该利息条款也无效。

裁判观点：原《最高人民法院关于审理建设工程施工合同纠纷案件适用法律问题的解释》第2条规定，建设工程施工合同无效，但建设工程经竣工验收合格，承包人请求参照合同约定支付工程价款的，应予支持。第17条规定，当事人对欠付工程价款利息计付标准有约定的，按照约定处理；没有约定的，按照中国人民银行发布的同期同类贷款利率计息。一审、二审法院参照双方合同约定，认定迟延支付工程价款的利息按月利率2%计算，并无不当。建设单位主张按中国人民银行公布的同期贷款基准利率或全国银行间同业拆借中心公布的贷款市场报价利率向实际施工人支付逾期付款利息，依据不足。

三、合同解除

23. 建设工程施工合同解除的类型及注意事项有哪些？

答：根据解除所需条件、解除权行使程序和法律后果的不同，可以将合同解除分为协商解除、约定解除和法定解除，由于建设工程施工合同的特殊性，在处理合同解除的时候，相比于其他类型的合同，建设单位或施工单位应当予以特别重视。

原《最高人民法院关于审理建设工程施工合同纠纷案件适用法律问题的解释》第8条、第9条和第10条对于建设工程施工合同的解除权做了规定，但《新建设工程施工合同解释（一）》对此未予涉及，原因在于《民法典》颁布后，其合同编第七章“合同的权利义务终止”、第十八章“建设工程合同”已涵盖建设工程施工合同解除权相关规定，《民法典》在保持原《合同法》的基本框架不变的前提下，作出了较多体系性的调整和制度的完善。

合同解除，系指在合同有效成立后，当满足合同解除条件时，因当事人一方或双方的意思表示，导致合同关系自始消灭或者未来消灭的行为。鉴于建设工程施工过程错综复杂，建设单位、施工单位双方在合同履行时可能存在颇多争议纠纷。建设工程施工合同解除，系指在合同成立后，未履行或未完全履行时，双方按照法律规定、合同约定或其他情形，符合履行的程序要求，消灭双方的建设工程施工合同关系。按照《民法典》合同编第七章的规定，合同解除按照解除所需条件、解除权行使程序和法律后果的不同，可以分为协商解除、约定解除和法定解除。

第一，协商解除。《民法典》第562条第1款规定，当事人协商一致，可以解除合同。协商解除又称为协议解除、合意解除、反对契约等，系指双方当事人通过意思自治达成一致意见进而解除合同的行为。其法律实质为双方当事人签订一个“新合同”以解除原有合同。协商所产生的“新合同”须满足必备的有效要件，双方当事人仍应具有相应权利能力和行为能力，其意思自治内容不得违反法律法规，损害国家利益、社会公共利益，否则将使合同解除无效。在“新合同”签订以前，双方可以自行约定原有合同的法律后果。但在“新合同”签订后，原有合同解除，双方合同关系终止，当事人按照原有合同无权主张权利，亦无须履行义务。

在实务操作中，笔者建议在协商解除时为避免争议，应对质保金的预留及返还等内容进行约定。建设单位与施工单位通过协商解除建设工程施工合同对于双方的法律风险较小，有利于建设单位后续联系施工单位履行撤场清退、协助提供施工资料等附随义务。在工程价款方面，建议将施工单位可能会产生的损失涵盖在内，也便于施工单位提前将该部分金额考虑在内，例如，该工程价款经双方协商一致，已包括施工单位可能产生的损失，在协议成立生效后，施工单位不得以任何理由向建设单位要求增加工程价款或主张索赔。在付款进度方面，可将具体工程价款支付金额与施工单位将履行的移交竣工资料、撤场清退等义务相挂钩。在质保金方面，鉴于司法实践中对于合同解除是否影响质保金条款的实际履行存在争议，可以在协商解除阶段进行明确约定，例如，约定质保金条款属于结算条款，施工合同解除不影响质保金条款的效力；或者约定施工合同解除后，质保金条款立即终止。

第二，约定解除。《民法典》第562条第2款规定，当事人可以约定一方解除合同的事由。解除合同的事由发生时，解除权人可以解除合同。约定解除系指守约方在具备合同约定的解除条件后，行使解除权进而使合同效力消灭的行为。约定解除与协商解除存在的本质区别有：一是协商解除是当事人因合同履约产生争议，进而通过协商一致达成解除，约定解除则属于事前的约定，既可在签订合同时进行约定，又可在签订合同后另行约定；二是协商解除旨在解除合同，可以对责任承担进行约定，约定解除则在合同中约定未来可能使合同解除的条件，一方实际行使解除权将导致合同解除，通常不会对责任承担作出约定。

第三，法定解除。《民法典》第 563 条就法定解除规定了五种情形，法定解除系指一方当事人依据法律规定行使解除权，进而使合同效力消灭的行为。约定解除与协商解除的性质均为意定解除，但法定解除则是基于法律规定的一种单方法律行为，是合同解除制度的核心。在建设工程领域，法定解除可以分为两大类：第一类是一般法定解除，既适用于所有合同项下的解除相关规定，也适用于建设工程施工合同，即《民法典》第 563 条规定的“拒绝履行”、“延迟履行”和“其他违约行为”三种情形；第二类是特别法定解除，仅适用于建设工程合同项下的解除相关规定，即《民法典》第 806 条。

笔者特别提示：其一，无论是约定解除还是法定解除，法院在审理中主要还是看过错在哪一方，如果双方均有一定的过错，则依法双方均应承担相应的责任；其二，由于建设工程一旦开始建设恢复原状的成本较大，法院在审理此类案件时倾向于维护合同的稳定性，除非合同存在确实无法继续履行的客观条件，一般不会轻易判决解除合同。

综上，笔者根据理论及实务的经验提出如下建议：首先，在合同中明确解除合同的条件及双方各自的权利义务；其次，确定解除合同后，及时发函；最后，解除合同时，应给予对方一定的改正期及合理的宽限期，并明确宽限期内双方的权利义务。只有做好合同解除的相关准备工作，才有可能让自己立于不败之地。

案例案号：（2022）新 22 民终 573 号【协商解除】

案情概要：建设单位与施工单位签订《某工程施工合同》，建设单位向施工单位发出《关于解除施工合同的通知》，施工单位收到该解除通知后，回函：“同意解除本项目施工合同及其他相关协议。”建设单位认为合同已解除，施工单位认为合同未解除。

裁判观点：根据双方电子邮件的往来信函，建设单位向施工单位通知解除合同，施工单位回函同意。故案涉施工合同经双方协商一致解除。

案例案号：（2021）最高法民终885号【约定解除、法定解除】

案情概要： 建设单位与施工单位签订《某工程施工合同》，合同履行过程中，建设单位未按约定的比例支付进度款，导致施工单位无法进行施工，停工后建设单位依然未付款。施工单位诉请解除施工合同并主张支付已完工程价款。

裁判观点： 根据案涉合同通用条款约定及法律规定，当事人一方迟延履行主要义务，经催告后在合理期限内仍未履行的，守约方可以解除合同，发包人违约延期付款导致施工无法进行，承包人催告后发包人仍不付款的，承包人有权解除合同。

24. 建设单位是否享有任意解除权？

答：《民法典》规定的承揽合同中定作人（在建工领域则是发包人或建设单位）的任意解除权不适用于建设工程合同，原则上建设单位不享有任意解除权，如施工合同中明确约定建设单位享有合同的任意解除权，笔者倾向于认为此时建设单位才享有该权利。

第一，施工合同任意解除权问题的产生。

《民法典》第808条规定，“建设工程合同”章节没有规定的，适用承揽合同的有关规定。而第787条规定了承揽合同下定作人享有任意解除权，那么，建设工程施工合同中建设单位是否享有任意解除权呢？学术界存在不同观点，司法实践中也有不同判决。

其一，反对享有。《福建省高级人民法院关于审理建设工程施工合同纠纷案件疑难问题的解答》第9条和《杭州市中级人民法院民一庭关于审理建设工程及房屋相关纠纷案件若干实务问题的解答》第8条第3款均认为建设单位行使解除权必须符合原《最高人民法院关于审理建设工程施工合同纠纷案件适用法律问题的解释》第8条的规定，不宜任意扩大解除权的行使。支持该观点的主要理由为：因为建设工程并非普通的加工承揽，其具有资金投入大、施工周期长、固定存在等特殊性，牵涉的利益较为复杂。如果赋予建设单位任意解除权，对于施工合同双方有违契约精神和诚实信用原则，可能造成社会资源的极大浪费，应当严格维护建设工程施工合同的稳定性。在《民法典》颁布后，其第 806 条对于建设单位和施工单位的解除权作出了规定，并未涉及任意解除权，对于施工合同解除权行使范围不应再作扩大解释，故从立法层面建设单位不享有任意解除权。

其二，支持享有。云南省高级人民法院某二审判决认为，施工合同属于特殊的承揽合同，发包人作为定作人，可以依据承揽合同中定作人任意解除权的规定，享有施工合同的任意解除权。支持该观点的主要理由为：建设工程施工合同在性质上属于承揽合同的一种，在《民法典》颁布以前，原《合同法》并未涉及建设工程合同解除的规定，因此可以适用承揽合同任意解除权的规定。

第二，笔者倾向于认为建设单位不享有任意解除权，除非施工合同中明确约定建设单位享有合同的任意解除权，理由如下：

首先，在实务操作中，无论是通过招标投标形式签订的施工合同，抑或通过直接发包形式签订的施工合同，建设单位均不享有任意解除权。若允许建设单位随意行使任意解除权，不利于维护经过招标投标程序所签订的施工合同的严肃性，也不利于建筑市场的稳定发展。另外，从司法实践角度来看，各级法院多按照任意解除权不适用于建设工程的观点进行裁判，且根据《民法典》所规定的情形严格把握施工合同解除权。

其次，最高法民一庭编《民事审判指导与参考》第 87 辑亦持反对观点：其一，从体系解释的角度看，《民法典》第 808 条规定本章即“建设工程合同”章没有规定的，适用承揽合同的有关规定。而《民法典》合同编第十八章“建设工程合同”已经就建设单位在何种情况下享有解除权作出规定，故关于建设单位的解除权问题应当适用《民法典》合同编第十八章的规定，不应适用第十七章“承揽合同”的规定。其二，从立法目的看，《民法典》第 787 条规定定作人在承揽人完成工作前可以随时解除合同，主要目的是减少损失、防止浪费。承揽合同约定的定作物是为满足定作人的特定需求而定作，如果由于情况变化定作人不再需要定作物，就没有必要继续制作定作物，及时解除合同有利于减少当事人损失，避免造成更大的浪费。但建设工程施工合同并不存在这一情况。实践中，签订建设工程施工合同后，建设单位不需要该建设工程的情况十分少见。如果由于规划变化等原因导致建设工程没有继续施工的必要，建设单位可通过情势变更原则行使合同解除权。相反，施工单位准备施工、进场和退场都会带来高昂的成本。如果允许建设单位随时解除合同，反而会造成更大的损失，与定作人任意解除权制度的立法目的正好相悖。

最后，如施工合同中明确约定建设单位享有合同的任意解除权，无论双方是否已依约履行合同义务，建设单位均可在符合条件的情况下单方面主张解除合同。

案例案号：（2021）鲁03民终366号

案情概要：总承包单位与分包单位签订一份劳务合作合同书，将某预制板工程以劳务合作方式承包给分包单位。总承包单位主张双方法律关系系承揽合同关系。

裁判观点：建设工程施工合同系一种特殊的承揽合同。虽然两者在协作完成承揽合同义务、实现合同目的方面隐含的信赖、协作的根本属性具有共性的一面，但两者在主体要求、合同形式等方面也存在很大不同。承揽合同是双务、有偿、不要式合同，建设工程合同则必须签订合同文本，承揽合同中定作人享有任意解除权，建设工程合同发包人不享有任意解除权。

25. 建设单位可以行使法定解除权的典型情形有哪些？

答：施工单位出现下列情形之一建设单位可以解除合同：（1）将建设工程转包、违法分包的；（2）不履行主要义务的；（3）已完工程质量不合格，并且拒绝修复的；（4）存在工期延误，且经催告在合理期限内仍未完工的。

第一，施工单位将承包的建设工程转包、违法分包。

《民法典》第806条第1款规定，施工单位将所承包的建设工程转包、违法分包的，建设单位有权解除建设工程施工合同。建设工程施工合同实际上是一种承揽合同，《民法典》第772条规定承揽人未经定作人同意将主要工作交由第三人完成的，定作人可以解除合同，因此，施工单位将建设工程转包、违法分包的，建设单位亦享有解除合同的法定权利。

转包系指施工单位将其所承建的全部工程交予第三人施工，或者将工程肢解后各自分包给多家单位进行施工。在实践中，对于施工单位存在转包行为时，建设单位可以行使合同解除权的意见较为统一。《建设工程质量管理条例》第78条对于违法分包作出了界定，违法分包可以分为两类情形，一是违法专用工程分包，二是违法劳务作业分包。施工单位存在违法劳务作业分包行为时，建设单位是否可以行使施工合同解除权存在争议。有观点认为，施工单位若有将工程分包给无资质劳务分包人的违法分包行为，建设单位可根据《民法典》第806条行使合同解除权；另有观点认为，随着国务院“放管服”改革的深入，住建部率先在浙江、安徽、陕西等地开展建筑劳务用工制度改革试点，取消劳务资质办理和资质准入，不可再轻易认定分包给无资质劳务分包人的行为无效，建设单位不享有施工合同解除权。

在实务中，笔者倾向于认为，转包涉及施工单位将合同项下全部权利义务转让给第三人，不仅导致施工合同无效，更严重影响工程质量安全，建设单位有权解除合同。施工单位违法进行劳务作业分包时，虽然部分省份存在改革试点，但在全国层面劳务作业分包仍有资质要求，建设单位是否享有合同解除权，应当以建设工程整体合同目的能否实现作为评判标准，如果仅有少量劳务作业违法分包行为，则不能认定将主要工作交由第三人完成。

但是，关于违法分包可否解除建设单位与施工单位间的施工合同的问题，在实务中值得思考。笔者以中等规模的建设工程施工为例，一项工程的建设会存在不同类型的分包工程，分包方需要具备相应分包资质的如基坑维护、桩基施工、消防施工、人防施工、钢结构施工、幕墙施工、绿化施工、精装施工、机电安装等，不需要分包资质的如栏杆施工、门窗施工、保温施工、涂料施工等。众多的分包单位牵涉大量建筑工人的生计，若因为个别的违法分包行为解除施工合同，将导致其余分包合同无履行可能性，大量的建筑工人会失去工作。同时建设单位还将重新通过招投标程序选择新的施工单位，造成时间成本增加、工期延误、损失增加。原施工单位撤场及新施工单位进场也会产生损失，两家施工单位交接也易产生纠纷。尤其在违法分包的工程质量合格的情况下，更应当谨慎解除合同。需要注意的是，施工单位有权拒绝合同解除，这将导致漫长的诉讼。笔者倾向于认为，建设单位发现施工单位存在违法分包的情形后，应当严令其停止违法分包行为，考虑通知相关部门予以处罚，并在签订施工合同时对可能发生的违法分包情形约定惩罚性违约金。

第二，施工单位明确表示或者以行为表示不履行主要义务。

原《最高人民法院关于审理建设工程施工合同纠纷案件适用法律问题的解释》第 8 条第 1 项对此作出过规定，但《新建设工程施工合同解释（一）》中不再保留，主要是因为《民法典》第 563 条第 1 款第 2 项已经对此作出了规定。施工单位不履行主要义务的违约行为主要分为两类：第一类是明示毁约，施工单位以书面形式或口头形式通知建设单位不再履行施工合同，例如因人、材、机价格大幅上涨，施工单位书面通知不再履行，当然这种情况在实践中较为少见；第二类是默示毁约，即施工单位以其行为表示不履行合同义务，例如施工单位存在无正当理由擅自停工、擅自撤场等拒绝履约的情况，则建设单位有权主张解除合同。

在实务中，笔者特别提示，施工单位在按约按时完成施工合同约定的主要义务的同时，还应遵守《建设工程安全生产管理条例》等相关规定，严格要求施工作业人员持证上岗，按照安全生产要求进行施工，避免建设工程施工过程中存在转包、违法分包行为，从源头降低施工单位的法律风险。

第三，施工单位已完工程质量不合格，并且拒绝修复。

百年大计，质量为本。《建筑法》第 58 条第 1 款规定建筑施工企业对工程的施工质量负责，且在第一章总则部分两次明确保证建筑工程质量和安全。

建设工程的关键在于工程质量，而工程质量与施工单位的首要合同义务施工直接联系，若工程质量不满足法律规定的强制性要求，不仅危及人民的生命财产安全，更加影响国民经济健康稳定发展。

原《最高人民法院关于审理建设工程施工合同纠纷案件适用法律问题的解释》第 8 条第 3 项同样对此作出过规定，该行为属于不完全履行。根据上段分析可知，向建设单位移交质量合格的建设工程是施工单位的主要义务，如果其拒绝修复质量不合格的工程，将导致建设单位在建设工程施工合同项下的目的无法实现，故违反了《民法典》第 563 条第 1 款第 4 项的规定，建设单位享有解除建设工程施工合同的权利。

关于竣工验收前的建设工程质量问题。无论是在建设工程施工过程中，抑或建设工程已完工但尚未竣工验收，施工单位均负有对建设工程质量瑕疵进行修复的责任。所谓质量瑕疵，需要对其进行整体评判。笔者倾向于认为如果属于一般质量瑕疵，建设单位可以自行或者委托第三方进行修复处理并向施工单位索赔，该情形不属于合同目的不能实现，建设单位不享有合同解除权；相反如果属于重大质量问题，例如建设工程主体结构、地基基础工程等质量不合格，且施工单位拒绝进行修复或者已经无法修复，该情形构成合同目的不能实现，建设单位有权行使合同解除权。

关于竣工验收后的建设工程质量问题。此时需首先审查质量问题是否属于施工合同约定的施工单位保修责任，在最低保修责任范围内存在质量问题，不属于导致合同目的无法实现的情形。但是，如果涉及主体结构、地基基础工程等方面的重大质量问题，且施工单位拒绝修复，即便工程已经竣工验收合格，仍属于因施工单位原因导致施工合同目的无法实现的情形，建设单位享有合同解除权。需要注意拒绝修复的时间节点，施工单位在竣工验收前的质量问题，通常以工程竣工验收之日作为最终时间；在竣工验收后的质量问题，则需审查施工单位是否在合同约定的工期内完成修复。

实务中，因建设工程整体的复杂性，存在质量瑕疵在所难免。笔者倾向于认为，施工单位在工程施工过程中，为避免建设单位行使合同解除权，对于建设单位或监理单位发出的涉及工程质量问题的口头或书面文件（如工程签证、联系单）应在施工合同约定的时间内予以回复，并按约进行相应质量修复，否则施工单位将面临建设单位索赔工期延误、增加费用、可得利益等损失。

第四，施工单位存在工期延误，且经催告在合理期限内仍未完工。

工程工期是建设工程施工合同的实质性内容，施工单位存在工期延误行为，且经建设单位催告后在合理期限内仍未完工的，建设单位享有施工合同解除权。原《最高人民法院关于审理建设工程施工合同纠纷案件适用法律问题的解释》第 8 条第 2 项明文规定针对该行为建设单位享有解除权，该规定被《民法典》第 563 条第 1 款第 3 项所吸收。在实务中具体适用时，应注意的是，施工单位在建设工程施工合同项下负有多种义务，该规定主要指的是施工单位延迟履行其主要义务，即完成工程施工的义务。施工单位延迟履行其他义务，尤其是从给付义务或者附随义务的，并不当然导致建设单位享有合同解除权。笔者针对开工前和开工后产生的逾期问题做如下简单提示，供读者参考：

其一，关于因施工单位原因逾期开工的情形。在建设工程开工报告发出后，因施工单位原因造成工程未能按时开工，若有证据证明施工单位主观上有不履行合同的故意，建设单位有权不经催告行使解除权。除此之外，施工单位若因客观原因未能按时开工，建设单位需进行催告并给予合理期限后，才享有施工合同解除权。

其二，关于工程开工后，在合同约定时间内未完工的情形。工期延误将导致工程施工成本增加，工程未能按约投入使用也会产生经济损失。在此情形下，首先，要将实际进度与施工进度计划对比，寻找工期延误原因，例如发生了不可抗力事件、设计变更、施工材料验收不合格及施工进度计划编制不合理等。其次，判断工期延误应归责于施工单位还是建设单位，或双方均有过错。归责于施工单位的，建设单位享有解除权。发生不可抗力事件的双方各自承担责任；发生设计变更的一般应由建设单位承担责任；施工材料不合格的一般应由施工单位承担责任，建设单位供材或指定购买的除外；施工进度计划编制不合理的一般双方均应承担责任。最后，建设单位进行催告。

建设单位应当采用书面形式进行催告，包括但不限于催告函、联系单、会议纪要、视听资料等，将事先约定的施工节点在催告文件中予以明确，并给予宽限期，宽限期应与实际完成时间大致相符，由施工单位负责人进行签收。

在实务中，因为主观或客观原因导致建设工程工期延误较为常见，施工单位不仅将承担高额的违约金并赔偿建设单位实际损失，还可能面临其他因延迟交付产生的法律责任。笔者倾向于认为，施工单位需认真审核建设工程施工合同，工期延误违约金一般约定为每日工程总造价的1‰，不宜超过2‰；在开工之前，如果因为建设单位原因造成延迟开工，例如未完成“三通一平”、未提供完整的施工图纸等，施工单位应及时发送工程联系单，并做好开工延迟签证；在施工过程中，如果因建设单位原因存在工期延误，例如未按时付款、设计变更等，施工单位也应在施工合同约定时间内做好工期顺延签证，做好诉讼证据保留。

案例案号：（2023）辽01民终9228号【以行为表示不履行主要义务】

案情概要：建设单位与施工单位签订《某工程安装合同》，合同履行过程中，施工单位停工要求建设单位支付逾期工程款，建设单位支付后，施工单位未完全复工，且未在约定时间内完成施工内容，建设单位多次催告后通知解除合同。

裁判观点：因施工单位未能按照合同约定完成安装吊车梁的工作，系违约，建设单位享有合同法定解除权。建设单位向施工单位送达解除合同通知书，施工单位也已收到，故建设单位、施工单位之间的合同已经解除。

案例案号：（2019）最高法民终1668号【已完工程质量不合格，并且拒绝修复】

案情概要：建设单位与施工单位签订《某工程施工合同》，合同履行期间，施工单位承包的酒店式公寓工程质量不合格，经鉴定，工程存在垂直度严重超标的问题，且施工单位未修复。

裁判观点：施工单位承包的酒店式公寓工程存在垂直度严重超标的问题，

施工单位在施工过程中未对竖向构件的垂直度实施有效控制是造成垂直偏差超标的直接原因，该质量问题属于主体结构方面的重大质量问题，且施工单位未对该项质量问题采取修复措施，故该项工程施工合同的目的已经不能实现，依据司法解释的有关规定，建设单位作为发包人可以依法行使合同解除权，解除其与施工单位就酒店式公寓工程形成的施工合同法律关系。

案例案号：（2015）民提字第193号【存在工期延误，且经催告仍未完工】

案情概要：施工单位未在双方约定的最终日期前完工。建设单位发送施工单位《工作联系函》，要求施工单位限期将质量问题全部整改合格并完成合同约定的全部工程内容，否则终止双方的合作。后建设单位主张合同解除。

裁判观点：发送《工作联系函》应视为建设单位向施工单位进行了催告，催告施工单位限期完工。但事实上，施工单位仍未最终完工，建设单位有权解除合同。

26. 施工单位可以行使法定解除权的典型情形有哪些？

答：建设单位出现下列情形之一施工单位可以解除合同：（1）提供的主要建筑材料、建筑构配件和设备不符合强制性标准的；（2）不履行协助义务的；（3）未按约支付工程价款，致使施工单位无法施工，且在催告的合理期限内仍未履行相应义务的。

第一，建设单位提供的主要建筑材料、建筑构配件和设备不符合强制性标准。

在建设工程施工合同中，建设单位的主要义务是支付建设工程价款，除此之外，建设单位还应依据合同约定、法律规定履行其他义务。例如，在双方约定“甲供材”的情况下，建设单位应提供符合合同约定的质量标准的建筑材料。《民法典》第806条第2款对于建设单位提供的主要建筑材料、建筑构配件和设备作出了规定，要求上述材料符合国家强制性标准。施工单位应当按照施工合同约定、施工技术标准要求对建筑材料、建筑构配件和设备进行检验，如出现争议双方可以选择委托具有资质的鉴定机构进行鉴定，经鉴定存在不合格情形的，则应由建设单位更换。在实务中，建设单位与施工单位可以自行对质量标准进行约定，一般可以约定高于国家强制性标准，但严禁约定低于国家强制性标准。国家强制性标准是对建筑材料、建筑构配件和设备的最低要求，是对建设工程质量的最低保证。

那么，一旦发现建设单位所提供的主材等不符合强制性标准，施工单位是否立即享有施工合同解除权呢？

笔者倾向于认为，除此之外还需要导致施工单位无法继续施工，且在催告的合理期限内仍未履行相应义务，施工单位解除合同的风险才能最低。一般来说，主要建筑材料或建筑构配件或设备不合格的，施工单位应当要求建设单位予以调换（并及时发送工期顺延和工程索赔签证报告，并做好诉讼证据固定），在合理期限内建设单位仍未予以更换导致无法施工时，施工单位才享有施工合同解除权。对此，原《最高人民法院关于审理建设工程施工合同纠纷案件适用法律问题的解释》第 9 条亦作出过相同规定。

第二，建设单位不履行协助义务。

《民法典》第 509 条第 1 款和第 2 款规定了当事人应全面履行自己的义务，并遵守诚信原则，根据合同性质、目的和交易习惯履行通知、协助、保密等义务。协助义务，又可称为助力义务，在施工合同履行过程中具有极其重要的意义。《民法典》第 806 条扩大了建设单位的协助义务，不再局限于原有司法解释规定的“合同约定的协助义务”。这种协助义务可以分为三类：一是法律规定的协助义务，例如提供满足进场施工条件的场地、提供合格的工程文件、提供前期资金等；二是合同约定的协助义务，如维护工程现场的秩序、办理施工许可证等审批手续；三是根据行业惯例产生的协助义务，例如土地征用、“三通一平”等。

同上分析，笔者倾向于认为，在实务中，建设单位不履行协助义务的，施工单位应当先行催告，建设单位仍不履行并且导致无法继续施工的，施工单位才可以行使合同解除权。

第三，建设单位未按约支付工程价款。

《民法典》第803条和第807条均对建设单位的付款义务作出了规定，按约支付工程价款是建设单位的主要合同义务。建设单位未按约支付工程价款的，施工单位必然享有合同解除权吗？

工程价款主要包括备料款（预付款）、进度款（月形象进度款）、签证款、索赔款和结算款，在未按约支付工程价款的情形下，主要涉及备料款、进度款和签证款三类。建设单位未支付工程进度款导致工程停工或窝工的，施工单位可以顺延工期并要求赔偿相应损失。鉴于建设工程的特殊性，同上分析，笔者倾向于认为，只有建设单位未支付工程价款达到一定数额，且导致施工单位无法继续施工的，施工单位才享有解除权。但在实务中，仍应从建设工程项目整体出发，结合工程项目情况、施工进度、已付款等进行综合考量，还应考虑施工单位是否存在过错等，若施工合同双方均存在违约事项，则施工单位行使解除权将受影响。

案例案号：（2019）黔0111民初710号

案情概要：建设单位通过招投标选定施工单位进场施工，施工单位完成了部分工作量后，建设单位自行决定工程不按原合同施工，变更设计，对工作量及范围等均作出了调整，但未提供变更指令，也未提供改变后的图纸，建设单位的不作为导致施工单位不能及时完成余下的工作任务。施工单位诉请解除合同。

裁判观点：在建设工程施工合同中，施工单位的工作有时是需要建设单位协助的，建设单位对施工单位的工作有相应的协助义务，如补足施工所需的建筑材料、提供施工场地、办理施工所需的相关手续、提供施工图纸等。如果建设单位不履行有关协助义务，导致施工单位无法施工或者无法继续施工，则建设单位违约。该违约行为经催告后没有有效改正的，施工单位有权解除合同。

27. 建设工程施工合同解除后工程价款如何结算?

答: 建设工程施工合同解除后，一般按以下情形结算:（1）已经完成的建设工程质量合格的，建设单位应当按照约定支付相应的工程价款;（2）已经完成的建设工程质量不合格，修复后的建设工程经验收合格的，施工单位可请求支付工程价款，但施工单位应承担修复费用;（3）修复后的建设工程经验收不合格的，施工单位无权请求支付工程价款，因建设工程不合格造成的损失，建设单位有过错的，也应承担相应的责任。

建设单位和施工单位解除施工合同后，对于建设工程价款应进行结算双方一般予以认可，但对于工程价款结算的计价标准存在较大争议。该问题在现行法律法规及司法解释中无明确规定，各地司法实践也存在较大不同。根据《民法典》第806条第3款的规定，此时工程价款的结算按照工程质量不同可以分为两类。

第一类，已完工程质量合格的工程价款结算。建设工程施工合同解除后，已经完成的建设工程质量合格的，建设单位应当按照约定支付相应的工程价款。鉴于建设工程施工合同的特殊性，施工合同解除一般不能产生溯及既往的效力，即不能恢复原状。在施工合同解除前，双方仍受施工合同的约束，已完工程质量合格的，建设单位应当按照合同约定支付工程价款。在实务中，存在三种不同计价标准：一是比例折算法，用已完工部分工程量与全部工程量之间的比例乘以施工合同约定的工程总价，得出已完工部分工程价款，一般适用于工程竣工验收合格的情形。二是定额计算法，套用建设行政主管部门发布的定额计价标准，核算已完工部分工程价款，并参照合同约定最终确定工程价款。该种计价标准较为经济，也较为常见，一般适用于尚未总体竣工验收的情形。三是定额扣减法，根据定额计算未完工部分工程价款，再用工程总价减去未完工部分工程价款，得出已完工部分工程价款。

在实务中，具体采用哪种工程价款结算计价标准，笔者倾向于认为需要综合考量合同的实际履行情况，并结合建设单位和施工单位双方的违约责任、司法判决的价值取向等因素，平衡各方的利益。因为施工单位原因导致合同解除的，则建议采用定额扣减法，有利于保障建设单位合法权益；因为建设单位原因导致合同解除的，则建议采用定额计算法计算已完工部分工程价款，有利于施工单位获得更高额赔偿。

对于哪些材料可以作为双方工程价款结算依据，需要进行考量。一是施工单位所编制的工程结算书，通常情况下因该工程结算书系施工单位自行编制，未经建设单位认可，且与施工单位存在利害关系，不得单独作为认定工程价款的依据。但是，若施工单位已经依据施工合同专用条款单独约定的程序提交工程结算书，且建设单位存在逾期审核的违约行为，可以结合案件具体情形，认定该工程结算书作为工程价款结算依据。二是建设单位和施工单位双方在诉讼前已共同委托工程价款鉴定的，根据《新建设工程施工合同解释（一)》第30条，在鉴定单位出具工程价款鉴定意见后，双方未对该鉴定意见作出明确认可的，该鉴定意见不对双方当事人产生法律效力。三是法院委托鉴定单位作出的审价报告应当作为工程价款结算的依据。在诉讼过程中，经当事人申请，在双方当事人提供鉴定资料后，由法院委托鉴定单位作出工程价款的审价报告。双方当事人所提交的资料，包括但不限于招投标文件、往来联系函、会议纪要、各类施工记录、工程照片、各种检查验收报告和技术鉴定报告、现场交接记录等。对于前述资料，双方当事人应当积极主动联系法院及时进行质证，避免因诉讼鉴定程序不当，造成审价报告结论对己方不利。

第二类，已完工程质量不合格的工程价款结算。已经完成的建设工程质量不合格的，修复后的建设工程经验收合格，施工单位可请求支付工程价款，但施工单位应承担修复费用；修复后的建设工程经验收不合格，施工单位无权请求支付工程价款。因建设工程不合格造成的损失，建设单位有过错的，也应承担相应的责任。

综上，笔者根据实践经验在此特别提示建设单位和施工单位，合同解除时应做好施工界面的区分或证据保存，防止未来对于施工界面产生争议影响结算。在实践中经常出现的情况是，施工单位未全部完工，合同就解除，在施工单位退场时未办理明确的定量交接手续的情况下，建设单位就委托第三方对未完工程进行施工。之后在施工单位诉讼主张已完工程价款时，对于部分工程，施工单位主张由自己实际完成，建设单位则主张由第三方完成，由此双方对于实际施工的工程量产生巨大争议导致难以及时进行结算。

案例案号：（2018）最高法民终629号

案情概要：建设单位与施工单位签订《某工程施工合同》，合同履行过程中，因建设单位逾期支付工程款，双方一致同意解除合同。合同解除后，建设单位与施工单位对已完工程签订《已完工程评定报告》，共同确认已完工程质量合格。后施工单位索要工程款。建设单位以工程存在质量问题为由拒付工程款。

裁判观点：案涉工程整体未竣工，属于烂尾工程，客观上无法进行整体竣工验收。建设单位与施工单位对已完工程签订《已完工程评定报告》，故能够认定施工单位对已完工程的施工质量合格。据此，建设单位以工程存在质量问题为由拒付工程款，理据不足，不予支持。

28. 建设工程施工合同解除后，需要赔偿哪些损失？

答：建设工程施工合同解除的，解除权人可以请求违约方承担违约责任，违约方需要向守约方赔偿损失，包括合同约定赔偿部分和法定赔偿部分（如约定的违约金过低、合同对违约赔偿损失有限额约定等，守约方可以举证证明实际损失超过违约金，法院一般会进行调高）；另外，守约方对损失的发生有过错的，可以减少相应的损失赔偿额。

第一，守约方可主张约定赔偿和法定赔偿。

《民法典》第566条对于合同解除的，守约方有权请求违约方赔偿损失作出了规定，一般守约方可请求的赔偿包括两大部分，分别为约定赔偿和法定赔偿。

关于约定赔偿部分，在实务中存在两类观点：第一类是施工合同解除后，双方合同关系自始无效，违约方不承担违约责任，而应承担返还不当得利的责任和赔偿责任，不适用施工合同约定的违约金条款；第二类是可以适用施工合同约定的违约金条款。笔者倾向于第二类观点，如果双方在施工合同中约定了违约金条款，守约方可以请求违约方支付违约金，在《建设工程施工合同（示范文本）》（GF－2017－0201）第16.1.4条第1款和《建设项目工程总承包合同（示范文本）》第16.2.3条中对此均有表述。此外，若施工合同双方均存在违约行为，双方应各自承担相应责任。

关于法定赔偿部分，《民法典》第584条对于损害赔偿范围作出了规定，即损失赔偿额应当相当于违约方因违约行为造成的损失，且损失赔偿额不能超过违约方订立合同时预见到或应当预见到的因违约可能造成的损失。也就是说，违约金不足以弥补守约方实际损失的，违约方还应赔偿法定补足部分的损失。以建设单位违约，施工单位解除合同为例，施工单位可以要求建设单位赔偿其与分包单位解除合同所承担的损失、施工单位撤离现场和遣散人员所支付的费用等损失。

第二，如主张赔偿法定补足部分的损失，守约方应对违约金过低进行举证，一般应提供相应的证据证明产生的损失高于双方约定的违约金。

《民法典》第585条第2款规定，约定的违约金低于造成的损失的，当事人可以请求予以增加；约定的违约金过分高于造成的损失的，当事人可以请求予以适当减少。另外，原《最高人民法院关于适用〈中华人民共和国合同法〉若干问题的解释（二）》第28条规定了当事人请求人民法院增加违约金的，增加后的违约金数额以不超过实际损失额为限。

因此，如双方约定的违约金低于实际损失，尤其在建设工程施工合同中建设单位和施工单位往往会约定违约金的限额，这个限额一般是可以突破的，前提是守约方要举证证明实际损失高于该限额，一般法院会予以调高。

第三，对于损失赔偿的范围，既包括实际损失，也包括可得利益损失。

实际损失，又称直接损失，系指守约方因违约方的违约行为而受到的损失，即“钱包里的钱没了”。主要包括人工费损失、管理人员工资损失、机械台班费损失、主要材料费损失、主要材料价格涨幅损失等。在司法实践中，不同法院对于直接损失的认定标准不一，但是对于工程相关的民事法律关系必然要求有客观公平的评价体系，例如，如果属于必要成本支出，则应认定为工程价款而非损失；如果不属于建设工程正常施工所必要的成本支出，则可以认定为损失；与建设工程项目施工投入无关的费用也可以认定为损失等。

而可得利益损失指守约方丧失的将来可获得的利益，即“能赚到的钱没赚到”。在实务中，守约方通过诉讼主张可得利益损失的案例较少。根据交易的性质、合同的目的等因素，可得利益损失主要分为生产利润损失、经营利润损失和转售利润损失等类型。在生产设备和原材料等买卖合同中，因出卖人违约造成的买受人的可得利益损失通常属于生产利润损失；在承包经营、租赁经营合同以及提供服务或劳务的合同中，因一方违约造成的可得利益损失通常属于经营利润损失；在先后系列买卖合同中，因原合同出卖方违约造成的其后的转售合同出售方的可得利益损失通常属于转售利润损失。通常情况下可得利益为可得的净利润，其计算复杂且具有不确定性，一般会通过司法鉴定确认，但法院也不会完全按照司法鉴定确认的金额作出判决，会作出调整。笔者倾向于认为，可得利益应当主张，这是法定权利，但是需要明确具体金额或计算方式，双方可以在施工合同中事先约定，发生纠纷时按合同约定的可得利益向法院主张，法院一般也会支持。如果双方未对可得利益进行约定，可以按下列情形主张，但是法院会酌情调整金额：一是施工合同中约定的工程价款结算方式中有明确利润的，按照该利润计算；二是施工合同中无明确利润的，参照同地区同行业类似工程的可得利润计算。

案例案号：（2019）苏05民终5512号

案情概要：某工程施工合同履行一段时间后因建设单位主要原因解除，施工单位起诉主张可得利益损失。诉讼中启动了司法鉴定程序，鉴定意见认定施工单位的可得利益损失为600余万元，建设单位抗辩该鉴定意见不能作为可得利益损失的认定依据。

裁判观点： 鉴定意见并不能完全作为施工单位可得利益损失的认定依据。首先，正常情况下施工单位在合同履行后可以获得相应的利润，对于施工单位的该项诉讼请求应当予以支持。其次，建设单位对于合同解除负有主要责任，施工单位对于合同解除负有次要责任，故计算可得利益损失时，应当相应减轻建设单位的责任。再次，本案合同因解除而不再继续履行，施工单位在遭受损失的同时，亦无须付出因合同解除而没有支出的管理成本、税费成本、“人材机”成本，且本案中施工班组退场费用、临时设施补差费用等已经在停工损失中予以认定，故施工单位因此获利部分及已在停工损失中计算的费用应当予以扣除。最后，考虑到建设工程施工利润与施工单位内部的管理等有很大关系，工程是否有利润、利润多少具有不确定性。综合上述事实与理由，参照司法鉴定意见，酌情认定建设单位应赔偿施工单位合同解除的预期可得利益300余万元。

29. 建设工程施工合同解除的方式有哪些?

答： 一方可以行使单方解除权解除合同，或通过诉讼、仲裁方式解除合同，合同自通知到达对方时或起诉状副本、仲裁申请书副本送达对方时解除。

第一，单方行使解除权。

在建设工程施工合同中，守约方享有单方解除权，包括法定解除权和约定解除权。享有法定或约定解除权是当事人以通知方式解除施工合同的前提条件。一般情况下仅有守约方享有施工合同解除权，违约方不享有。

在实务中，对于守约方单方行使解除权应当注意以下几点：

一是施工合同解除权系形成权，仅围绕守约方的单方意愿，无须违约方的同意。但是，守约方必须将解除施工合同的意思表示明确向违约方通知，若不进行通知，则不能产生解除效果。在守约方行使单方解除权前，应当就行使的事由进行充分评估，衡量是否符合法律规定或者施工合同约定，解除权事由是否有相应事实和证据予以支撑和证明。以施工单位行使单方解除权为例，如果施工单位以建设单位存在逾期付款的违约行为作为解除事由，需要审查施工合同是否明确约定了诸如“施工单位在建设单位逾期付款情形下不得擅自停工，除非取得建设单位书面同意”等限制或不利条款，否则贸然行使解除权存在一定的法律风险。因此，在行使解除权时，施工单位或建设单位应结合施工合同的约定谨慎考量解除施工合同的法律后果，以判断是否还应当选择其他事由行使单方解除权，从而最大限度地降低法律风险。

二是解除施工合同的通知可以采用书面形式，或者采用口头形式，抑或其他形式。根据《民法典》第565条，以书面形式催告解除的，应载明合理期限，有利于督促违约方在宽限期内进行履行挽救。在该期限内，违约方仍不履行的，施工合同自动解除，无须守约方另行行使解除权。如果双方在施工合同中明确约定了解除权的行使方式和程序，则应当严格按照施工合同约定行使解除权。以施工单位行使单方解除权为例，双方在施工合同中约定建设单位存在违约行为时，施工单位需要先行书面通知建设单位进行整改，建设单位在合理期限内未整改或经整改仍不符合合同约定的，则施工单位有权解除合同。如果存在上述情形，则施工单位应当首先履行纠正违约行为的通知义务，尽量避免直接向建设单位发出解除通知。

三是解除施工合同的意思表示必须是对违约方作出的，当该意思表示到达违约方时产生法律效果。《民法典》第565条规定，当解除合同的意思表示到达违约方且违约方对此无异议时，才产生施工合同解除的效果。在解除施工合同的通知中，需要明确具体的解除事由，例如建设单位逾期付款达到一定比例等，对违约行为有清晰明确的表述；在送达解除通知时，应当严格按照合同约定的送达地址进行送达，在未对送达地址进行变更的情况下，不建议向其他地址送达，并应保留好邮寄面单和解除通知函件，作为诉讼证据备份进行固定。

四是违约方在收到解除施工合同的通知后，认为存在异议的，应当向守约方提出异议。异议仅可在合理期限内提出，否则将丧失提出异议相关权利，合同解除。

五是行使解除权的期间在法律性质上属于除斥期间，行使解除权须在规定期限内，该期间不可中止、中断或延长。如果守约方未在该期限内行使，则施工合同解除权消灭。

第二，以诉讼或仲裁方式解除合同。

起诉或提起仲裁可以作为行使合同解除权的方式。建设工程施工合同何时解除不仅关系双方当事人的权利义务，还影响违约责任的承担问题。当法院或者仲裁机构向违约方送达起诉状副本或者仲裁申请书副本时，解除施工合同的意思表示到达违约方，该时点便是施工合同解除时间。

在实务中，鉴于建设工程施工合同标的通常较大，且双方权利义务约定复杂，守约方往往对于是否行使合同解除权存在顾虑。且守约方向违约方发出解除通知后，违约方往往故意拖延时间，甚至置之不理，这将使施工合同解除时间无法确定。因此，守约方应向法院或者仲裁机构确认解除施工合同，以便确定施工合同解除时间。

第三，关于施工合同解除时间点的实务要点。

笔者根据建工纠纷实践经验，在此特别提示建设单位或施工单位在解除合同时尤其要关注合同解除时间点的问题。合同解除时间点关乎违约金和损失的计算，解除的时间点不同违约金的多少和损失的大小往往也会明显不同。

比如《民法典》第565条第2款虽然明确了直接以提起诉讼或者申请仲裁的方式主张解除合同的，合同“自起诉状副本或者仲裁申请书副本送达对方时解除”，但原《合同法》第96条第1款规定的却是存有争议的“合同自通知到达对方时解除”。也就是说，在《民法典》生效前即适用原《合同法》的时候，对于以诉讼或仲裁方式解除合同的，存在不同的判法，即有的认为合同自起诉状副本等送达对方时解除，有的则认为合同解除的时间由裁判者确定。

在实践中很多施工合同的工期跨越了原《合同法》失效日期和《民法典》生效日期，因此，对于诉讼解除合同的，适用原《合同法》或《民法典》，则很可能对于合同解除时间的认定会出现不同。基于此，笔者建议建设单位或施工单位可以根据案情涉及的时间节点，选择适用对己方有利的原《合同法》或《民法典》的规定，从而获得有利于自己的合同解除时间的认定。

案例案号：（2023）鲁0826民初498号【通过诉讼解除合同】

案情概要：建设单位与施工单位签订《某工程施工合同》后，施工单位未进场施工，建设单位于2023年2月23日向法院提起诉讼，并于同年3月23日向施工单位发送书面的解除合同通知书。

裁判观点：建设单位于2023年2月23日向法院提起诉讼，法院于2023年2月27日通过“12368”短信平台向施工单位送达民事起诉状和开庭传票，施工单位于2023年2月27日签收。应认定双方施工合同于2023年2月27日解除。

四、“黑白合同”

30. 建设工程中“黑白合同”的常见表现形式有哪些?

答: 在建设工程中“黑白合同”按照形成时间先后，常见表现形式有：“黑合同”签订在中标合同（“白合同”）之前；“黑白合同”同时签订；“黑合同”签订在中标合同（“白合同”）之后。

首先，何为“黑白合同”？

建设单位为了控制成本和提高利润，往往会与承包人签订多份合同。在以招投标方式订立施工合同的情况下就会出现“黑白合同”现象，“黑白合同”产生的制度背景是我国建设工程领域的强制招标制度和合同备案制度。

建设工程领域中的“黑白合同”又称“阴阳合同”，系指建设单位与施工单位双方背离中标合同，另行签订与中标合同实质性内容不一致而实际履行的施工合同。通常将中标合同称为“白合同”，即招标人和中标人按照招标文件和投标文件订立的合同，将另行签订并实际履行的施工合同称为“黑合同”。这里所述的“黑合同”应做广义理解，包括但不限于补充协议、会议纪要、签证单等形式。为便于理解和统一，下文部分以“另行签订的施工合同”指代“黑合同”。

其次，何为施工合同的实质性内容？

“黑白合同”伴随着招标投标程序引入而出现，建设单位与施工单位变更中标合同中的工程价款、工程工期、工程质量等实质性内容，不仅影响建设工程质量安全，还将扰乱建筑市场的健康秩序。合同的实质性内容，是指影响或者决定当事人基本权利义务的内容，根据《招标投标法实施条例》第

57 条的规定，招标人和中标人应当依照《招标投标法》和该条例的规定签订书面合同，合同的标的、价款、质量、履行期限等主要条款应当与招标文件和中标人的投标文件的内容一致。该实施条例规定的标的、价款、质量、履行期限在施工合同中就是指工程范围、工程价款、工程质量、建设工期。

值得注意的是，合同的变更是指不改变合同主体而仅改变合同内容的情形。“当事人协商一致，可以变更合同”，在一般意义上，合同的变更是当事人意思自治的范畴，也是为法律所允许的。但涉及以招投标方式订立的施工合同，为维护招投标秩序，对其实质性内容的变更，法律进行了一定限制。根据《民法典》合同编的规定，施工合同的内容包括工程范围、建设工期、中间交工工程的开工和竣工时间、工程质量、工程造价、技术资料交付时间、材料和设备供应责任、拨款和结算、竣工验收、质量保修范围和质量保证期、相互协作等，上述内容并非都是施工合同的实质性内容。

最后，“黑白合同”按照形成时间的表现形式。

正确理解建设工程“黑白合同”的表现形式，全面解析“黑白合同”的效力认定及处理原则，准确把握并合理适用相应的法律法规，对于稳定建筑市场、保护建设单位与施工单位双方合法权益具有重要意义。在实务中，按照形成时间的先后顺序，“黑白合同”主要存在以下三种表现形式：

第一，“黑合同”签订在中标合同之前。

在建设工程施工合同签订过程中，建设单位与施工单位双方权利义务极易失衡。建设单位具有先天的优势地位，为了规避施工过程中施工技术、经济实力等方面的风险，并寄希望于主导招标投标程序的结果，定向选择施工单位，往往会出现“黑合同”签订在中标合同之前的情况，即所谓的“先定后招”。

建设单位与施工单位先行签订实际履行的施工合同，再由施工单位同其他关系单位相互串通投标；或者施工单位直接与建设单位串通投标，仅通过招标投标的形式程序，签订虚假的施工合同进行备案；或者建设单位与施工单位先行就实质性内容进行沟通，双方签订框架协议或由施工单位出具单方承诺函，围绕实质性内容进行约定，明确双方经招标投标程序备案的中标合同不履行，在招标投标程序后另行签订施工合同。前述实务中存在的情形，因违反《招标投标法》第43条、第53条的规定，均属于典型的虚假招标投标，“黑白合同”均属无效。

第二，“黑白合同”同时签订。

建设单位与施工单位根据招标文件和投标文件签订了中标合同用以备案后，在同一天又另行签订施工合同，因两份合同均无实际签订时间，难以确定先后顺序；或者建设单位利用其优势地位，要求施工单位进行让利，施工单位为承接该建设工程项目，与建设单位签订改变实质性内容的施工合同。按照上海过往工程实践，如果建设工程施工合同存在垫资条款、不符合备案规定的定额或者下浮比例的要求，可能面临在建设行政主管部门无法备案的情形，由此导致“黑白合同”的形成。

第三，“黑合同”签订在中标合同后。

根据招标投标文件及中标通知书，建设单位与施工单位签订中标合同，事后双方又协商变更实质性内容，主要围绕工程范围、工程工期、价款结算等内容另行签订施工合同。例如，建设单位与施工单位先行口头或书面约定，在招标投标程序后再具体签订施工合同；在建设工程施工过程中，建设单位要求施工单位进行让利，另行签订变相降低工程价款的施工合同；在建设工程施工过程中，施工单位要求建设单位另行签订工程价款高于中标合同的施工合同。

31. “黑白合同”的效力如何认定？

答：认定“黑白合同”的效力需要注意四个方面：(1)“黑白合同”均依法成立；(2)“白合同”为经过招标投标程序而签订的中标合同；(3)“黑白合同”效力与备案合同无关；(4)“黑白合同”存在实质性内容变更。

除了准确识别什么是“黑白合同”之外，笔者提醒在判断“黑白合同”

效力时还要着重注意以下四点：

第一，“黑白合同”均依法成立。“白合同”有效是认定“黑合同”无效的前提。“黑白合同”的构成，需要以中标合同和另行签订的施工合同均成立为前提。在实务中，需要区分“中标无效”与“黑白合同”的异同：两者相同点在于，均违反《招标投标法》的规定；两者不同点在于，“黑白合同”要求中标合同是合法有效的，另行签订的施工合同并不影响中标合同的效力，而中标无效会产生中标合同无效的法律后果，并且双方需要参照实际履行的合同对工程价款进行结算。

第二，“白合同”为经过招标投标程序而签订的中标合同。此类情况应着重探讨的是在非强制招投标项目中，已经进行招标投标程序的“黑白合同”的效力问题。“白合同”系依法经过招标投标程序，合法中标并签订的中标合同，与工程是否为必须招标投标项目无关。就“黑白合同”的存在情况来看，建设单位与施工单位签订中标合同是为了应付招标投标程序及行政主管部门的监督检查，并不是为了实际履行，双方实际履行的是另行签订的施工合同。具体有两种情形：

一是强制招标工程中“黑白合同”效力的认定。2018 年 6 月，《必须招标的工程项目规定》《必须招标的基础设施和公用事业项目范围规定》施行，对于必须招标投标的建设工程项目，上述文件在原有范围基础上进行了限缩，民营企业投资的商品住宅、科教文卫体、旅游、市政工程、生态环境保护等项目均不再属于必须招标的范围。此外，在订立合同时属于必须招标的工程项目，但在起诉时属于非必须招标的工程项目的，可以认定建设工程属于非必须招标工程项目。故建设工程项目经过招标投标程序的，另行签订的施工合同无论签订时间在中标合同之前还是之后都应属无效。

二是自主招标工程中“黑白合同”效力的认定。在实践中，存在非强制招标建设工程项目，因行政主管部门要求或者自愿进行招标投标，并根据招标投标结果，双方签订中标合同。在《新建设工程施工合同解释（一）》出台前，有观点认为，法律并未规定强制招标的建设工程项目，在备案的中标合同之外，另行签订的施工合同应当根据是否存在无效情形进行判断；另有观点认为，工程项目只要经过招标投标程序，无论是否属于强制招标投标，均应当受《招标投标法》的限制，否则将影响公平竞争的市场秩序。《新建设工程施工合同解释（一）》第 2 条已对该问题进行了明确规定，支持后者观点，建设单位与施工单位不得在中标合同之外另行签订施工合同。

第三，“黑白合同”效力与备案无关。此类情况所探讨的是，在非强制招投标项目中，当事人自行备案的“黑白合同”的效力问题。“白合同”仅限于中标合同，与是否备案无关。在《招标投标法》《建筑法》中，并未规定建设工程施工合同的备案制度，仅有《招标投标法》要求招标人对强制招标项目的招标事宜进行备案。备案制度源于 2001 年《房屋建筑和市政基础设施工程施工招标投标管理办法》第 47 条，该条要求中标人将施工合同报行政主管部门备案。在上述情形下，建设工程项目既非强制招投标项目，合同又是双方当事人真实意思表示，在不违反法律法规禁止性规定的前提下，前后两份施工合同均为合法有效，并非真正意义上的“黑白合同”。在司法实践中，通常把双方当事人实际履行的施工合同作为结算依据。

需要注意的是，目前我们所探讨的“黑白合同”问题，根据《新建设工程施工合同解释（一）》第 2 条的规定，其实质为中标合同与实际履行施工合同两者之间的效力关系。与原《最高人民法院关于审理建设工程施工合同纠纷案件适用法律问题的解释》第 21 条不同的是，不再涉及备案合同要求，建设工程施工合同备案制度已经取消，2018 年《房屋建筑和市政基础设施工程施工招标投标管理办法》已经删去备案要求。

在原有司法实务中，存在很多建设工程项目未经备案，那么可能导致双方无法提供备案的中标合同。《新建设工程施工合同解释（一）》第 2 条的规定仅限于中标合同，无论其是否经过备案，均应当作为建设工程项目结算依据。对于中标合同进行备案的要求，属于建设行政管理的范畴，不应当作为影响建设单位和施工单位双方实体权利义务的因素。

第四，关于“黑白合同”存在实质性内容变更已在本书其他问题中阐述，此处不再赘述。

案例案号：(2022) 京0113民初8162号【合同效力与备案制度无关】

案情概要：总承包单位与分包单位未经招投标程序签订《某工程劳务分包合同》，后双方又签订了《施工补充协议》，变更了原合同的计价标准。总承包单位认为两份合同有效，分包单位认为无效。

裁判观点：关于分包单位提及的《某工程劳务分包合同》与《施工补充协议》属于“黑白合同”的问题，在2019年4月，住房和城乡建设部已经取消建设工程合同备案相关制度，备案合同与招投标工程中的中标合同不同，法律、行政法规在2019年4月之后并未强制要求建设工程合同进行备案及备案合同与实际履行合同实质内容一致。且案涉工程不属于必须招标项目，故案涉合同合法有效。

32. “黑白合同”中实质性内容不一致的判断标准是什么？

答：“黑白合同”中实质性内容主要包括工程范围、建设工期、工程质量、工程价款四个方面，最终评判是否一致应当从实质上看，即以是否影响中标结果，以及是否对当事人权利义务产生重大影响为准。

上文已经指出建设工程领域中的“黑白合同”系指建设单位与施工单位双方背离中标合同，另行签订与中标合同实质性内容不一致而实际履行的施工合同，然而在司法实践中何为“实质性内容”往往是非常重要且争议较大的一个问题。

第一，招标人和中标人不得另行签订背离按照招投标文件订立的书面合同实质性内容的协议。

《招标投标法》第46条明确规定了招标人和中标人不得再行订立背离合同（按照招标文件和投标文件订立的书面合同）实质性内容的其他协议，《招标投标法实施条例》第57条则进一步阐述了何为实质性内容，即合同的标的、价款、质量、履行期限等。

第二，《新建设工程施工合同解释（一）》第2条对于实质性内容的范围进行了明确，主要包括工程范围、建设工期、工程质量、工程价款。

一般认为《招标投标法实施条例》第57条规定的标的、价款、质量、履行期限在施工合同中就是指工程范围、工程价款、工程质量、建设工期，因此《新建设工程施工合同解释（一)》第2条对此进行了明确。

建设工程合同中事关当事人权利义务的核心条款是工程结算条款，非客观原因导致工程价款调整均可认定为实质性内容变更，对于建设单位和施工单位双方利益影响巨大。此外，在上述第2条规定中还有“等”字，表明实质性内容可能包括其他内容，那么是否可以包括计价方式、支付方式、违约责任?

在实务中，笔者倾向于认为评判是应当以是否影响中标结果，以及是否对当事人权利义务产生重大影响为准。例如：其一，《江苏省高级人民法院建设工程施工合同案件审理指南》等将计价方式认定为实质性内容。其二，支付方式是否属于实质性内容，笔者倾向于认为需要结合招标文件来看，若招标文件就建设工程价款的支付方式进行了明确要求，则建设单位与施工单位不得随意变更支付方式，支付方式属于实质性内容。除支付方式外，若建设工程项目的招投标谈判可能限制或排除其他竞标人，包括足以影响其他竞标人能够中标或者以何种条件中标，则属于影响中标结果，构成变更实质性内容。其三，违约责任是否属于实质性内容，需要根据建设工程施工合同签订情况和履约过程具体情况进行综合判断，如果违约责任对建设单位或施工单位的权利义务产生重大影响，则构成实质性内容。

第三，对实质性内容的理解切勿受主要条款或主要内容所影响，不能将二者随意画等号。

笔者根据实践经验对于实质性内容的理解做以下特别提示：其一，合同的实质性内容并非合同的必备条款，两者不能随意画等号。《民法典》第470条规定了组成合同的必备条款，若欠缺必要条款则合同无法成立。而实质性内容并非合同的必要条款，建设单位和施工单位可以根据法律法规进行补充，也可以自行协商进行补充。其二，合同的实质性内容并非合同的主要内容，同样不能将两者随意画等号。《民法典》第795条规定了施工合同的内容一般要包括的条款。该条属于任意性规范而非强制性规范，就技术资料交付时间、材料和设备供应责任、拨款和结算、竣工验收、质量保修范围和质量保证期、相互协作等内容，可以由建设单位与施工单位双方自行协商确定。

值得注意的是，就实质性内容变更程度的认定问题，不仅要对实质性内容的范围进行划分，还要对变更程度进行考量。截至目前，我国尚无法律明文规定关于实质性内容变更程度的量化要求，但是否只要存在实质性内容变更，无论变更程度如何，均属于实质性内容变更？笔者倾向于认为，施工合同中的实质性内容变更程度小，与施工合同工程价款整体相比可以忽略不计，并未对施工合同双方当事人的权利义务产生重大影响，且未影响社会公共利益或第三人的合法利益的，可以不认定为施工合同的实质性内容变更。在司法实践中，有判例认为，对于实质性变更的判断，不仅需要把握变更的内容，也需要把握变更的程度。例如，将施工合同的计价方式从固定总价变更为固定综合单价，但是该两种计算方式所得工程价款金额相差无几，若仅仅因此判定施工合同无效，不仅影响施工合同双方当事人，更会影响案涉工程上下游的各方主体，故此类情形尚未达到法律所禁止的实质性变更的严重程度，不应当认定为实质性变更。

案例案号：（2019）皖03民终1807号

案情概要：建设单位与施工单位签订《补充协议》约定违约金为决算价的万分之三，后双方通过招投标程序签订了《施工合同》，约定的违约金高于先前签订的《补充协议》。合同履行过程中，工程发生违约情形，施工单位主张建设单位应按照《施工合同》的约定支付违约金，建设单位主张按照《补充协议》的约定支付违约金。

裁判观点：有关合同标的、数量、质量、价款或者报酬、履行期限、履行地点和方式、违约责任和解决争议方法等的变更，是对要约内容的实质性变更。依据上述规定可知，关于合同违约责任的变更属于合同实质性变更，违约责任对双方权利义务产生重大影响，应属于合同实质性内容。

33. 中标后，建设工程施工合同是否可以进行变更？

答：中标后，建设工程施工合同视不同情形可以进行变更。

第一，建设工程施工合同可以进行变更。

合同的变更可以分为广义的合同变更和狭义的合同变更两类。广义的合同变更系指合同主体的变更和合同内容的变更，而狭义的合同变更系指合同内容的变更。《民法典》第 543 条规定，当事人协商一致，可以变更合同。在建设工程领域，在不违背《招标投标法》第 46 条所要求的“不得再行订立背离合同实质性内容的其他协议”的前提下，根据客观发生的实际情况，由建设单位和施工单位双方协商一致，可以对建设工程施工合同内容进行变更。

其一，笔者倾向于认为客观情形发生根本变化是施工合同变更的前提条件。建设工程施工过程存在周期长、工艺难、金额大等特点，在建设工程施工合同签订后，因客观情况发生改变，如人工、材料或机械价格的巨幅波动，与招投标时相比发生了难以预计的巨大变化，不仅影响施工合同双方主体的权利义务，甚至对社会公共利益、公众安全等产生重大影响。因中标合同未予约定，建设单位与施工单位有权对中标合同的实质性内容进行补充和变更，包括调差方式和调差范围，都不应将其简单地认定为“黑白合同”。

在实务中，笔者建议，因例外情形就实质性内容进行变更应当做好下列具体措施：一是对于施工合同进行实质性变更，判断是否处于无法预计的客观情况，且在没有解决路径前提下，例如，在施工合同履行过程中，存在设计变更、工程量大幅增加等客观情形；二是变更的幅度，笔者已在第 32 问中阐述，故不再赘述；三是对施工合同实质性内容进行变更时，应按照法律规定和合同约定完成背景资料调查以及相关证据的固定，以便对变更原因的合理性作出充分的解释说明；四是就施工合同实质性内容变更部分，及时向建筑行政主管部门汇报，并做好备案和完善手续，保证合法合规。

其二，当事人协商一致是实质条件。合同变更通常可以分为协议变更和法定变更，《民法典》第 543 条即是所谓的协议变更。在中标合同签订后，因客观情况发生变化，建设单位与施工单位可以通过协商，就中标合同中的具体条款进行适当的补充和变更，这不属于“黑白合同”的范畴，应当作为明确双方权利义务的依据，在此基础上签订补充协议。例如，在施工合同履约过程中，因设计变更、建设工程规划指标调整等客观原因导致工程量增加，建设工程施工合同实质性内容发生变化，建设单位与施工单位通过协商，以补充协议、会议纪要、备忘录、工程签证等形式对施工合同进行修改，可以作为双方进行结算的依据。

第二，“黑白合同”与“依法变更”两者具有一定界线，实践中应当严格区分。

例如《新建设工程施工合同解释（一）》第 23 条规定，发包人将依法不属于必须招标的建设工程进行招标后，发包人与承包人不得另行订立背离中标合同实质性内容的建设工程施工合同，但客观情况发生了在招标投标时难以预见的变化的除外。

因此，在建设工程施工过程中，既要区分“黑白合同”中实质性内容变更的情形，也要甄别双方依法变更施工合同的行为。关键在于把握正常合同变更与规避中标合同的实质性内容变更的区别。如对于实质性内容变化幅度的量化判断问题，江苏省高级人民法院民一庭曾尝试将是否超过中标合同幅度的 1/3 作为认定标准，后修正为将是否超过中标合同幅度的 1/5 作为认定标准。目前我国法律规范尚无明文规定，主要依据法官的自由裁量权进行判断。

下面以与建设工程质量有关的两类情况为例进行分析。第一类，建设单位和施工单位在中标合同中约定，建设工程质量要求为合格。在建设工程施工过程中，因法律法规或政策变化，双方又另行签订施工合同约定，将建设工程质量要求提高到鲁班奖水准，对于工程质量要求作出变更。笔者倾向于认为，该类情况属于对建设工程质量的更高要求，属于施工合同正常变更，不构成违背实质性内容，仅需要由建设单位承担质量提高部分的工程价款即可。第二类，建设工程和施工单位在中标合同中约定，建设工程质量要求为合格。在建设工程施工过程中，双方另行签订的施工合同约定，若建设工程质量未达到鲁班奖水准，则不予退还工程履约保证金，或者施工单位承担高额违约金。笔者倾向于认为，该类情况属于对施工单位提高中标合同的义务，一方面增加对工程质量标准的要求，另一方面减少对工程结算价款的支付，应当构成中标合同实质性内容的变更。

案例案号：（2020）最高法民申182号

案情概要：建设单位与施工单位签订《某工程施工合同》，合同履行过程中，因建设单位迟延支付进度款导致停工。在此背景下，双方协商由施工单位垫资复工并达成《补充协议二》，约定提高单价，后双方签署《结算确认书》，按提高后的单价对工程造价进行了核算。建设单位主张后签订的《补充协议二》系对《某工程施工合同》的实质性变更，应无效。

裁判观点：建设单位与施工单位对工程单价的变更经过了具体的协商，并且在工程完工后的结算过程中，建设单位亦对变更后的单价进行了确认。因此，《补充协议二》是建设单位的真实意思表示，也不存在无效情形。合同履行过程中建设单位迟延支付工程进度款导致停工，双方因此再次协商约定提高工程单价，不属于在备案的中标合同之外另行签订实质性内容不一致的"黑合同"，自不应因此而认定《补充协议二》无效。

34. 如何确定"黑白合同"中作为结算依据的合同？

答：若招投标程序无效，则"黑白合同"均无效，应当以实际履行的合同或最后签订的合同作为工程价款结算依据；若招投标程序合法有效，应当以中标合同即"白合同"作为工程价款结算依据。

第一，在原《最高人民法院关于审理建设工程施工合同纠纷案件适用法律问题的解释》施行前，多数判例以"黑合同"为依据进行结算。

其原因有二：其一，从时间顺序上来看，备案的中标合同签订时间在前，而双方另行签订并实际履行的施工合同在后，时间在后的合同的效力优于在前的合同的效力，双方之所以履行是源于缔结协议的真实意思表示，另行签订的施工合同中可能存在的垫资行为、让利行为等均为双方真实的意思表示。其二，在建设工程施工过程中，双方也按照另行签订的施工合同实际履约，即按"黑合同"履约。在此之前，法院基本以"黑合同"对工程造价进行裁判认定，少数判例会支持以"白合同"作为结算依据，理由是经备案的中标合同在形式和程序上均是合法有效的。

第二，《新建设工程施工合同解释（一)》施行后结算一般依据"黑白合同"中的哪份合同呢？对于该问题不能简单地认为新法下应以"白合同"或"黑合同"其中之一为准进行结算，而应区分不同情况予以判断，且在特殊场景下"黑白合同"均不能作为结算的依据，具体分析如下：

其一，若招投标程序无效，"黑白合同"均属无效。

根据《新建设工程施工合同解释（一)》第 24 条的规定，应当以实际履行的合同作为工程价款结算依据，无法确定的，以最后签订的合同为结算依据。在实务中，从施工单位角度出发，如果"白合同"对施工单位有利，则力争"白合同"为实际履行的合同；如果"黑合同"对施工单位有利，则力争"黑合同"为实际履行的合同。反之，建设单位也是如此。如何确定实际履行的合同，在实践中观点不一。笔者倾向于认为可以从付款节点、施工进度、进度款结算等方面寻找依据从而确定实际履行的合同。此外，施工单位也可以与建设单位明确"白合同"或"黑合同"不作为工程价款结算依据，尝试以备忘录、补充协议等形式约定"白合同"或"黑合同"仅用于应对建设行政主管部门监管，双方均不实际履行，另行签订的合同为实际履行的合同。如果法院无法查明实际履行了哪份合同，很可能会认定最后签订的合同为实际履行的合同。

在实务中，判断具体哪一份施工合同系实际履行的合同，可以从以下几方面进行考量：一是通过施工范围进行确定。在施工过程中，因为建设工程的复杂性和特殊性，通常会存在后期的设计变更和规划调整，可以通过比对实际施工范围与各份施工合同约定范围是否一致进行确定。二是通过工期进行确定。如果“黑白合同”开、竣工时间不同，或者总工期不同，可以通过比对实际工期与合同约定工期是否一致进行确定。三是通过工程质量进行确定。在实际施工中，通常“黑合同”的工程质量会高于“白合同”，如果因此存在工程质量约定内容不同，可以通过比对建设工程项目实际竣工后的工程质量进行确定。四是通过工程价款进行确定。不同的施工合同，在工程价款数额、计价方式及实际支付方式等不同方面，都会存在差异，可以通过比对关于工程价款的约定确定实际履行的施工合同。上述内容仅为判断实际履行的施工合同的几个方面，在工程实践中，仍可通过工程会议纪要、工程签证、工程联系单、工程监理日志等不同渠道，去确定最终实际履行的施工合同。

将最后签订的施工合同作为工程价款的结算依据，前提是法院无法查明哪份合同为实际履行的施工合同。在《新建设工程施工合同解释（一）》征求意见过程中，对此曾有不同观点。有观点认为，可以将前份合同中实际履行部分和后份合同中实际履行部分结合，作为新的施工合同进行认定，因施工合同应为要式合同，该观点未获支持。有观点认为，可根据建设工程双方当事人的过错程度、利益平衡等因素进行综合考量，在前份和后份施工合同的差额确定折价补偿款项，因该观点赋予法官自由裁量权过大，该观点未获支持。另有观点认为，因前述差额存在金额巨大的情形，在此基础上，可以以市场信息价作为工程单价进行计量，因该观点会导致工程价款计算结果畸高，故该观点未获支持。为避免无法确定以哪份施工合同作为结算依据，司法解释最终确定以最后签订的施工合同作为结算依据，该观点不存在歧义和异议。

其二，若招投标程序合法有效，则中标合同有效，即“白合同”有效。根据《新建设工程施工合同解释（一）》第 2 条的规定，招投标程序合法有效的，应当以中标合同来确定建设单位和施工单位双方权利义务，即“白合同”优先适用。

在实务中，“白合同”中所约定的工程价款一般会高于“黑合同”，无论是施工单位和建设单位依据行业惯例进行配合，还是施工单位被逼无奈签订让利、捐赠等形式的合同，变相降低工程价款，从实质上都属于损害施工单位权益的“黑合同”。施工单位请求适用“白合同”，主张以“白合同”作为工程价款的结算依据，重点应证明招投标程序合法有效。

案例案号：（2020）辽01民初114号

案情概要：建设单位与施工单位就同一工程签订了数份合同，均被认定无效。双方就哪一份合同为实际履行的合同产生争议。

裁判观点：双方签订的《施工合同》对工程的施工范围、工程价款的支付、工程结算、甲供材、甲分包均有明确约定，从合同的实际履行情况来看，预付款、进度款、结算款的支付情况均与《施工合同》相符。并且，《建设工程施工合同（备案合同）的补充协议》《补充协议》均明确约定了以《施工合同》作为双方履行的依据，备案合同仅供办理行政审批使用。故《施工合同》系双方实际履行的合同，虽然合同无效，但根据司法解释的规定，《施工合同》可作为案涉工程的结算及鉴定依据。

五、实际施工人

35. 建设工程施工合同纠纷中常见的实际施工人有哪些？

答：实际施工人在实践中主要有转包人、违法分包人和借用资质人三类，即因转包、违法分包以及借用资质而无效的建设工程施工合同的承包人。

第一，实际施工人权利保护制度的产生。

建设工程施工合同关系错综复杂，具有高度的特殊性和实务性，导致与实际施工人相关的法律问题层出不穷。2004 年原《最高人民法院关于审理建设工程施工合同纠纷案件适用法律问题的解释》创立了极具特色也最富争议的实际施工人权利保护制度，但随着建设工程领域新的热点、难点问题不断涌现，该司法解释不足以解决与实际施工人相关的所有难题，与之相关的争议焦点尚待明确。

实际施工人条款的设计初衷在于保障建设工程施工合同无效时进行实际施工的单位或个人的权益，主旨在于赋予农民工等建筑工人实际权益追索途径，为实际施工人提供强有力的司法保护。在工程实践中，实际施工人出现的原因主要有两方面：一是伴随我国建筑行业的迅猛发展，由庞大的农民工等群体进行实际的工程施工行为，而带领农民工等群体的即是没有资质或者资质等级不足的施工单位。二是部分施工单位在承接工程项目后，为节约成本或最大限度获得利益，往往将技术要求不高的建设工程项目转包或者违法分包给缺乏资质的施工队伍，导致农民工等群体的实际权益受损，缺乏强有力的法律保障。原《最高人民法院关于审理建设工程施工合同纠纷案件适用法律问题的解释（二）》巩固了实际施工人的权利，对于两类实际施工人的权益进行保护，而对于实践中较为常见的借用资质行为却并未涉及。

第二，什么是实际施工人。

一般实际施工人系指实际完成工程建设的施工主体，包括单位、个人和其他组织，具体指转包方、违法分包方、借用资质方等，不包括承包方的履行辅助人、合法分包的承包方。

最高人民法院民一庭在《民事审判指导与参考》第78辑中对实际施工人的概念进行过界定，认为其是对相对独立的单项工程，通过筹集资金，组织人员、机械进场施工，在竣工验收合格后，与业主方、被挂靠单位、转承包人进行单独结算的自然人、法人或其他组织。

《四川省高级人民法院关于审理建设工程施工合同纠纷案件若干疑难问题的解答》第12条认为实际施工人是指转包、违法分包以及借用资质的无效建设工程施工合同的承包人。建设工程经数次转包或分包的，实际施工人应当是实际投入资金、材料和劳力进行工程施工的企业或个人等。

第三，实际施工人如何认定。

实际施工人的身份应当根据最终投入的资金、人工、材料、机械等因素进行综合认定。通过对于施工主体整体是否可以完成相对独立的单项工程而获取收益，考量施工主体是否存在实际的施工行为，并以完整、确凿、合法的证据加以佐证，证明施工主体进行了资金、人工、材料、机械等的实际投入。

《新建设工程施工合同解释（一）》第43条沿用了原有关于实际施工人的条款，最高人民法院民一庭认为，该条涉及三方当事人两个法律关系：一是发包人与承包人之间的建设工程施工合同关系；二是承包人与实际施工人之间的转包或者违法分包关系。当事人应当依据各自的法律关系请求债务人承担责任。该条为保护建筑工人的利益，突破了合同相对性原则，允许实际施工人请求发包人在欠付工程款范围内承担责任。但该条仅规范了转包和违法分包两种法律关系，并未规定多层转包和违法分包法律关系中的实际施工人有权请求发包人在欠付工程款范围内承担责任。因此，实际施工人的范围在该条中应当限定为转包或者违法分包的实际施工人。

对于实际施工人的表现形式，在实践中主要有三类：

其一，转包人。施工单位与建设单位签订施工合同后，并不实际履行合同约定的施工义务，也不对建设工程项目进行实际管理，而是通过收取管理费的形式，将所承接的建设工程全部转包给他人，或者将全部建设工程肢解以后以分包名义转包给他人。这里的“他人”即为实际施工人。

其二，违法分包人。施工单位合法有效承接建设工程后，违反法律法规规定，再将部分工程分包给不具备资质的自然人、法人或其他组织的，或者分包单位将其所承包的工程再分包的，承接工程的自然人、法人或其他组织为实际施工人。

其三，借用资质人。借用资质亦称挂靠。自然人、法人或其他组织以其他有资质的施工单位的名义承接建设工程的，该自然人、法人或其他组织为实际施工人。根据建设单位主观上对于该挂靠行为是否知情，可以将挂靠分为显明挂靠（建设单位知情）和隐名挂靠（建设单位不知情）。此处仅讨论实际施工人的表现形式，并不讨论借用资质人的权利实现方式。

案例案号：（2021）最高法民申4627号

案情概要：建设单位与施工单位签订《某工程施工合同》，张某、郑某起诉请求确认其系该工程的实际施工人。为支持其主张，张某、郑某提供了人（施工人员）、财（支付施工人员劳务费、管理费、差旅费等）、物（建材）等方面包工包料完成案涉工程施工和管理工作的证据。

裁判观点：实际施工人一般是指，对相对独立的单项工程，通过筹集资金、组织人员机械等进场施工，在工程竣工验收合格后，与业主方、被挂靠单位、转承包人进行单独结算的自然人、法人或其他组织。本案中，张某、郑某一审、二审举示的证据均无法证明其与施工单位之间形成了事实上的建设工程施工合同关系。一审时其虽提交了几十份工程签证原件，但原件中仅有两份有郑某签字，内容与合同、结算均无关联。

36. 施工班组、包工头、农民工属于实际施工人吗？

答：仅从事劳务作业的施工班组或包工头不属于实际施工人，农民工也不属于实际施工人。

从广义的角度来看，农民工、包工头、施工班组、转包人、违法分包人和借用资质人都可以被称为施工人，同时实际施工人制度也有保护农民工的初衷，那么不少人自然就会认为农民工、包工头和施工班组也应属于实际施工人，以下将对本问题进行分析，以厘清几者之间的关系。

第一，施工人与实际施工人两者具有实质区别。

什么是施工人？施工人概念源自原《民法通则》第125条，《民法典》相关条款中亦继续沿用“施工人”一词，根据《民法典》第1258条、第791条以及第801条等规定可以看出，《民法典》中的施工人涵盖了建设工程施工合同的所有施工主体，包括总承包人、承包人、专业工程分包人、劳务作业分包人等。笔者特别提示的是，《民法典》中施工人身份的认定以施工合同合法有效为前提，相关规定并不适用于基于非法转包、违法分包合同关系的施工人。

什么是实际施工人？上文已经对实际施工人定性进行了分析，认为是为了保护在工程建设中实际施工主体的合法利益，并与施工人作出有效区分的，在原《最高人民法院关于审理建设工程施工合同纠纷案件适用法律问题的解释》多条规定中首次设立实际施工人概念，但并未对该概念进行详细的说明。实际施工人与总承包人、分包人是并列的，其指向的对象与狭义的总承包人、分包人不同，专指非法转包和违法分包等的承包人，在认定上需要审查建设工程施工合同是否为无效，是否存在影响施工合同效力的违法行为，将无效施工合同中实际完成工程建设的主体称为实际施工人，常见的实际施工人主要为转包人、违法分包人和借用资质人。

第二，仅从事劳务作业的施工班组或包工头不属于实际施工人。

在工程施工过程中，施工班组通常为最小施工单元，将相同工种、相近工种或不同工种的工人进行组织，按照作业天数与每日工资计算价款，或作业工程量与单价计算价款两类计价方式择一计算价款，施工班组组长或包工头即为该组织的代表，负责项目经理与农民工之间的协调、组织、管理工作。

就施工班组或包工头是否属于实际施工人的问题，需要分情况探讨：

一是仅从事劳务作业的不属于实际施工人。通常来说，施工班组或包头工与施工单位所形成的是劳动关系或者劳务关系，不承担工程项目建设的盈亏，也未投入资金、材料、机械等。施工班组组长或包工头代为统一领取班组工资，并发放给农民工做好领取签到记录表，在此情形下不宜认定为实际施工人。

二是同时投入资金、“人材机”费用的属于实际施工人。鉴于建设工程施工现场情况复杂，不乏存在施工单位、分包单位甚至建设单位处于优势地位的强势要求。由施工班组组长或包工头在提供劳务作业的基础上，自行组织投入资金、材料、机械等进行施工作业。在此情形下，双方不再只是劳动关系或劳务关系，已经涉及转包或违法分包的行为认定，故应当综合判定为实际施工人更为适宜。

第三，农民工不属于实际施工人。

农民工与实际施工人存在本质区别。《新建设工程施工合同解释（一）》第43条系通过突破合同相对性对实际施工人进行保护，进而再保障农民工的利益。《保障农民工工资支付条例》第30条规定，分包单位对农民工负直接责任，施工总承包单位负监督责任。在工程建设过程中，会有大量农民工参与其中，但实际参与施工的农民工并非实际施工人；相反，由实际施工人对农民工工资进行发放，农民工工资仅为工程价款的组成部分之一。农民工可以以存在劳动关系或劳务关系为由追索工资或劳动报酬，所行使的是劳动报酬追索权利。故仅从事劳务作业的农民工不属于实际施工人范畴。

笔者认为，除上述情况外，还可以从能否对建设工程项目独立承担工程质量责任进行评判。根据权利的对等原则和公平原则，享有实际施工人身份的主体可以作为原告向建设单位主张工程价款。当建设单位以工程质量不合格为由进行抗辩时，应当由施工单位和实际施工人对其实际施工部分承担工程质量责任。在建设工程施工合同被认定无效的情形下，建设单位通常依据合同相对性对施工单位主张权利，而不会向每一个对分部分项工程实际施工的施工队伍主张权利。综上所述，只有有能力承担工程质量不合格责任的施工主体才能被认定为实际施工人，而此处所探讨的农民工并不属于法律意义上的实际施工人。

案例案号：（2019）最高法民申5594号

案情概要：施工单位与乐某签订《协议书》，载明“鉴于彭某未按照内部承包合同的约定履行相关的义务，施工单位作为该项目的承建单位，现就内部承包人彭某拖欠乐某劳务费用等事宜，经友好协商达成如下协议”。

裁判观点：依据上述《协议书》，乐某及其班组与彭某之间形成劳务法律关系的事实清楚，乐某在本案中诉请支付的也是劳务费及利息，再审中也认可拖欠的款项系“农民工工资”。故二审判决认定乐某与彭某之间并非建设工程施工合同关系，将本案案由定为劳务合同纠纷，并无不当。鉴于乐某与彭某之间系劳务法律关系，乐某（班组）作为受彭某雇佣从事泥水劳务的人员，并非法律意义上的实际施工人。

37. 认定实际施工人的举证要点有哪些？

答：对于认定实际施工人的举证要点，主要侧重于实际施工人的合同相对方、合同约定的具体内容以及判断是否符合《新建设工程施工合同解释（一）》第43条限缩适用的要求这三方面。

建筑市场的不规范导致“三包一挂”（违法发包、违法分包、转包、挂靠）的违法行为难以根治，实际施工人便是特殊市场环境下的产物，自产生开始便一直争议不断。因实际施工人通过违法承接工程在事实上获利，诉讼纠纷也普遍发生。

在司法实践中，主要以两类争议诉讼为主：

一是建设工程施工合同效力认定相关纠纷。在实际施工人方面，建设单位、施工单位和实际施工人三方主体，以及建设工程施工合同和分包合同两类法律关系。由此出现施工单位转包、违法分包或没有资质的实际施工人借用资质签订合同的情形，导致建设工程施工合同和分包合同效力认定产生争议，同时发生建设工程价款结算支付和利润分配问题。

二是工程价款给付相关纠纷。因建设单位或施工单位未及时或未全额给付工程价款，或者施工单位或实际施工人承建工程质量不合格等问题，导致三方或两方主体对于工程价款结算金额存在争议。

在实务中，为解决上述争议，第一步应当是认定实际施工人的法律主体资格。笔者倾向于从以下几方面举证认定实际施工人：

第一，实际施工人与合同相对方的关系。如果实际施工人与合同相对方存在书面合同，可以直接以合同相对方作为被告进行起诉。在借名签订合同的情况下，可以通过名义合同方进行起诉。但是在工程实务中，因施工单位的优势地位或双方的合作基础，实际施工人往往未签订书面合同。故建议实际施工人就合同效力认定问题从未办理建设用地规划许可证、未办理建设工程规划许可证、以个人名义进行劳务承包、将劳务作业进行二次分包、名为劳务分包实为专业工程分包、未取得劳务作业法定资质等角度证明合同无效，并结合经妥善保管的工程签证单、联系单、会议记录和签到表、农民工工资领取表等证据进行诉讼。

第二，合同约定的具体内容。如有书面合同，可以通过分包合同或补充合同等，证明工程范围、工程价款、工程质量等。如没有书面合同，则可以尝试套用定额标准进行结算工程价款，也可以通过建设单位使用实际施工人所购买的材料、机械事实记录，监理单位所出具的工程量签证单，工程形象进度报审表、设计变更等施工资料进行举证证明。或者在施工过程中，因双方产生争议纠纷，由建设行政主管部门、公安机关或劳动行政主管部门出具的记录报告、会议纪要、补充协议等。

第三，符合上述司法解释第 43 条限缩适用的规则。原最高人民法院民一庭庭长程新文法官曾提出，要根据该条第 1 款的规定严守合同相对性原则，不能随意扩大该条第 2 款的适用范围，只有在欠付劳务分包工程款导致无法支付劳务分包关系中的农民工工资时，才可以要求发包人在欠付工程价款范围内对实际施工人承担责任，不能随意扩大发包人责任范围。据此，实际施工人起诉发包人时，在主体问题认定上应严格围绕前述要点，例如在劳务分包关系中，双方合同关系无效；施工单位无法支付工程价款或因破产申请已被受理等欠缺支付能力。实际施工人仅能要求发包人在欠付工程价款范围内承担责任，否则将无法保障自身权益实现。

此外，鉴于实际施工人在诉讼中一直处于弱势地位，应当进行有效举证，避免因举证不能承担败诉风险。

根据《最高人民法院关于适用〈中华人民共和国民事诉讼法〉的解释》第 108 条的规定，在建设工程纠纷中，因实际施工人负有举证证明责任而应提供相应的证据，提交包括但不限于案涉工程签证单、联系单、会议记录、工程交接单等证明由其进行实际施工的客观证据，并由法院审查结合事实后，才可认定该事实存在，否则如待证事实真伪不明，实际施工人应承担举证不能的不利后果。

案例案号：（2021）最高法民申 5771 号

案情概要：建设单位将案涉工程发包给施工单位后，施工单位又通过《内部发（承）包协议书》将案涉工程全部包给王某、毕某等，并约定王某、毕某等包工包料，且向施工单位支付一定比例的工程管理费，负责与建设单位办理工程结算等。

裁判观点：王某、毕某等属于违法分包合同的承包人。王某、毕某等不是施工单位员工，与其无劳动合同关系，双方是以内部承包合同形式规避国家相关行政主管部门禁止工程转包、分包的规定。案涉建设工程施工所需人、财、物均由王某、毕某等承担和管理，施工单位没有提供资金、技术、人力、设备、结算等方面的支持和管理，仅收取约定比例的工程管理费。结合王某、毕某等提交的银行转账单据、缴纳管理费的收据以及作出的陈述可以看出，施工单位在收取工程款后，及时分别转付给了王某、毕某等，并收取管理费和税费。因此，王某、毕某等是案涉工程的实际施工人。

38. 实务中，一般如何认定挂靠？

答：实务中，一般出现以下情形可认定挂靠：（1）没有资质的单位或个人借用其他施工单位的资质承揽工程的；（2）有资质的施工单位相互借用资质承揽工程的，包括资质等级低的借用资质等级高的，资质等级高的借用资质等级低的，相同资质等级相互借用的；（3）具有转包的相关表象又最终无法认定为转包的几种特殊情形，但有证据证明属于挂靠的。

挂靠，又称借用资质，根据《建筑工程施工发包与承包违法行为认定查处管理办法》第 9 条的规定可知，挂靠是指单位或个人以其他有资质的施工单位的名义承揽工程的行为。挂靠为建筑行业习惯用语，在法律上的专业术语为借用资质，而挂靠一词也常在相关法律法规中出现，比如《建筑工程施工发包与承包违法行为认定查处管理办法》。上面提及的单位或个人即为挂靠情形下的实际施工人。

第一，目前，在实践中主要将三类情形认定为挂靠行为：

其一，没有资质的单位或个人借用其他施工单位的资质承揽工程的。

实际施工人进行挂靠的目的即为承接工程，而此处的承接工程应作广义理解，包括参与招标投标程序、签订工程合同、办理施工手续、参与施工等行为，其中最为主要的即为投标阶段。前述行为的准备工作、磋商、洽谈等均属于承接工程行为。

其二，有资质的施工单位相互借用资质承揽工程的，包括资质等级低的借用资质等级高的，资质等级高的借用资质等级低的，相同资质等级相互借用的。

其三，具有转包的相关表象又最终无法认定为转包的几种特殊情形，但有证据证明属于挂靠的，比如《建筑工程施工发包与承包违法行为认定查处管理办法》第 8 条第 1 款第 3 ~ 第 9 项规定的情形。

第二，施工单位具有资质，但借用其他单位的名义承接工程的，在实务中有三种情形：

一是资质低的借用资质高的。施工单位具有的资质等级低，故借用资质等级高的施工单位名义承接工程，此为典型的挂靠行为。但在实践中存在施工单位具有的资质等级虽然低，但是与工程所需资质一致，仍借用资质等级高的施工单位名义承接工程的情况。该类情形目前争议较大，笔者倾向于认为仍应将该类行为认定为挂靠行为，《建筑法》第26条、第66条均对借用名义行为作出了规定，即便施工单位具有相应资质，也禁止借用其他单位名义承接工程。二是相同资质等级之间相互借用的。三是资质高的借用资质低的。

上述后两种情形产生原因较为一致，故进行统一阐述。虽然施工单位已经具有与工程规模相应的资质等级，但因为部分地区存在地方保护政策，禁止外地建筑企业、国企或央企的进入，例如，在招投标阶段，要求承接工程的施工单位必须在本地注册满足年限、要求施工单位获得本地区建筑行业奖项、仅认可本地区业绩等，目的在于以不合理的条件排除其他潜在施工单位。因营商环境原因，部分施工单位只能借用本地区资质等级相同甚至比自身资质等级低的施工单位名义进行招投标程序及后续施工，这也属于挂靠行为。

第三，挂靠行为与转包行为的区分。

在工程实践中，挂靠行为易与转包行为混淆，包括在《建筑工程施工发包与承包违法行为认定查处管理办法》第8条规定中，在转包行为认定基础上，如果有证据证明系属挂靠行为的可以认定为挂靠，原因在于部分工程中挂靠行为与转包行为同时存在。那么，为更好区分挂靠行为与转包行为，可以从以下几方面进行考量：

一是行为发生时间节点。挂靠行为通常发生在建设工程施工合同签订前，例如由施工单位借用其他具有资质的单位名义，进行招标投标程序；施工单位与建设单位前期就建设工程项目进行沟通，后以其他具有资质的单位名义与建设单位签订建设工程施工合同。而转包行为则通常发生在建设工程施工合同签订后。

二是建设工程参与阶段。挂靠行为更接近于建设工程项目全过程参与，可以从招标投标阶段就进行参与，出借资质的单位仅仅履行出借资质、收取相关管理费用和转付工程价款的义务。而转包行为则在不同阶段由不同主体实际参与，在建设工程施工合同签订前，通常由施工单位进行把控，在建设工程项目转包后再由实际施工人进行把控。

三是相应法律责任承担幅度。无论是挂靠行为抑或转包行为，建设行政主管部门进行行政处罚的方式一致，为责令改正、没收违法所得、处以不同金额罚款、降低资质等级和吊销资质证书。其中，两者的罚款幅度差异较大，挂靠行为对施工单位处以建设工程合同价款2%以上4%以下的罚款，而转包行为对施工单位处以建设工程合同价款0.5%以上1%以下的罚款。在司法实践中，法院通常会倾向于将相关行为认定为转包行为而不是挂靠行为，挂靠行为可能会导致总包合同和分包合同均被认定无效，而转包行为通常仅导致分包合同被认定无效。

案例案号：(2020) 京02民终7377号

案情概要：李某与施工单位就案涉工程签订《某工程承包合同》，约定李某为实际施工人，负责组织项目班子执行该合同，李某以挂靠施工单位的形式对案涉工程进行施工。后施工单位与建设单位签订案涉工程的《施工合同》，在签署该文件的过程中，李某作为施工单位的代表参与相关文件的签订。

裁判观点：施工单位与李某就涉案工程签订合同后，又与建设单位签订合同，从两份合同的内容、形成时间以及李某对外活动所使用的名义等方面，可以认定李某与施工单位之间为挂靠关系。

39. 借用资质的实际施工人是否有权请求建设单位对其施工工程进行折价补偿？

答：可以依据《新建设工程施工合同解释（一）》第43条的规定，突破合同相对性原则请求建设单位在欠付工程款范围内承担责任的实际施工人，不包括借用资质的实际施工人；而建设单位知道或者应当知道由挂靠的实际施工人进行施工，即建设单位与挂靠的实际施工人之间形成事实上的建设工程施工合同关系的，借用资质的实际施工人才有权请求建设单位参照合同关于工程价款的约定折价补偿。

第一，可以依据《新建设工程施工合同解释（一）》第 43 条的规定，突破合同相对性原则请求建设单位在欠付工程款范围内承担责任的实际施工人，不包括借用资质的实际施工人。

《新建设工程施工合同解释（一）》第 43 条明确规定了可以突破合同相对性原则，允许转包和违法分包两种关系下的实际施工人请求发包人在欠付工程款范围内承担责任，但却没有直接规定借用资质情形下的实际施工人是否也可以突破合同相对性。

但最高人民法院民一庭 2021 年第 20 次专业法官会议纪要却明确了对本条的适用应当从严把握。本条只规范转包和违法分包两种关系，未规定借用资质的实际施工人以及多层转包和违法分包关系中的实际施工人有权请求建设单位在欠付工程款范围内承担责任。因此，根据该会议纪要可知，可突破合同相对性原则请求建设单位在欠付工程款范围内承担责任的实际施工人不包括借用资质的实际施工人。

关于建设单位不明知的挂靠行为，从建设单位角度来看，建设单位真实意思表示系与施工单位签订施工合同，合同相对方实际上也是施工单位，建设单位并无任何违法行为，应当保护其信赖利益。笔者倾向于认为施工合同有效，可以赋予建设单位施工合同解除权，其有权主张相应的违约责任。鉴于建设单位对于实际施工人的挂靠行为不明知，可以将借用资质行为视为单层转包或违法分包行为，若施工单位怠于向建设单位主张权利，实际施工人可依据《新建设工程施工合同解释（一）》第 43 条行使代位权，建设单位在欠付工程价款范围内承担责任，法院应追加施工单位为第三人。

第二，只有建设单位知道或应当知道工程系借用资质的实际施工人进行施工的情况下，即建设单位与借用资质的实际施工人形成了事实上的合同关系的情况下，借用资质的实际施工人才有权请求建设单位参照合同关于工程价款的约定折价补偿。

最高人民法院民一庭2021年第20次专业法官会议纪要认为：没有资质的实际施工人借用有资质的建筑施工企业名义与发包人签订建设工程施工合同，在发包人知道或者应当知道工程系借用资质的实际施工人进行施工的情况下，发包人与借用资质的实际施工人之间形成事实上的建设工程施工合同关系，因此，在建设工程经验收合格的情况下，借用资质的实际施工人有权请求发包人参照合同关于工程价款的约定折价补偿。

关于建设单位明知的挂靠行为，在此情形下，如上所述，实际施工人通过借用有资质的施工单位名义与建设单位签订施工合同，实际施工人与建设单位构成事实合同关系，不存在突破合同相对性的情况，因实际施工人并无相应资质，故该施工合同无效。鉴于建设单位对于实际施工人的挂靠行为系明知，无论建设单位在何时知悉，均应由建设单位对工程工期、质量、安全事故承担过错责任。故建设单位明知实际施工人借用资质而未提出异议的，实际施工人可直接向建设单位主张权利，法院应追加施工单位为第三人。

在实务中，建设单位对于“明知”态度基本予以否认，且实际施工人通过举证证明明知更为复杂。建议从以下几方面进行推定：一是实际施工人与建设单位先行签订框架协议、意向协议等，后续再与施工单位签订施工合同，两者具体内容高度一致；二是实际施工人以其名义在招投标程序中缴纳投标保证金、提供履约担保（履约保证金、履约银行保函、履约担保书）等；三是由建设单位向实际施工人支付工程价款；四是建设单位在本工程或其他工程施工中，与不同单位签订施工相关合同，合同实际履约主体为实际施工人。

案例案号：（2020）最高法民终429号

案情概要：施工单位与建设单位签订《某工程施工合同》后，与戴某签订《协议书》，约定将案涉工程全部转包给戴某。施工单位又与建设单位就工程价款变更签订协议，戴某在协议上签字并加盖施工单位公章。合同履行过程中，建设单位均与戴某沟通工程建设事宜，并支付工程款至戴某个人账户。

裁判观点：戴某与建设单位成立事实上的合同关系，其系案涉工程中无资质的承包人。由于建设单位与戴某直接谈判并签订合同，其对戴某实际履行合同系明知，建设单位也通过直接向戴某支付工程款而非向施工单位支付工程款的行为认可了该事实，且质证时建设单位也认可戴某系工程实际施工人，故建设单位与戴某之间形成了事实上的合同关系，戴某系施工合同关系中无资质的承包人。基于此，戴某作为合同相对人具备提起诉讼主张工程价款的权利。

40. 实际施工人与施工单位之间的外部、内部责任如何承担？

答：在对外承担责任时，一般根据相对人对挂靠行为是否明知进行责任认定。如果明知，可认定双方存在直接的合同关系；如果不明知，原则上由施工单位（本问题中特指被挂靠方）承担责任（值得注意的是，对于因出借资质产生工程质量问题造成的损失，原则上由实际施工人和施工单位承担连带责任）。在划分内部责任时，可以考虑施工单位在管理费金额范围内承担按份责任。

第一，关于对外的责任承担问题。

实际施工人以其自身名义对外签订合同的，依据合同相对性原则，由实际施工人自行对外承担民事责任，在实务中无异议。而当实际施工人借用有资质的施工单位名义对外签订合同，例如，采购主要建筑材料、租赁大中型设备时，其责任承担在实践中存有较大争议。有观点认为，实际施工人和施工单位对外应承担连带责任，因为双方对于借用资质行为系明知，违反法律强制性规定，不再区分其他情形；另有观点认为，须依据合同相对人对挂靠行为是否明知而确定不同的法律责任。笔者倾向于后一观点，具体分析如下：

首先，相对人对挂靠行为明知的。

合同相对人知晓合同履行主体系实际施工人的，可认定双方存在直接的合同关系，由实际施工人对外承担责任，不能让非合同相对人承担本应由合同相对人承担的责任。如果所签订的合同与施工单位职能相关，可视为施工单位对实际施工人的行为认可，施工单位对损失发生存在过错，根据实际情况由施工单位承担补充责任。

其次，相对人对挂靠行为不明知的。

其一，当实际施工人对外从事与施工单位职能相关的民事行为时，由施工单位承担相应责任。例如，实际施工人购买主要建筑材料、租赁大中型设备，可类推适用表见代理规则，鉴于合同相对人主观方面系善意，由施工单位承担合同责任。其二，当实际施工人对外从事与施工单位职能无关的民事行为时，原则上由实际施工人承担责任。例如，未经施工单位授权的对外借款、购买其他工程相关材料等，因施工单位并不具有前述行为的权利外观，一般不适用表见代理规则，应由实际施工人单独承担民事责任。如施工单位对于造成的损失存在过错，应当承担相应的补充责任。

值得注意的是，对于因出借资质产生工程质量问题造成的损失，原则上由实际施工人和施工单位承担连带责任。

根据《新建设工程施工合同解释（一）》第 7 条可知，实际施工人借用具有资质的施工单位名义承接工程，因出借资质出现工程质量问题造成损失的，鉴于双方的挂靠行为违反法律规定，应由实际施工人和施工单位对建设单位承担连带责任，在司法实践当中基本无异议。

第二，内部责任划分问题。

根据上述分析可知，在工程质量争议中，挂靠人和被挂靠人因出借资质对建设单位共同侵权产生质量问题造成损失的，对外共同向建设单位承担连带赔偿责任，赔偿后内部责任笔者认为可以看作按份责任。因一般施工承包合同权益由挂靠人即实际施工人享有，义务实际上也是由挂靠人承担，被挂靠人取得的收益只是管理费，故可以考虑被挂靠人在收取的管理费范围内承担按份责任。

那么，实际施工人可否向施工单位主张工程款呢？

根据最高人民法院的裁判规则可知，因挂靠人与施工单位之间系挂靠关系而非转包关系，故不能依据《新建设工程施工合同解释（一）》第26条第2款之规定，要求施工单位承担支付工程款的责任。但是，如果施工单位收取了建设单位的工程款，则施工单位负有将收取的工程款转支付给实际施工人的义务。也即施工单位虽然没有付款的义务，但是基于挂靠的事实，其有向建设单位收取工程款并转付给实际施工人的法律责任。

案例案号：（2021）最高法民申2345号【明知挂靠的，实际施工人不能向被挂靠人主张工程款】

案情概要：李某与张某、奚某签订《某工程施工合同》，张某、奚某作为承包方，将案涉工程部分转包给李某施工，该合同落款处只有李某与张某、奚某的签名、手印，没有施工单位公章。合同履行过程中，李某从未向施工单位主张工程款。李某主张张某、奚某系借用施工单位资质，其作为善意相对人有权向施工单位主张工程款。

裁判观点：在处理无资质企业或个人挂靠有资质的建筑企业承揽工程引起的纠纷时，应区分内部和外部关系，挂靠人与被挂靠人之间的协议因违反法律禁止性规定，属无效协议。而挂靠人以被挂靠人名义对外签订的合同的效力，应根据合同相对人在签订协议时是否善意、是否知道挂靠事实来作出认定。具体到本案事实，李某知道张某、奚某系挂靠人，并非属于善意且无过失，无权向被挂靠人主张工程款。

案例案号：（2021）最高法民申2114号【明知挂靠的，建设单位应承担向实际施工人直接支付工程款的责任】

案情概要：杨某挂靠施工单位与建设单位签订《某工程施工合同》，合同履行期间，建设单位直接或通过施工单位间接向杨某支付工程款。后杨某要求建设单位直接向其支付工程款，建设单位拒绝。

裁判观点： 依据原《最高人民法院关于审理建设工程施工合同纠纷案件适用法律问题的解释》第26条之规定，实际施工人可向发包人、转包人、违法分包人主张权利，本案施工单位系被挂靠方，不属于发包人、转包人、违法分包人，施工单位作为被借用资质方，承担工程款转付责任，与建设单位不存在实质性的法律关系。杨某作为工程的实际施工人与建设单位在订立和履行施工合同的过程中，形成事实上的法律关系，杨某有权直接向建设单位主张工程款及利息。

41. 母公司承接工程后，是否可以将全部工程转给子公司施工？

答： 禁止母公司将所承接的工程交由具有独立法人资格的子公司施工，“母揽子干”属于转包行为。但是，总公司可以将工程交由分公司施工。

第一，“母揽子干”的合法性问题。

“母揽子干”即母公司承接工程后将全部工程转给子公司施工。自改革开放以来，伴随政企分开、设立现代企业制度和公司制改革，各级建筑企业将管理层与施工层分开，原有的工程局或工程处变为相应子公司，逐步演变出“集团公司承揽业务，二级公司管理营销，三级公司着手施工”的布局模式。其中，现存的两种具体业务模式为：

一是由分公司进行实际施工。因分公司属于总公司的分支机构，不具有独立法人资格，且不具备相应资质，相关法律后果由总公司承担，所以不违反相应禁止性规定。

二是由子公司进行实际施工。因子公司具有独立法人资格，部分子公司不具备相应资质或未取得与工程规模相对应的资质，该行为将被认定为违法的转包行为。

基于我国建筑业的现状，因个别工程项目的重大安全事故，处于灰色地带的“母揽子干”情形逐渐显露，引起建设行政主管部门和司法审判机关的重视，《建筑工程施工发包与承包违法行为认定查处管理办法》第8条将该情形予以明文规定。

此外，《国家税务总局关于进一步明确营改增有关征管问题的公告》第 2 条仅处理增值税合同流不对应的问题，以便梳理增值税抵扣链条，并非从国家立法层面对“母揽子干”情形的合法性进行确认。该第 2 条所涉“授权集团内其他纳税人”指向分公司，而非指向子公司。且《国家税务总局、住房和城乡建设部、财政部关于进一步做好建筑行业营改增试点工作的意见》第 4 条亦明确，对于增值税缴纳单位与建设工程合同承包方不一致的工程项目，重点核查是否存在转包、违法分包、挂靠等行为。

在实务中，笔者建议采用第一种业务模式，即分公司进行实际施工，此模式不构成转包或违法分包行为，属于合规的企业经营方式；或者由母公司与子公司组成联合体进行招标投标程序，通过协议明确约定双方在工程建设中的任务分工和管理办法，并在实际履行过程中保留证据，以合规合理的方式划分工程价款利润，避免被认定构成管理费。此外，母公司不得将主体结构或关键性工程交由子公司施工，完善建设工程施工合同的管理与审查，避免在合同签订或施工过程中出现母子公司混同的情形。

第二，在“母揽子干”情形下，对于母公司与子公司双方的法律责任的承担，可以从以下几方面进行考量：

一是对于工程相关债务应当承担连带责任。在建设工程项目施工过程中，母公司与子公司两者是独立的法人，但在公司整体内部系统管理上，子公司仍受到母公司的垂直管理，两者通常在财务管理或者人员安排上存在部分关联或混同。因此，对于“母揽子干”情形下的工程相关债务，应由双方承担连带责任。例如，子公司不具有相应的工程安装施工资质，在母公司承接建设工程整体项目后，母公司将该工程的安装工程分包给子公司进行施工，母公司与子公司两者的办公场所和经营场所又为同一地点。后该子公司又将该部分安装工程全部转包给其他公司，并欠付该公司相应工程价款。上述行为经法院认定无效，对于母公司无证据证明已将工程款付给子公司的情形下，应当由母公司与子公司对该工程价款及利息承担连带责任。

二是对于工程质量不合格应当承担连带责任。《建筑法》第67条明确规定，对于因转包行为导致工程不符合规定的质量标准所造成的损失，由承包单位与接受转包的单位承担连带赔偿责任。在“母揽子干”情形下，由母公司承接建设工程项目，再由子公司进行实际施工并导致工程质量不合格的，应当由母公司与子公司共同承担连带责任。

三是双方因转包行为应当承担行政责任。根据《建筑法》第67条和《建设工程质量管理条例》第62条，在“母揽子干”情形下，对于母公司可以根据不同情节，处以责令改正、没收违法所得、责令停业整顿、降低资质等级和吊销资质证书的行政处罚，并且还可以处以工程合同价款0.5%以上1%以下的罚款。

案例案号：（2019）鲁02民终9869号

案情概要：施工单位与建设单位签订《某工程施工合同》后，又与其子公司签订《施工分包合同书》，约定将其承包的全部工程发包给其子公司施工。

裁判观点：根据《建筑工程施工发包与承包违法行为认定查处管理办法》第8条第1款第1项的规定，施工单位将其承包的全部工程发包给其子公司施工，属于转包。故签订的《施工分包合同书》无效。

42. 实务中，一般如何认定转包?

答：实务中，一般出现以下情形可认定为转包：（1）将全部工程转给其他单位或个人的；（2）将工程肢解后分包给其他单位或个人的；（3）未派驻项目负责人、技术负责人、质量管理负责人、安全管理负责人等主要管理人员的；（4）承包单位负责采购主要建筑材料的；（5）分包范围是全部工程的；（6）变相将工程转给其他单位或个人的；（7）发包单位不是该工程的施工总承包或专业承包单位的；（8）专业作业的发包单位不是该工程承包单位的；（9）施工合同主体之间没有工程款收付关系的；（10）联合体承包工程，联合体一方不进行施工的。

转包系指施工单位承接建设工程后，未履行合同约定的责任和义务，将承接的全部工程内容，或者将承接的全部工程内容肢解后以分包的名义，转让给其他单位或个人施工的行为。上述其他单位或个人即为转包情形下的实际施工人。目前，主要将十类情形认定为违法分包行为：

第一，承包单位将其承包的全部工程转给其他单位（包括母公司承接建筑工程后将所承接工程交由具有独立法人资格的子公司施工的情形）或个人施工的。

《民法典》第 791 条第 2 款、《建筑法》第 28 条均规定禁止将全部工程转给其他单位或个人。其中，母公司承接建筑工程后将所承接工程交由具有独立法人资格的子公司施工的情形即是“母揽子干”。

第二，承包单位将其承包的全部工程肢解以后，以分包的名义分别转给其他单位或个人施工的。

《民法典》第 791 条第 2 款、《建筑法》第 28 条均规定禁止将全部工程肢解后，以分包的名义转给其他单位或个人。

需要注意的是，在此情形下，施工单位与其他单位或个人之间不得存在隶属关系，如果其他单位系施工单位分公司或内部机构，或者个人系施工单位内部职工，则属于内部承包，不构成转包行为；如果施工单位仅将部分施工内容分包给其他单位或个人，则可能构成分包行为或违法分包行为，不属于转包行为。

第三，施工总承包单位或专业承包单位未派驻项目负责人、技术负责人、质量管理负责人、安全管理负责人等主要管理人员的，或派驻的项目负责人、技术负责人、质量管理负责人、安全管理负责人中一人及以上与施工单位没有订立劳动合同、没有支付劳动工资、没有建立社会养老保险关系的，或派驻的项目负责人未对该工程的施工活动进行组织管理，又不能进行合理解释并提供相应证明的。

所谓四类人员，主要指项目负责人、技术负责人、质量管理负责人、安全管理负责人四类，均为建设工程施工现场所派驻的实际管理人员。对于该情形的理解与适用，主要在于三方面：

其一，由四类人员对工程施工现场进行组织管理，以体现施工单位符合相应资质要求。根据实际参与工程项目的施工和管理要求，项目负责人、技术负责人、质量管理负责人、安全管理负责人四类人员缺一不可。如果四类人员中缺少任意一类，建设工程项目仍处于实际施工状态，说明施工单位本身未尽实际施工组织管理职责，将被认定为转包行为。

其二，该四类人员需要与施工单位构建实际劳动关系，即四类人员属于施工单位的正式员工，双方存在管理与被管理的关系。应该由施工单位与四类人员签订书面劳动合同，支付劳动报酬或工资，并缴纳劳动社保费用，即符合《劳动合同法》所要求的劳动关系认定三要素，否则将可能被认定为转包行为。

其三，当不符合上述两种情形时，应给予施工单位和四类人员进行合理解释并提供相应证明的机会。例如，某员工刚入职施工单位，已经与施工单位签订劳动合同，并由施工单位派驻工程项目施工现场进行组织管理活动，但根据《社会保险法》第58条的规定，施工单位应当在用工之日起30日内为该职工缴纳社会保险。在此背景下，施工单位和某员工并未违反法律法规的要求，但不符合《建筑工程施工发包与承包违法行为认定查处管理办法》第8条第1款第3项办理社会保险登记并缴纳相关费用的要求，故应由施工单位和某员工进行合理解释并提供相应材料证明该实际情况。退休返聘情形同理。

第四，合同约定由承包单位负责采购的主要建筑材料、构配件及工程设备或负责租赁的施工机械设备，由其他单位或个人采购、租赁的，或施工单位不能提供有关采购、租赁合同及发票等证明，又不能进行合理解释并提供相应证明的。

在建设工程施工过程中，应当根据施工合同约定，由施工单位采购主要建筑材料、构配件、工程设备，或租赁施工机械设备。如果前述事项并非由施工单位办理，而是由其他单位或个人进行，或者施工单位不能提供相应合同及发票，则将被认定为转包行为。

在实务中，该类情形多为施工单位将采购、租赁事项交予下属子公司或关联公司办理，因两者均为独立法人，那么会导致被认定为转包行为。为避免该类情况发生，建议在采购和租赁前，由施工单位与相关单位签订委托合同，委托相关单位办理采购和租赁事项，并且相关单位不负责工程现场施工作业，这属于不为法律所禁止的行为，又可以进行合理解释并提供材料证明，则不应被认定为转包行为。

第五，专业作业承包人承包的范围是承包单位承包的全部工程，专业作业承包人计取的是除上缴给承包单位的管理费之外的全部工程价款的。

本情形属于典型的"名为劳务分包，实为转包"的行为。在实务中，部分劳务分包单位并不具有施工总承包资质或者专业承包资质，仅具有施工劳务资质，但其以签订劳务分包合同的形式承接专业工程。如果劳务分包单位承接施工单位全部施工内容，还负责采购主要建筑材料、构配件，租赁相应机械设备，仅向施工单位缴纳管理费，或者收取除管理费之外的全部工程价款，则应当认定为转包行为。需要注意的是，该管理费属于施工单位所获的不正当利益，该劳务分包单位即为实际施工人。

第六，承包单位通过合作、联营、个人承包等形式或名义，直接或变相将其承包的全部工程转给其他单位或个人施工的。

部分施工单位在中标工程项目后，建设工程施工合同履行过程中，并未进行实际施工，而是通过签订合作协议、签订联营协议、个人承包等方式，将全部工程施工内容转让给其他单位或个人，其并非施工合同相对方，且不具备相应资质；或者转让给名义上的内部承包人，但实际其与施工单位并未签订劳动合同，施工单位未缴纳社会保险、未支付劳动报酬。施工单位不再对工程项目进行实际施工和管理，应当认定为转包行为。

第七，专业工程的发包单位不是该工程的施工总承包或专业承包单位的，但建设单位依约作为发包单位的除外。

正常的工程合同签订流程是先由建设单位和施工单位签订施工合同，如有工程分包需求，再由施工单位和分包单位签订分包合同。但是在分包合同中，对于分包单位的相对方，需要符合两类分包工程（专业工程分包、劳务作业分包）的要求，否则将被认定为转包行为。

专业工程的发包单位应为施工单位，此处的施工单位可以是施工总承包或专业承包单位。在合法施工关系中，专业工程的发包单位与施工单位应当是一致的，如果发包单位非施工单位，则将被认定为转包行为。此外，在认定转包行为时，要求分包单位和发包单位均具有独立法人资格，分包单位不得为发包单位分公司。

但是，发包单位为建设单位的除外，因为部分施工合同约定建设单位享有直接发包或指定分包的权利，不能简单认定为转包。若建设单位未按合同约定进行，可能被认定为违法分包行为，而非转包行为。

第八，专业作业的发包单位不是该工程承包单位的。

专业作业一般也称劳务作业。劳务作业的发包单位应为施工单位。在工程正常施工过程中，根据现场实际需求，施工单位可以将劳务作业工程进行分包，施工单位与发包单位应当是一致的。在实践中，若施工单位与发包单位并非同一主体，而是两个具有独立法人资格的单位，则需要结合现场实际情况，判断属于转包行为还是挂靠行为。

第九，施工合同主体之间没有工程款收付关系的，或者承包单位收到款项后又将款项转拨给其他单位或个人，又不能进行合理解释并提供材料证明的。

根据工程合同约定，工程价款收付主体应为合同双方主体。例如，施工合同中建设单位将工程价款支付给施工单位，分包合同中施工单位将工程价款支付给分包单位，均为正常价款往来。但是在实践中存在施工合同中建设单位将工程价款支付给其他单位或个人，或者施工合同中施工单位收到工程价款后转付给其他单位或个人，或者分包合同中施工单位将工程价款支付给其他单位或个人的情况。无论上述行为系工程价款接收方指定，或是工程价款支付方授权，都将被认定为转包或挂靠等违法行为。

在实务中，的确存在工程价款需要支付给非合同主体，且为正常交易往来的情况，应由当事人提供相关证明材料进行合理解释。故笔者倾向于认为在施工过程中，若因真实需求导致工程价款需支付给非合同主体，可以由双方签订委托付款合同，再由双方根据委托付款合同约定进行履约，此时将不构成违法行为。

第十，两个以上的单位组成联合体承包工程，在联合体分工协议中约定，或者在项目实际施工过程中，联合体一方不进行施工也未对施工活动进行组织管理，并且向联合体其他方收取管理费或者其他类似费用的，视为联合体一方将承包的工程转包给联合体其他方。

此情形属于新型转包行为。在建设工程联合体投标情形下，双方已在协议中明确约定分工，例如施工内容包括一标段部分和二标段部分，但在后续实际施工过程中，一方没有进行实际施工，也没有进行实际管理，仅收取管理费或者其他费用，另一方进行全部工程的施工作业。该情形将对建设工程质量安全造成重大隐患，为规范联合体投标施工行为，将此类情形认定为转包行为。

案例案号：（2020）川民终1582号【未派驻项目负责人、技术负责人、质量管理负责人、安全管理负责人等主要管理人员】

案情概要：施工单位提供的某工程派驻现场管理人员名单中张某为项目执行经理。但施工单位没有提供与张某订立劳动合同和为其缴纳社保的证据，不能证明张某系施工单位员工。

裁判观点：施工单位称张某系工程的项目执行经理，但是无法提供与张某订立劳动合同和为其缴纳社保的证据，故不能认定张某系施工单位员工。根据《建筑工程施工发包与承包违法行为认定查处管理办法》的相关规定，施工单位与张某间可能构成工程转包或者挂靠两种法律关系。

案例案号：（2019）最高法民再199号【名为劳务分包，实为转包】

案情概要：施工单位与夏某签订《某工程劳务分包协议》，协议约定承包范围包括大房沟隧道工程施工图纸及甲方与业主签订的工程量清单的所有内容。

裁判观点：《某工程劳务分包协议》虽然名为劳务分包协议，但从协议内容可见该协议所涉及的工程内容不仅仅是劳务部分，故该协议的性质应认定为建设工程转包合同。将工程转包给个人，违反法律禁止性规定，应属无效。

案例案号：（2021）黔05民终4245号【以个人承包名义转包】

案情概要：施工单位与建设单位签订《某工程施工合同》后，以签订《目标管理经济责任书》的方式将该工程转包给赵某。

裁判观点：根据《建筑工程施工发包与承包违法行为认定查处管理办法》，施工单位与赵某之间应为转包关系。

43. 实务中，一般如何认定违法分包？

答：实务中，一般出现以下情形可认定为违法分包：（1）将工程分包给个人的；（2）将工程分包给不具备相应资质的单位的；（3）将工程主体结构的施工分包给其他单位的；（4）将专业工程中非劳务作业部分再分包的；（5）将劳务再分包的；（6）专业作业承包人还计取主要的“人材机”费用的；（7）未经同意分包的。

违法分包系指施工单位在承接建设工程后，违反法律法规的规定或施工合同关于工程分包的约定，将整体工程或者分部分项工程分包给其他单位或者个人进行施工的行为。上述其他单位或个人即为违法分包情形下的实际施工人。目前，主要将七类情形认定为违法分包行为：

第一，承包单位将其承包的工程分包给个人的。

《建筑业企业资质标准》将资质要求分为施工总承包、专业承包、施工劳务三大类别，申报的基本条件为主体是具有法人资格的建筑企业。退一步讲，即便建设工程项目无须具备资质，个人亦无权承接建设工程业务。在实践中，较为常见的是以施工班组长或包工头的名义承接工程，因承接主体为个人且不具备资质，属违法分包。

第二，施工总承包单位或专业承包单位将工程分包给不具备相应资质的单位的。

《建筑法》第 13 条要求从事建筑活动须具备相应等级的资质证书。分包单位未取得专业工程的资质类别，或者未取得与该规模专业工程相应的资质等级，或者未取得劳务作业资质承接施工劳务工程的，均属违法分包。

在本情形项下，不具备安全生产许可证的不再认定为违法分包行为。《安全生产许可证条例》仅规定责令停止生产，没收违法所得。尚无法律规定无权进行招标投标行为，仅为行政主管部门进行监督管理行为。因此，在建设工程施工合同签订后，是否办理相关证件不会影响合同效力，故予以删除。

第三，施工总承包单位将施工总承包合同范围内工程主体结构的施工分包给其他单位的，钢结构工程除外。

建设工程主体结构应当由施工单位自行完成，此为《建筑法》《建设工程质量管理条例》明文规定的要求。就主体结构的含义问题，目前尚无法律规范明确其定义，且在理论及实践探讨中存在较多争议，主流观点认为可按《建筑工程施工质量验收统一标准》附录 B 的规定将主体结构划分为混凝土结构、砌体结构、钢结构、钢管混凝土结构、型钢混凝土结构、铝合金结构、木结构共计七类。如果分包单位的施工内容涉及前述七类之一，则应当认定为违法分包行为。

需要注意的是，虽然在部分工程中，钢结构工程属于主体结构之一，例如钢结构工业厂房，但在《建筑业企业资质标准》专业承包资质标准中，钢结构工程属于可以进行专业分包的工程项目。

在实务中，笔者倾向于认为从下列几方面审查是否涉及主体结构：一是分包合同中的施工范围是否涉及主体结构项目；二是工程施工所采购的材料及机械是否涉及主体结构施工所需；三是在招投标文件、会议纪要、工程联系单、工程签证单、竣工报告等文件资料中是否体现主体结构施工内容等。如涉及主体结构，将被认定为违法分包行为。

第四，专业分包单位将其承包的专业工程中非劳务作业部分再分包的。

作为专业分包单位，应由其自身完成所承接专业工程中的承包内容，但是劳务作业除外。

第五，劳务作业承包人将其承包的劳务再分包的。

在建设工程实践中，分包工程分为专业工程分包和劳务作业分包两种情况，但是对于工程再分包有两项原则：一是对于劳务作业单位，劳务作业分包禁止再分包；二是对于专业工程单位，允许将专业工程分包中的劳务作业部分再分包，禁止将非劳务作业部分再分包。该两类情形均属于违法分包行为。《房屋建筑和市政基础设施工程施工分包管理办法》第 9 条规定劳务作业承包人必须自行完成所承包的任务，第 14 条规定专业工程部分不得再分包。

在实务中，对于专业分包工程项目，在施工现场方面，建议施工组织设计方案或专项施工方案的编制人员应为专业分包单位员工，施工现场的实际施工单位签字人员应为专业分包单位员工；在工程资料方面，建议分包工程合同、专业工程施工组织设计方案、专项施工方案、分包工程价款支付、分包工程主要人员及相关社保记录等，均须保持一致，避免出现工程二次分包行为，进而被认定为违法分包。

第六，专业作业承包人除计取劳务作业费用外，还计取主要建筑材料款和大中型施工机械设备、主要周转材料费用的。

这是典型的“名为劳务分包，实为专业工程分包”的行为。施工劳务企业可以承担各类施工劳务作业，且不分等级和类别。但是，禁止劳务分包单位以劳务分包为名，超越资质承揽建设工程，在获取劳务作业费用之外，还获取主要建筑材料款项、大中型机械设备款项以及主要周转材料款项等这属于承接专业工程，将被认定为违法分包行为。可根据劳务分包单位承接工程施工范围，区分转包或违法分包。如果劳务分包单位承接了全部工程施工内容，仅向建设单位支付管理费，应当认定为转包；如果劳务分包单位除劳务作业外，还承接部分工程施工内容，即涉及主要建筑材料款项、中大型机械设备款项和主要周转材料款项等的，作为违法分包行为处理。

在实务中，建议对劳务分包合同承包范围和工作内容进行关注，避免出现采购主要建筑材料、采购主要周转材料、租赁大中型机械设备等内容。还应核查劳务分包合同约定价款占工程总承包合同约定价款的比例，如果劳务分包合同工程价款占比超过30%，并结合工程现场实际施工情况和工程价款支付记录，可能被综合判断为违法分包行为。

第七，施工合同没有约定，或未经建设单位同意分包的。

《建筑法》第29条和《建设工程质量管理条例》第78条均将该类情形认定为违法分包。一是在建设工程施工合同中，双方没有约定允许进行工程分包行为；二是没有取得建设单位同意或追认，但并非经建设单位同意或追认即为合法分包，如果分包单位存在其他违法分包行为，应当直接认定为违法分包。

有观点认为，该类情形并非效力性强制性规定，施工单位未取得建设单位认可的分包行为应属违约行为，属于建设单位与施工单位双方意思自治的范畴，可按照双方约定的违约责任进行处理，施工单位和分包单位并未取得责任承担的豁免，建设单位仍享有相应诉权。鉴于该规定的历史局限性，以及便于将来对法律规范进行调整，故将该类情形从《建筑工程施工发包与承包违法行为认定查处管理办法》中删去。

在实务中，笔者倾向于认为应结合工程现场实际施工情况，审查建设单位是否在分包单位资格报审表、分包同意书、补充协议上就分包行为进行签章确认，建设单位是否在会议纪要、情况说明、内部通知上表明清楚分包行为或者出席相关会议且未提出异议，建设单位是否在联系单、签证单、结算协议上签字认可分包行为等，证明建设单位是否对于分包行为同意。

案例案号：（2020）最高法民申2646号【主体结构的依据】

案情概要：《某工程合同书》中约定项目主体工程所需的力工、瓦工、抹灰工等由刘某某负责。对方认为内外墙抹灰应由刘某某负责。

裁判观点：根据《建筑工程施工质量验收统一标准》（GB 50300－2013）附录B关于建筑工程的分部工程、分项工程的规定，内外墙抹灰属于建筑装饰装修的子分部工程，不属于工程主体结构施工，故内外墙抹灰不属于刘某某应当负责施工的范围。

案例案号：（2018）最高法行再151号【劳务再分包】

案情概要：劳务分包单位将其承接的劳务分包工程再次分包给自然人董某。一方请求确认该行为系违法分包。

裁判观点：劳务分包单位自身属于具有建筑劳务资质的企业，其应使用自有劳务工人完成所承接的劳务项目，但其却又将劳务作业分包给自然人董某，该行为属于违法分包。

44. 多层转包、违法分包的中间转包单位、中间违法分包单位承担工程款支付的连带责任吗？

答：笔者倾向于认为，在多层转包、违法分包情形下，与实际施工人没有直接合同关系的中间转包单位和中间违法分包单位不承担支付工程价款的连带责任。

在多层转包、违法分包情形下，工程相关主体有建设单位、实际施工人、与实际施工人有直接合同关系的相对人以及与实际施工人没有直接合同关系的转包单位和违法分包单位。那么，转包单位和违法分包单位是否对实际施工人承担工程款支付责任？《新建设工程施工合同解释（一）》第43条并未予以明确规定，因此，在司法实践中对于该问题尚存争议。

有观点认为，其不承担支付工程价款的连带责任。因为中间转包单位、中间违法分包单位与实际施工人并无直接的合同关系，依据合同相对性原则，实际施工人无权向其主张工程价款，而且目前也尚无明确法律规定可以突破合同相对性。究其实质，导致工程款未予支付的根本原因在于建设单位，不应由多层转包、违法分包的中间单位对此承担连带责任，否则将导致各方权利义务失衡。

在法院的指导意见中，部分法院支持否定说。例如，最高人民法院民一庭认为，基于多次分包或者转包而实际施工的人，向与其无合同关系的人主张因施工而产生的折价补偿款没有法律依据。

也有观点认为，其应该承担欠付工程价款范围内的责任，或承担连带责任。在建设工程施工过程中，建设单位对于工程价款进行拖欠的情形较为常见，但多层转包、违法分包的中间单位亦存在拖欠转付的工程价款的情形，且与实际施工人相比其抗风险能力更强。要求多层转包、违法分包的中间单位在欠付工程价款范围内承担责任，或直接承担连带责任，有助于督促建设单位支付工程价款，可以更好地平衡各方关系。在法院的指导意见中，部分法院支持肯定说。例如，湖南省高级人民法院认为实际施工人向层层转包人或层层分包人主张给付工程价款，转包人或者违法分包人能够证明已经付清工程价款的，其前手转包人或违法分包人一般不再承担给付责任。

笔者倾向于否定说。多层转包或违法分包的中间单位无论是在欠付工程价款范围内承担责任，还是承担连带责任，均属于突破合同相对性原则，与上述司法解释第 43 条的效果相似，但目前尚无法律进行明确规定，应当严格限定第 43 条中“发包人”的定义和内容，不得进行任意扩张。因此，在没有法律规定和合同约定的情形下，不应再增加实际施工人追索工程价款的路径，减轻司法审判工作难度和提高时间利用效率，避免最终减损实际施工人的合法利益。

案例案号：（2023）新民申 1137 号【层层转包、分包不承担连带责任】

案情概要：建设单位将工程承包给施工单位，施工单位将部分工程分包给分包单位 A，A 又分包给 B，B 再分包给实际施工人，实际施工人请求与其无合同关系的分包单位A承担连带付款责任。

裁判观点：《新建设工程施工合同解释（一）》中的“转包人”“违法分包人”是指与实际施工人存在无效的转包、分包合同法律关系的当事人，其向实际施工人承担参照无效的转包、分包合同之约定支付工程款的责任。“转包人”“违法分包人”承担支付工程款之义务并未突破合同相对性。连带责任仅基于法律规定或当事人约定产生，法律无明文规定层层转包、违法分包中的实际施工人可以突破合同相对性向与其无合同关系的分包人、转包人请求支付工程款。因此实际施工人的诉请不应被支持。

45. 所有类型的实际施工人都能向建设单位主张工程价款吗？

答：借用资质及多层转包和违法分包关系中的实际施工人不能依据《新建设工程施工合同解释（一）》第43条的规定向建设单位主张工程价款。

《新建设工程施工合同解释（一）》第43条规定，实际施工人可以向建设单位主张工程价款，但是该条所称的“实际施工人”是有限制的。

最高人民法院民一庭法官会议讨论认为实际施工人不包括借用资质及多层转包和多层违法分包关系中的实际施工人，其不能依据《新建设工程施工合同解释（一）》第43条的规定向发包人主张工程款。主要理由为：本条涉及三方当事人两个法律关系。一是发包人与承包人之间的建设工程施工合同关系；二是承包人与实际施工人之间的转包或者违法分包关系。原则上，当事人应当依据各自的法律关系，请求各自的债务人承担责任。本条为保护建筑工人的利益突破合同相对性原则，允许起诉发包人，因此对该条的适用应当从严把握。本条只规范单层转包和单层违法分包两种法律关系，未规定借用资质的实际施工人以及多层转包和多层违法分包中的实际施工人有权起诉发包人。

对于多层转包和多层违法分包的情形，在2022年1月7日最高人民法院民一庭法官会议讨论发布之前，部分法院不区分实际施工人形成原因，允许突破合同相对性，认可实际施工人以《新建设工程施工合同解释（一）》第43条为依据起诉建设单位，例如在多层转包中，实际施工人不仅可以起诉合同相对人，还可以起诉建设单位，但不允许起诉多层转包中的其他人，其他人可以作为诉讼第三人参与诉讼。在2022年1月之后，则禁止多层转包和多层违法分包情形下的实际施工人突破合同相对性起诉建设单位，其也不得援引《新建设工程施工合同解释（一）》第43条之规定。

对于挂靠需要分情况进行处理。根据建设单位是否知悉借用资质的实际施工人，可以分为明知挂靠和不明知挂靠两类。

在明知挂靠情形下，实际施工人借用具有资质的施工单位名义承接工程，建设单位虽将工程发包给施工单位，但真实意思是将工程发包给实际施工人。虽然建设单位未与实际施工人签订施工合同，但双方构成事实合同关系，应由实际施工人向建设单位履行施工合同义务，其有权向建设单位请求支付工程价款。

在诉讼过程中，就明知挂靠情形，举证较为困难，对于建设单位、施工单位和实际施工人三方主体来说，施工单位更倾向于证明建设单位明知实际施工人的借用资质行为。在此情形下，整个三方主体的关系将被认定为挂靠而非转包，实际施工人向施工单位主张工程价款便缺少请求权基础，实际施工人应向建设单位请求支付建设工程价款。笔者倾向于从以下几方面举证证明明知挂靠：

一是建设单位积极促成挂靠。在建设工程项目招标投标阶段，建设单位已经具有意向施工人选，并与其进行磋商或签订意向性合同，但该施工人员并不具有相应的施工资质，即该实际施工人并不满足资质等级要求，故建设单位通过实际施工人所挂靠的施工单位与其签订施工合同。例如，实际施工人在施工合同签订前已经实际进场进行前期施工，并且建设单位对该情况明知且不反对，在施工过程中所发生的工程签证单、工程联系单和会议纪要等均由建设单位和实际施工人进行对接，可以证明建设单位对于借用资质行为不仅未提出反对，反而是积极促成的。此外，还有一类情形，即建设单位虽未积极促成挂靠，但在工程施工过程中系明知，在施工单位相关函件中或者实际施工人相关函件中有所体现。

二是实际施工人支付投标保证金、履约保证金等资金，建设单位未提出明确反对的。在招标投标过程中，本应由投标单位即施工单位支付相应保证金，但在挂靠关系中，会出现工程相关保证金由实际施工人直接出资，建设单位未提出明确反对的情形。此时保证金的缴纳主体和资金来源均与法律规定和合同约定不符，可以视为建设单位对于挂靠行为系明知。

三是建设单位直接向实际施工人支付工程价款。在建设工程施工过程中，可能由建设单位直接向实际施工人支付工程价款，包括但不限于工程进度款、工程结算款等。例如，实际施工人借用施工单位的资质与建设单位签订施工合同，其后工程项目所涉及的工程价款均由建设单位与实际施工人双方进行结算，并由建设单位直接向实际施工人进行支付，施工单位未提出反对，说明建设单位对该行为同样予以认可。

在不明知挂靠情形下，建设单位并不知晓实际施工人，建设单位的真实意思表示是与施工单位建立合同关系，因此其与实际施工人之间不构成事实合同关系，实际施工人不能向建设单位请求支付工程价款。同时，不明知挂靠的实际施工人不能再依据《新建设工程施工合同解释（一）》第43条的规定向建设单位提起诉讼，只能向合同相对方施工单位请求支付工程价款。

案例案号：（2019）最高法民申1901号

案情概要：施工单位与建设单位签订《某工程施工合同》后将工程转包给转包单位，转包单位再将工程转包给肖某，肖某诉请建设单位支付工程款。

裁判观点：肖某作为案涉工程层层转包关系的实际施工人，不能依据司法解释的规定向没有合同关系的建设单位主张工程款。

46. 实务中，一般如何认定指定分包？

答：笔者倾向于认为指定分包不违法，实务中，一般出现以下情形可认定为指定分包：（1）经建设单位选择，施工单位与分包单位签订分包合同，由建设单位对指定分包工程进行施工管理；（2）经建设单位选择，施工单位与分包单位签订分包合同，由建设单位对指定分包工程进行施工管理、工程价款结算等。

指定分包，又称“甲定分包”或“甲指分包”，主要系指施工单位根据建设单位的指令将建设工程专业部分交予建设单位选择的分包单位进行施工。

第一，关于指定分包的合同效力问题。

在《民法典》《建筑法》等相关法律法规下，并未明文规定指定分包的合同效力问题，且《新建设工程施工合同解释（一）》第1条导致施工合同无效的情形同样未涉及指定分包。该司法解释第13条规定指定分包单位分包专业工程造成建设工程质量缺陷的，发包人应当承担过错责任，同时规定施工单位有过错的，也应承担相应的过错责任。

2014年施行的《建筑工程施工转包违法分包等违法行为认定查处管理办法（试行）》（已失效）第5条规定了违法发包的八种情形，其中第七种就是“建设单位违反施工合同约定，通过各种形式要求承包单位选择其指定分包单位”。然而到了2019年《建筑工程施工发包与承包违法行为认定查处管理办法》实施时，其第6条所规定的违法发包行为被缩减为了五种，而指定分包就是这一次删减的三种情形之一。可以看出，对于指定分包这一行为管理部门采取了一种更为开放的态度。

故笔者倾向于指定分包并不会导致建设单位与施工单位签订的施工合同无效。

《上海市建筑市场管理条例》第26条“建设单位需要在施工总承包范围内确定专业分包单位”以及“建设单位需要将施工总承包范围外的专业工程另行发包”的规定，变相地肯定了指定分包的合法性，加重了施工单位的结算、付款责任。在工程实践中，建设单位总是处于强势地位，施工单位作为弱势群体，即便建设单位的要求会给施工单位增加负担，施工单位一般也不会拒绝。故该规定的结果是，指定分包单位或供应商的权利义务实际由建设单位与分包单位自行确定，施工单位只是在收到建设单位工程款后转付于指定分包单位或供应商。结合相关司法案例，对于指定分包情形，具体可以分为以下几类：一是在工程总承包合同中，由建设单位直接明确部分工程可以进行指定分包；二是在签订工程总承包合同后，建设单位就工程范围内的部分工程另行委托分包单位施工，由建设单位与分包单位就该部分工程签订分包合同；三是经建设单位、施工单位和分包单位三方协商后，签订三方协议约定，由建设单位直接向分包单位支付工程价款，或者先由建设单位向施工单位支付工程价款，在施工单位扣除相应管理费后，再由施工单位向分包单位进行支付。

第二，关于指定分包下工程质量不合格的责任承担问题。

质量问题应由建设单位、施工单位和分包单位分别就其过错承担责任。对于建设单位来说，建设单位的指定分包行为已经构成主要过错行为。在工程实践中，通常由建设单位来选定施工单位，再由施工单位根据工程或自身需求选择分包单位，最终由建设单位确认分包单位，此为合法合规的程序。但在指定分包情形下，施工单位甚至是建设单位有时都难以对分包单位进行实际管理，这将造成正常工程施工秩序的破坏。此外，建设单位可能还存在违法发包、指定未满足工程资质等级要求的分包单位等情形。对于施工单位来说，存在指定分包下工程质量不合格的情形。例如，施工单位明知建设单位提供的设计图或者施工图存在明显错误，并未提出意见或建议；施工单位对于建设单位所提供的主材、设备等不合格产品，未提出意见或建议仍然使用。对于分包单位来说，其作为分包工程的实际施工人，应当按照《建筑法》的规定，就其施工部分的工程质量和施工单位共同向建设单位承担责任。此外，分包单位还应对工程质量、工程保修等情况直接负责。

在实务中，笔者对于指定分包有几点建议：

一是施工单位在指定分包协议中应约定配合费，不要约定管理费。原因在于如果施工单位对指定分包单位收取一定管理费，施工单位可能会承担合同约定的义务。二是约定工程款支付及结算由建设单位和分包单位自行解决，与施工单位无关。三是在建设单位、施工单位、指定分包单位的三方协议中应当明确约定发包人的付款责任，明确承包人仅承担转付义务，不承担逾期付款的违约责任。四是如建设单位无力支付分包工程款或逾期支付分包工程款，指定分包单位不得向施工单位催讨工程款和起诉施工单位。

47. 实务中，一般如何认定违法发包？

答：实务中，一般出现以下情形可认定为违法发包：(1) 将工程发包给个人的；(2) 将工程发包给不具有相应资质的单位的；(3) 应招标而未招标的；(4) 限制、排斥投标人的；(5) 将一个单位工程分解后发包的。

违法发包，系指建设单位将工程发包给个人或不具有相应资质的单位、肢解发包、违反法定程序发包及其他违反法律法规规定发包的行为。一是资质违法，下述第一类和第二类是从工程资质方面对违法发包行为进行界定；二是程序违法，下述第三类和第四类是从工程发包程序上对违法发包行为进行界定；三是肢解发包，下述第五类是从该方面对违法发包行为进行界定。

第一，建设单位将工程发包给个人的。

假如建设工程项目无须具备资质要求，个人亦无权承接建设工程业务。在实践中，禁止个人承接工程项目。因承接主体为个人且不具备资质要求，属违法发包。对于建设单位将工程违法发包给个人的行为，根据《建设工程质量管理条例》第54条，应责令改正，处50万元以上100万元以下的罚款。

建设工程的施工需要一年或数年的周期，工程的施工需要多个部门相互协调、配合，个人不具备承揽建设工程的条件，所以法律将不具备承揽建设工程的法定资质与安全生产条件的个人排除在工程承建主体之外。建筑市场上经常出现个人以具备法定资质与安全生产条件的单位名义对外承揽建筑工程的情形，即挂靠行为。从建设单位的角度，如果建设单位未尽到审查义务将工程发包给个人，或明知实际承揽工程项目的是个人而非合格的单位，仍然将工程发包给个人所挂靠的单位，则显然构成违法发包。

第二，建设单位将工程发包给不具有相应资质的单位的。

《建筑法》第13条要求从事建筑活动须具备相应等级的资质证书。对于建设单位将工程违法发包给不具有资质等级的单位的行为，根据《建设工程质量管理条例》第54条，应责令改正，处50万元以上100万元以下的罚款。

第三，依法应当招标而未招标或未按照法定招标程序发包的。

依法应当招标而未招标或未按照法定招标程序发包，包括两点内容：一是工程为必须招标投标的建设工程项目；二是未招标或未按照法定招标程序发包。值得注意的是，不需要招标的建设工程项目经过招标投标后，也受《招标投标法》的约束，违反法律规定的仍属于违法发包。对于建设单位违法发包未按招标投标程序进行的行为，根据《招标投标法》第49条，应责令限期改正，可以处项目合同金额5‰以上10‰以下的罚款；对全部或者部分使用国有资金的项目，可以暂停项目执行或者暂停资金拨付；对单位直接负责的主管人员和其他直接责任人员依法给予处分。

第四，建设单位设置不合理的招标投标条件，限制、排斥潜在投标人或者投标人的。

《建筑法》第16条规定的公开、公正和平等竞争的原则，是建筑工程发包与承包的招标投标活动应当遵循的基本原则，建设单位不得设置不合理的招标投标条件，限制、排斥潜在投标人或者投标人。审查投标人的投标资格是招标人的一项权利，但由于资格审查的结果可能直接导致潜在投标人、预选中标人投标或中标资格的丧失，如果招标人滥用这一权利，将会直接侵害潜在投标人的合法权益，影响招标的正常进行。对于建设单位违法发包设置不合理条件的行为，根据《招标投标法》第51条的规定，应责令改正，可以处1万元以上5万元以下的罚款。

第五，建设单位将一个单位工程的施工分解成若干部分，发包给不同的施工总承包或专业承包单位的。

《民法典》第791条、《建筑法》第24条、《建设工程质量管理条例》第

78 条等法律法规均禁止此类发包。对于建设工程应当如何进行最小尺度划分的问题，根据《建筑工程施工发包与承包违法行为认定查处管理办法》第 6 条，应将工程范围限缩至“单位工程”。再根据《建设工程分类标准》，单位工程是指具备独立施工条件并能形成独立使用功能的建筑物或构筑物，是单项工程的组成部分，可分为多个分部工程。除单独立项的专业工程外，建设单位不得将一个单位工程的分部工程施工发包给专业承包单位。综上，建设单位不得将包括地基与基础工程、主体结构工程、建筑屋面工程、建筑装饰装修工程等分部工程在内的一个单位工程发包给多个施工单位，否则将被认定为违法发包的肢解分包情形。对于建设单位将工程违法进行肢解分包的行为，根据《建设工程质量管理条例》第 55 条，应责令改正，处工程合同价款 0.5% 以上 1% 以下的罚款；对全部或者部分使用国有资金的项目，并可以暂停项目执行或者暂停资金拨付。

六、工程价款结算

48. 施工单位与建设单位就同一建设工程订立的数份建设工程施工合同均无效，但建设工程质量合格，如何进行结算？

答：一般参照施工单位与建设单位实际履行的合同中关于工程价款的约定折价进行结算，如果实际履行的合同难以确定，则参照最后签订的合同中关于工程价款的约定折价进行结算。

《新建设工程施工合同解释（一）》第24条明确规定了施工单位与建设单位就同一建设工程订立的数份建设工程施工合同均无效，但建设工程质量合格情形下的结算原则，即“参照实际履行的合同”的约定折价补偿施工单位。

笔者认为，本条是针对多份合同无效情形下如何结算工程价款的一般性规定，即只要工程经竣工验收合格，无效合同就工程价款进行了约定，一般应当参照实际履行的合同的约定结算工程价款。

确定这一标准的原因在于：一份意思表示真实的施工合同中的价格，体现了合同当事人居于其所在领域的专业判断，经过了成本利润的精细核算以及合同当事人之间的竞价博弈等最终确定，该约定价格体现了当事人的真实意思表示。虽然施工合同无效，但施工单位已经完成了合同的履行，施工工人付出了全部的劳动，且工程验收合格，建设单位取得了合格的工程，这是施工单位获得报酬的法理基础。参照双方实际履行的施工合同结算，体现了民法上的公平原则。

确定双方实际履行的施工合同通常是实务中的难点，需要结合施工范围、合同签订及磋商的过程、已支付工程价款情况等进行综合认定。本条第2款规定了兜底条款，即不能确定实际履行的合同的，如不存在工程设计发生重大变更等事由，则应参照最后一份签订的合同结算。

在适用本条时，应注意以下几个问题：

第一，建设工程施工合同无效，但建设工程经竣工验收合格，施工单位可以请求参照合同约定支付工程价款。该条规定并非将无效合同做有效处理，给付的工程价款的金额仍系“参照”实际履行的合同，并非“依据”，仅是基于建设工程施工合同的特殊性，确立的一种折价补偿的方式。建设工程施工通常属于劳动密集型行业，欠付的工程款项多属于施工人员的劳动报酬，贸然按照一般的合同无效的规则进行处理，极易引发严重的社会问题。参照实际履行的合同关于工程价款的约定折价补偿承包人的安排，既体现了尊重当事人意思自治的原则，也维护了合同效力制度的严肃性。

第二，确定参照的合同时，要以该合同是否为建设单位与施工单位达成的真实合意为判断标准，该合意可以通过缔约双方在合同中体现的真实意思表示，并结合双方对合同的履行予以判断。

第三，一般而言，本条规定里的“当事人”是指同一建设工程的建设单位与施工单位。没有资质的实际施工人借用有资质的施工单位名义与他人签订建设工程施工合同的，也属于本条所指的无效建设工程施工合同当事人。还有一种情形即建设单位将建设工程发包给施工单位以后，施工单位又将其转包给第三人或违法分包给第三人。此时，在施工单位与转包第三人或违法分包第三人之间也存在无效建设工程施工合同。该无效建设工程施工合同中的建设单位是原建设工程施工合同中的施工单位，该无效建设工程施工合同中的施工单位是转包第三人或者违法分包第三人。故转包或者违法分包都有可能成立无效建设工程施工合同，属于本条规范对象。至于转包第三人或违法分包第三人则因与原建设工程施工合同建设单位没有直接关系，根据合同相对性，彼此之间不成立无效建设工程施工合同。

值得思考的是，如建设工程质量不合格，应如何结算折价补偿款。前面已述，建设工程竣工验收合格（工程质量合格）或已施工部分工程质量合格，建设单位才有收益。相应地，施工单位才能主张不当得利返还。如果建设工程质量不合格，说明该工程质量存在严重问题，建设单位即便接收了该建设工程也无法加以利用。如果该建设工程质量不合格是由于施工单位原因所致，此时，如果还要建设单位为一个不能使用的建设工程向施工单位支付折价补偿款，对建设单位而言有失公平。对此，《民法典》第793条第2款、第3款规定，建设工程施工合同无效，且建设工程经验收不合格的，按照以下情形处理：（1）修复后的建设工程经验收合格的，发包人可以请求承包人承担修复费用；（2）修复后的建设工程经验收不合格的，承包人无权请求参照合同关于工程价款的约定折价补偿。发包人对因建设工程不合格造成的损失有过错的，应当承担相应的责任。

案例案号：（2019）最高法民申6923号

案情概要：建设单位与施工单位签订施工合同合计五份，包括2010年8月16日合同、2010年8月18日补充协议1、2010年8月18日补充协议2、2013年5月8日合同、2014年2月27日协议。虽然上述合同均因违法而无效，但案涉工程已交付使用，故视为建设工程质量合格。

裁判观点：当事人就同一建设工程订立的数份建设工程施工合同均无效，但建设工程质量合格，一方当事人请求参照实际履行的合同结算建设工程价款的，人民法院应予支持。关于实际履行的合同，应结合合同签订时间、合同内容、合同是否系双方真实意思表示等因素综合判断。当事人就同一或者相关事项签订多份合同且没有特别说明的情况下，各方权利义务的确定原则上应遵循以后签订的合同为准的原则，后签订的合同未涉及或者未约定的仍遵守先签订的合同的约定，但有证据证明后签订的合同并非实际履行的合同的除外。本案中，无论从时间顺序上看还是从形式上看，建设单位与施工单位实际履行的是2010年8月16日合同和2010年8月18日补充协议1，而非2010年8月18日补充协议2及2013年5月8日合同。

49. 建设单位与施工单位达成结算协议后又以合同无效为由反悔应如何处理?

答：建设单位与施工单位已达成结算协议的按照结算协议结算，不能以合同无效为由否定结算协议的效力，但如果其中一方以结算协议无效为由申请鉴定，则法院一般会分情况对待。

根据笔者的检索和研究，建设单位与施工单位达成结算协议之后一方反悔的，综观相关规定和实践判例，笔者倾向于认为建设单位与施工单位就建设工程价款自行达成结算协议后，一方又以建设工程施工合同无效为由，否定结算协议确定的工程价款的，法院一般不予支持。相关规定包括：《新建设工程施工合同解释（一）》第29条、《湖南省高级人民法院关于审理建设工程施工合同纠纷案件若干问题的解答》第8条（该条明确了即使建设工程施工合同无效，也不能否定结算协议的效力）、《山东省高级人民法院民一庭关于审理建设工程施工合同纠纷案件若干问题的解答》第2条、《北京市高级人民法院关于审理建设工程施工合同纠纷案件若干疑难问题的解答》第7条、《陕西省高级人民法院关于审理建设工程施工合同纠纷案件若干问题的解答》第3条等。

以上各地法院除了湖南省、陕西省以及山东省高级人民法院明确了即使建设工程施工合同无效也不能否定结算协议的效力，其他各地法院先前的解答乃至最高人民法院最新的司法解释的规定中，似乎并未明确建设工程施工合同无效情形下的结算问题，至此可以明确的一点是：一般就建设工程施工合同工程价款结算后，在建设工程施工合同有效的情况下，双方签订的结算协议有效，按照当事人意思自治的原则，一方反悔要求重新结算或要求进行鉴定的，法院不予准许。那么建设工程施工合同无效的情形应当如何处理?

值得注意的是，最高人民法院民一庭2022年第3次法官会议纪要认为建设工程施工合同无效，但是建设工程经验收合格的，建设单位与施工单位就工程价款（折价补偿款）的数额、支付方式和时间作出约定，是双方的权利，是自愿原则的体现，并不违反法律的强制性规定。故建设工程施工合同无效不影响结算协议的效力。但即便如此，建设单位与施工单位基于无效建设工程施工合同签订的建设工程价款结算协议是否无效，在实务中依然存在一定的争议。

根据笔者的研究和相关判例来看，笔者倾向于认为建设工程价款结算协议是与建设工程施工合同相互联系但彼此独立的协议，在多数情况下，建设工程施工合同的效力不会影响结算协议的效力，具体理由为：首先，建设单位与施工单位是以建设工程施工合同为基础签订的建设工程价款结算协议，两者具有关联性；其次，随着施工进程的推移，可能出现设计变更、工程范围变化、规划指标调整、建筑主材价格大幅波动等新情况，建设工程施工合同会逐渐呈现出滞后性，故建设单位与施工单位签订的建设工程价款结算协议往往不会严格遵循建设工程施工合同的约定，具有其自身的独立性。因此，建设工程价款结算协议源自建设工程施工合同，但又不同于后者，应被视为独立协议，而非指建设工程施工合同的结算和清理条款。根据《民法典》第143条的规定，如建设单位与施工单位签订的建设工程价款结算协议满足上述构成要件，笔者倾向于认为一般应认定其有效。进而，建设工程施工合同即便被认定为无效，建设工程价款结算协议也不随之当然无效。退一步而言，即便建设工程价款结算协议无效，也涉及不当得利的返还，根据《民法典》第793条的规定，一般应参照最符合建设单位与施工单位真实意思表示的建设工程价款结算协议进行结算。

建设工程价款结算协议无效或被撤销后，建设单位或施工单位申请工程造价鉴定的，一般应依情形分别进行处理。

在司法实践中，建设单位或施工单位为了摆脱建设工程价款结算协议的约束，经常会在诉讼中主张该协议无效或撤销该协议。对此，法院一般会结合相关法律法规，区分不同情况来进行处理：其一，如果建设单位或施工单位主张撤销结算协议时已符合法定撤销权消灭的情形，则其因撤销权消灭而撤销结算协议的主张不能得到支持。进而，结算协议因没有被撤销仍然有效。故建设单位或施工单位一方在诉讼中申请鉴定，法院一般不予准许。其二，如果建设单位或施工单位主张撤销结算协议能够成立，则结算协议将因被撤销而不存在。此时，建设单位或施工单位能否请求参照结算协议计算建设工程价款？依据《民法典》第148条至第151条有关民事法律行为可撤销事由的规定，结算协议被撤销的原因通常是结算协议违背了建设单位或施工单位的真实意思，所以，一旦结算协议被撤销，建设单位或施工单位关于工程价款的真实意思就无法确定。相应地，建设单位或施工单位如以工程价款这一基本事实问题认定不清为由申请鉴定，法院一般会准许。

案例案号：（2021）最高法民申6250号

案情概要：施工单位承接工程后，将工程分包给分包单位，分包单位又将工程分包给陈某，并与陈某签订了《施工合同》，后双方又签订了《补充协议》，约定变更结算金额。

裁判观点：陈某与分包单位签订的《施工合同》虽因陈某不具有建设工程的资质应属无效，但双方签订的《补充协议》的主要内容是变更结算总金额，即《补充协议》系结算性质的协议。原审判决据此认定《补充协议》内容不违反法律禁止性规定，应属有效合同，并无不当。

50. 建设单位与施工单位未签订书面的建设工程施工合同应当如何进行结算？

答：双方未签订书面的施工合同，但能证明事实的施工合同关系的，依据事实施工合同进行结算；没有办理工程签证等手续的，一般按照市场价格进行结算。

根据《民法典》第789条和第490条可知，虽然法律明确规定建设工程

施工合同应当采用书面形式，但由于一些特殊情况，有些建设工程的建设单位与施工单位在没有签订工程施工合同的情况下，就已经开始了施工。若双方发生争议，就没有合同依据。这样的情况，法律上怎么处理？笔者倾向于认为，这个问题要区分不同场景进行分析。

第一种场景，《民法典》第490条第2款规定，法律、行政法规规定或者当事人约定合同应当采用书面形式订立，当事人未采用书面形式但是一方已经履行主要义务，对方接受时，该合同成立。因此，即使建设单位与施工单位未签订书面的建设工程施工合同，但有证据证明事实合同已经成立，则双方应按照事实合同约定的结算原则进行结算。这种情况下，双方可能会约定按照定额、市场价或者其他结算原则进行结算，则双方应按照约定结算。

第二种场景，如果没有证据证明双方形成的事实合同对结算原则进行了约定，则根据《民法典》第511条第2项“价款或者报酬不明确的，按照订立合同时履行地的市场价格履行；依法应当执行政府定价或者政府指导价的，依照规定履行”的规定，应当按照市场价格进行结算。

上述两种场景的结算处理系一般的处理原则，但第二种场景的结算处理方式在实践当中争议较大，故笔者对此进行进一步论证分析，以供读者进行参考。

首先，在实践中有观点认为应当按照定额进行结算，笔者认为该观点并没有真正理解法律和司法解释的相关规定。赞成者无非以《新建设工程施工合同解释（一）》第19条第2款的规定作为其支撑依据，但该规定按照定额结算的理解是错误的，理由为《新建设工程施工合同解释（一）》第19条第2款适用的前提是施工过程当中存在设计变更，未规定合同无效、合同约定不明或者没有约定的情形按照定额进行结算。因此，双方只有在设计变更的情形方可适用本条按照定额进行结算。

其次，为何建设单位与施工单位未签订书面的建设工程施工合同且未约定工程价款的结算原则就应当按照市场价格进行结算呢？

笔者认为，建设单位与施工单位未签订书面的施工合同，但能证明双方存在事实施工合同，则合同成立，那么依据《民法典》第511条第2项应当按照市场价进行结算，具体理由如下：

第一，《民法典》第511条第2项规定价格约定不明依法应当执行政府定价或者政府指导价，建设工程合同是合同的一种，受原来的《合同法》调整，现在由《民法典》调整，本条规定价款或者报酬不明确的，按照订立合同时履行地的市场价格履行，依法应当执行政府定价或者政府指导价的，依照规定履行。根据最高人民法院民一庭的观点，定额属于政府指导价不属于市场价是没有争议的。

第二，《中华人民共和国民法典理解与适用·合同编（三）》明确应按照市场价进行结算，主要理由为："《民法典》第793条规定如合同无效，则参照当事人约定，折价返还施工单位；如当事人不能举证证明双方对工程价款达成一致，按照市场造价进行鉴定确定支付工程价款或折价返还的金额。"因此，最新的法律法规及相关理解与适用也持该观点。

最后，笔者提醒建设单位以及施工单位，建设工程书面合同是直接认定双方之间合同关系的直接证据、初步证据和有效证据。如果双方没有签订书面合同，首先需要证明涉案工程的一部分或者全部由自己施工的工程价款如何计价，以及工程施工范围是什么。若经证明证明成立，则发生举证责任转移的后果，即由相对方做合理解释，诸如在不存在合同关系的情况下为什么由对方施工，是否将该工程分包给其他人，是否有确切证据证明等。

在诉讼当中，原告的举证内容涉及：如何确定原告实际施工、如何确定原告施工范围、如何确定原告施工完成并合格、谁对原告发出的施工要约以及施工工程价款的计算规则等。被告则举证或抗辩：是不是原告施工、谁对原告发出的施工要约、原告施工是否合格以及施工工程价款的规则等。诉讼证据则会涉及结算书、联系单、签证单、付款记录、聊天记录以及通话记录等。

案例案号：（2017）最高法民申829号

案情概要：施工单位在双方未签订建筑工程施工合同的情况下，经建设单位同意进场施工。后双方因结算、复工问题未达成一致，施工单位起诉，要求解除与建设单位之间的事实施工合同。

裁判观点：法律、行政法规规定或者当事人约定采用书面形式订立合同，当事人未采用书面形式但一方已经履行主要义务，对方接受的，该合同成立。施工单位与建设单位虽未就案涉工程订立书面合同，但是施工单位已履行了部分施工义务，建设单位亦予认可并接收了施工单位的工作成果，则双方已形成事实上的建设工程施工合同关系。

51. 非必须招标的建设工程进行招标后的施工合同如何进行结算？

答：原则上以中标合同作为结算建设工程价款的依据；双方另行订立的建设工程施工合同背离中标合同的实质性内容的，也应以中标合同作为结算建设工程价款的依据，但建设单位与施工单位因客观情况发生了在招标投标时难以预见的变化而另行订立建设工程施工合同的除外。

《新建设工程施工合同解释（一）》第23条明确了非必须招标的工程项目招标后以中标合同作为结算工程价款的依据，且建设单位与施工单位另行签订的建设工程施工合同不能背离中标合同的实质性内容，否则还应按照中标合同进行结算，除非客观情况发生变化。除了最高人民法院的司法解释之外还有诸如高级人民法院的纪要等对此也作出过说明，比如《山东省高级人民法院关于印发全省民事审判工作会议纪要的通知》。对本条可以从以下几个角度进行理解，具体为：

第一，非必须招投标的项目是否也要像必须招投标的项目一样以中标合同作为结算的依据？

首先，从《招标投标法》的管辖范围来讲，该法第2条规定，在中华人民共和国境内进行招标投标活动，适用本法。该条规定并未区分依法必须招标的工程项目和非必须招标的工程项目，而是从管辖的地域范围上进行限定，规定清楚明确，不存在其他解释。

其次，从《招标投标法》的具体条款来看，并未区分依法必须招标的工程项目和非必须招标的工程项目，而是统一对招标投标活动进行规范。特别是在涉及签订合同这一重要事项时，《招标投标法》第 46 条未明确规定该事项不适用于非必须招标的工程项目。从立法技术上讲，法律已经明确规定招标投标活动应遵循该规范，招标人、中标人当然应当根据招标文件订立书面合同，且不得再行订立背离合同实质性内容的其他协议。

再次，从招标投标活动的价值和意义来讲，《招标投标法》第 1 条开宗明义地提出，《招标投标法》的制定是为了规范招标投标活动，保护国家利益、社会公共利益和招标投标活动当事人的合法权益，提高经济效益，保证项目质量。对于非必须招标的工程项目而言，虽然其在一定程度上与社会公共利益的关系不是特别明显，但这并不代表非必须招标的工程项目与社会公共利益无关，并不代表行政管理机关对其不需要监管，也当然不能得出其不适用《招标投标法》的结论。招标工程项目适用《招标投标法》，接受行政管理机关的监督与当事人的缔约自由并不矛盾。

复次，对于非必须招标的工程项目按照中标合同结算工程价款并未侵犯当事人的合同自由，在社会主义市场经济条件下，尊重合同自由当然是一项基本原则，当事人选择通过何种方式缔结合同是一项基本的民事权利。对于非必须招标的工程项目，当事人可以选择通过谈判直接发包的方式缔结合同，既可以选择通过中介方从中协调的方式缔结合同，也可以选择通过招标投标的方式缔结合同，该项自由法律并未加以限制。当事人选择通过招标投标方式缔结合同，则自然必须遵守法律确定的规则，而不能将招标投标程序视为可有可无的存在，一旦违反了法律规定，就必须承担法律规定的后果。签订中标合同后另行签订背离中标合同实质性内容的协议，表面上看是合同自由，但其背后却是对法律的违背。合同自由虽然是合同法的基本原则，但自由并不是没有边界的，自由必须在法律规定的权限、范围内才有其意义。因此，不能以合同自由作为签订背离中标合同实质性内容的其他协议的借口。

最后，订立中标合同后客观情况如果没有发生重大变化，招标人、中标人另行订立背离中标合同实质性内容的协议对于其他投标人以及招标投标秩序均会产生相应的损害。有观点认为，其他投标人有损失的可以要求招标人、中标人承担赔偿责任，而不必限制当事人的契约自由，当事人另行订立合同对市场秩序并无损害。这种观点是前后矛盾的，既然承认招标人、中标人另行订立合同有可能造成其他投标人的损失，那么产生损失的后果实质上就是对招投标秩序的破坏，对于市场秩序的破坏。从这一角度理解也不应以当事人另行订立的合同作为结算工程价款的依据。

第二，实践中应注意内部招标的情形，根据实际情况区分对待。

《招标投标法》第 10 条规定招标分为公开招标和邀请招标，实践中还存在内部招标的情形。内部招标活动中招标人的自主性强，一般招标人自己编制招标文件并组织评标，不在公共交易市场进行，很多情况下招投标活动也不在招投标行政主管部门备案。

一种观点认为，招投标是指在公共交易平台进行的“场内招标”，企业内部组织的招投标系企业内部行为，并非《招标投标法》意义上的公开招标行为。另一种观点认为，在中国境内进行的招标投标活动，均适用《招标投标法》。

最高人民法院倾向于认为，所谓内部招标在多数情况下并非限于企业内部，有一定的公开性，投标人也具有一定的不特定性，只是招标人自认为其招标行为属于内部行为，不应受到《招标投标法》以及监管部门的约束。笔者根据实践经验也倾向于此观点。需要注意的是，由于内部招标并不是严谨的法律术语，实践中无论内部招标冠以何种名称，都要严格审查其是否属于《招标投标法》规定的招投标活动，在符合《招标投标法》规定的情况下，内部招标中的自主招标、场外招标等活动发生相关争议时应适用《招标投标法》的规定。但是，招投标活动完全局限于企业或单位内部，不涉及企业之外第三人的信赖利益，未扰乱基本的招投标市场秩序的，一般不适用《新建设工程施工合同解释（一）》第23条的规定。

案例案号：（2019）最高法民终1356号

案情概要：建设单位经过招投标与施工单位签订EPC总承包合同，但EPC总承包合同之《合同协议书》约定的工程价款背离投标文件及澄清文件所确定的工程固定价款总额。

裁判观点：EPC总承包合同之《合同协议书》第3条等对于工程价款的约定，背离中标合同的实质性内容，应当确认无效。当事人请求以中标合同作为结算建设工程价款的依据的，人民法院应予支持。

52. 中标通知书发出后，建设单位与施工单位因各种原因最终没有签订书面合同，那么在此情况下当事人应如何进行工程价款的结算？

答：如果施工单位已经进场施工，建设单位也予以接受，以招投标文件作为结算工程价款的依据；如果双方因为施工等细节原因还没有达成一致或一方悔标而不愿意签订施工合同，那么双方未开始履行招投标文件确定的权利和义务，故不存在结算问题。

笔者倾向于认为，建设单位发出中标通知书以后合同即成立并产生法律效力，建设单位与施工单位依法应当按照招投标文件订立书面合同，而书面的合同只不过是双方对已成立的合同关系的进一步确认和对细节的一种补充，它并不影响双方之间已形成的合同关系。这更符合《民法典》以及《招标投标法》的相关规定，既有利于保护守约方的合法权益，也有利于招标投标秩序的稳定和诚实守信的良好市场氛围的形成，具体法律依据和理论分析如下：

第一，从相关法律规定来看，没有书面的施工合同一般也不会影响双方的结算。

虽然《招标投标法》第46条规定了招标人和中标人应当自中标通知书发出之日起30日内，按照招标文件和中标人的投标文件订立书面合同，但是从《新建设工程施工合同解释（一）》第22条等相关规定的文义上来看，招标文件、投标文件、中标通知书等可以作为结算工程价款的依据，也即建设单位和施工单位并不一定要有书面的施工合同作为依据。

第二，招标投标过程符合《民法典》第471条关于通过要约、承诺方式订立合同的基本理论。

实务界倾向于认为，建设单位发出中标通知书，即产生在招标人、中标人之间成立书面合同的效力，招标投标过程符合《民法典》第471条关于通过要约、承诺方式订立合同的基本理论。

首先，《民法典》第473条已明确规定招标公告属于要约邀请，而招标文件实质上是招标公告内容的具体化，所以也属于要约邀请的范畴。投标是投标人按照招标人招标公告或投标邀请书的要求，在规定的期限内向招标人发出的包括合同主要条款等实质性响应的意思表示，以达到订立合同的目的。作出实质性响应，表现为提交投标文件。投标人提交的投标文件应当包括招标项目的技术要求、投标报价要求和评标标准等所有实质性要求和条件以及拟签订合同的主要条款。投标系投标人希望和招标人订立合同的意思表示，属于要约。

其次，招标人收到投标文件后，经过法定的开标、评标、定评程序确定中标人，招标人向中标人发出中标通知书的行为，其法律性质属于《民法典》第479条规定的承诺。依据《招标投标法》第45条的规定，中标人确定后，招标人应当向中标人发出中标通知书，中标通知书发出后，招标人改变中标结果的，或者中标人放弃中标项目的，应当依法承担法律责任。根据此规定，中标通知书发出后，即产生约束招标人、中标人的法律效果。《招标投标法》对于中标通知书这一承诺方式的生效时间采用的是发信主义，即只要招标人将中标通知书发出，中标通知书即生效。

最后，根据《民法典》第483条“承诺生效时合同成立”的规定，在招标投标程序中中标通知书为招标人作出的承诺，中标通知书一经发出即生效，承诺即生效，故中标通知书发出后合同成立并生效。

因此，中标通知书发出后，确定双方权利义务的依据应当是招标文件、投标文件以及中标通知书，这些文件即构成双方之间的书面合同，而《招标投标法》第46条规定的书面合同只是对招投标文件以及中标通知书的进一步确认和明确。招标人、中标人通过招投标程序订立并生效的合同与《招标投标法》第46条规定的书面合同可以并行，二者从《招标投标法》的立法意旨上看并不矛盾，且《招标投标法》亦未要求后者与招标文件、投标文件完全保持一致。《招标投标法》只是规定招标人、中标人不得再行订立背离合同实质性内容的其他协议，双方就同一工程订立多个合同，在实践中有其现实需要，在《民法典》中亦无禁止性规定。

综上，关于中标通知书发出后，建设单位与施工单位双方因各种原因最终没有签订书面合同，如何确定双方结算工程款的依据就比较清晰了。总体来说，对此问题要区分不同的情况，首先，双方未签订书面合同，但中标人已经实际进场施工，招标人亦接受的，根据上述分析，双方事实上已经在履行双方根据招投标文件订立的合同，招投标文件的内容对于双方具有约束力。虽然双方之间不存在中标合同，但这并不影响双方根据招投标文件确定各自的权利义务，故双方请求将招投标文件作为结算工程价款的根据的，法院一般会支持。其次，如果双方因为在工程施工细节方面没有达成一致或者一方悔标而不愿意签订建设工程施工合同，那么双方尚未开始履行招投标文件确定的义务，此时则不存在结算工程价款的问题。

案例案号：（2016）最高法民再11号

案情概要：建设单位向设计单位发出了中标通知书，但双方未正式签订书面的建设工程设计合同。

裁判观点：判断合同是否成立取决于双方当事人对合同的主要条款是否经过要约和承诺两个阶段并最终达成合意，双方当事人对合同的主要条款达成合意，意思表示一致时，合同即告成立。经过招投标的合同，中标通知书生效后，双方的合同权利义务关系已经明确，合同的主要条款已经确定。中标通知书性质应为承诺，中标通知书到达设计单位时承诺即生效。故双方当事人之间的建设工程设计合同已经成立。

53. 以房抵债协议在工程结算中应如何处理，其效力如何？

答：一般应区分不同情形进行处理。如果是让与担保，法院会按照让与担保的规定处理。如果是以房抵债，也会分不同情况处理：其一，履行期届满后达成的以房抵债协议法院一般会支持；其二，履行期届满前达成的以物抵债协议，法院一般会要求根据原债权债务关系另外提起诉讼。

《全国法院民商事审判工作会议纪要》（以下简称《九民纪要》）第 44 条、第 45 条以及第 71 条等规定系最高人民法院对以房抵债协议和让与担保如何处理的最新规定。在实践当中，无论是处理以房抵债协议抑或让与担保法律问题，都应该从性质上准确区分出两者，方能精准依据具体的规定作出相应的判断，即如果性质上属于让与担保就按照让与担保的法律规定处理，如果是以房抵债就按照以房抵债的法律规定处理，不可错误地适用法律。

笔者倾向于认为，为了正确处理以房抵债协议的法律问题，除了需要从法律性质上准确区分以房抵债协议和让与担保以外，还要从其他角度如概念上去理解。

首先，何为以房抵债协议？目前，我国在立法中尚未对以房抵债进行明确定义，一般认为以房抵债可以作为以物抵债的形式之一，即《九民纪要》第 44 条涉及的“以物抵债协议”。现行涉及界定以物抵债的规定包括《中国银行以物抵债管理办法（试行）》《交通银行以物抵债管理办法》《江苏省高级人民法院关于债权债务案件审理中以物抵债问题的纪要》等，根据上述相关规定可以总结出，以物抵债是指债务人与债权人约定以债务人或经第三人同意的第三人所有的财产折价归债权人所有，用以清偿债务的行为，其目的在于以他物抵付债务，实现债务消灭的法律效果。

其次，何为让与担保？有观点认为，让与担保有广义和狭义之分。根据是否有关于回赎的约定，广义的让与担保又可以分为买卖式担保和让与式担保。买卖式担保是指以买卖方式进行融资，并约定债务人在一定条件下可将该标的物回购，债权人对于担保物的权利仅有期待权；而让与式担保是指债务人（或第三人）为担保债务清偿，将担保标的物的所有权移转给债权人，在债务清偿之后，标的物的所有权回归于担保人，如果债务届时未能得到清偿，债权人有权就担保物优先受偿。

因此，笔者认为如果用更简单更直白的语言区分两者以便于非法律专业的读者理解，以物抵债可以理解为，建设单位用房屋抵扣欠付施工单位的工程款，本质上是将房屋的所有权永久地转移给施工单位用于抵扣债务；而让与担保虽然也是将房屋所有权转移至施工单位，但本质上是用于担保其按时还款，因此其按时还款后，房屋的所有权还是需要转回建设单位。

综上所述，在准确区分以房抵债和让与担保的基础上，建设单位或施工单位才能更准确地适用相应的法律规定以达到保护自身合法权益的目的。根据上述《九民纪要》第44条、第45条以及第71条等相关规定，一般法院会这样处理：

第一，如果是让与担保。

即建设单位与施工单位订立合同，约定将房屋形式上转让至施工单位名下，如建设单位到期支付了欠付的工程款，施工单位依法应将该房屋返还给建设单位；如果建设单位到期没有支付工程款，则施工单位依法可以对该房屋进行拍卖、变卖、折价偿还工程款。法院一般会认定该让与担保合同是有效的。

第二，如果是以房抵债。

此时则要分两种情形进行处理：其一，工程款到期后双方达成了以房抵债协议，而房屋尚未交付施工单位，施工单位请求建设单位交付的，法院一般会着重审查以房抵债协议是否存在恶意损害第三人合法权益等情形，避免虚假诉讼的发生。如果不存在以上情况，且无其他无效事由，法院一般会支持。其二，工程款到期前双方达成了以房抵债协议，但抵债的房屋尚未过户给施工单位的，一般法院会要求施工单位根据原债权债务关系另行提起诉讼。

案例案号：最高人民法院指导案例72号

案情概要：汤某等四人与某房地产公司先后签订多份借款合同取得对某房地产公司的借款债权。债权到期后，某房地产公司未偿还借款本息。双方签订多份商品房预售合同用以偿还借款本息，并向当地房屋产权交易管理中心办理了备案登记。

裁判观点：双方协商一致终止借款合同关系，建立商品房买卖合同关系，并非为双方之间的借款合同履行提供担保，而是借款合同到期某房地产公司难以清偿债务时，通过将某房地产公司所有的商品房出售给汤某等四位债权人的方式，实现双方权利义务平衡的一种交易安排。该交易安排并未违反法律、行政法规的强制性规定，尊重当事人嗣后形成的变更法律关系性质的一致意思表示，是贯彻合同自由原则的题中应有之义。某房地产公司所持本案商品房买卖合同无效的主张，不予采信。

54. 建设工程施工合同约定工程价款实行固定价结算，因设计变更导致工程量或者质量标准发生变化，建设单位或施工单位请求对工程价款进行调整如何处理？

答：建设单位和施工单位约定按照固定价结算工程价款，在合同约定的风险范围和风险费用内，按照合同约定执行。因设计变更导致建设工程的工程量或者质量标准发生变化，如果合同对工程价款调整的计算方法有约定，依照其约定；没有约定或者约定不明，由双方协商解决。不能协商一致的，可以参照合同约定标准对变更部分予以结算；无法参照合同约定标准结算的，可以参照工程所在地建设行政主管部门发布的计价方法或者计价标准结算。涉及新材料、新工艺等在建设行政主管部门发布的计价方法或者计价标准中没有规定的项目，可根据市场行情据实结算。

根据笔者的实践经验以及相关法律规定来看，该问题简言之一般分为三种情况来处理：其一，约定按照固定价结算工程价款的合同，在合同约定的风险范围之内的，不予支持鉴定请求。其二，设计变更导致工程量或者质量标准变化时，有约定的按约定执行；没有约定的参照合同约定对变更部分予以结算，无法参照合同约定结算的参照工程所在地建设行政主管部门发布的计价方法或者计价标准结算。其三，新材料、新工艺等在建设行政主管部门发布的计价方法或者计价标准中没有规定的项目，可根据市场行情据实结算。《重庆市高级人民法院、四川省高级人民法院关于审理建设工程施工合同纠纷案件若干问题的解答》第13条基本也是按照该思路进行处理。关于为何按此思路进行处理，具体理由和分析如下：

关于第一种情形，《新建设工程施工合同解释（一）》第28条明确规定了双方约定按照固定价结算工程价款，另一方一般无权请求对建设工程进行造价鉴定。按照固定价款进行结算的约定系双方的真实意思表示，只要该约定没有违反法律法规的强制性规定，任何一方都应诚实守信按照约定处理相关的争议，如果轻易允许一方突破合同的约定，合同将形同虚设。

第二种情形中设计变更场景下处理的法律依据为《新建设工程施工合同解释（一）》第19条第2款的规定，该规定指出因设计变更导致建设工程的工程量或者质量标准发生变化，双方对该部分工程价款应先协商进行解决，如果不能协商一致，一般可以参照签订建设工程施工合同时当地建设行政主管部门发布的计价方法或者计价标准结算工程价款。

由此可知，建设工程结算工程款的基本原则是尊重当事人之间的约定，只要合同对工程增减如何结算的约定是明确的、具体的，根据增减工程的性质、标准可以适用原合同约定的计价方法和计价标准结算工程款，并不会因此而导致当事人之间利益的明显失衡，那么，原则上仍应参照合同约定结算工程价款。而在因增减工程的性质、标准不宜适用原合同约定的计价方法和计价标准结算工程款，或者原合同约定不明无法适用的情况下，则可根据《新建设工程施工合同解释（一）》第19条第2款的规定，参照签订建设工程施工合同时当地建设行政主管部门发布的计价方法或者计价标准结算工程价款。

另外，适用上述关于设计变更的规定时，一般应特别注意以下几点：

第一，本条指的是可以参照“合同签订时”的计价方法和标准。

一般认为之所以选择以合同签订时的计价方法和标准作为参照适用的内容，是因为其主要价值考量在于公平。其一，建设工程施工合同是双方就建设工程施工的相关内容达成的合意。在合同签订时，双方的权利义务以及预期利益和风险均已明确，双方对各自的利益均存在预期，司法应当保障这种预期的利益。其二，工程量或质量的变化是工程设计变更所致。对此，双方均不存在过错，特别对承包人一方来说，其完全没有过错，不存在违约行为，故双方仍应按照原生效合同继续履行。从合同履行的必要性和稳定性来看，工程价款按照合同签订时主管部门发布的标准和方法结算，不影响合同的履行和双方对预期利益的期待。

第二，参照结算工程价款的是因设计变更导致变化的部分工程价款。

需要特别注意区分工程量和工程质量发生变化而产生的价款和未发生变化的工程的价款。对于因设计变更导致工程量或工程质量发生变化的，对该部分工程的价款结算，才可以参照当地主管部门发布的方法和标准处理，对于工程量和质量未发生变化的工程，一般应当依照原合同约定处理。

第三，参照的是“工程所在地”的计价方法和标准。

此处的当地建设行政主管部门，一般有三个选择，即原告所在地、被告所在地和建设工程所在地。在审理中，法院一般会明确该处的“当地”应当指建设工程所在地。

案例案号：（2019）最高法民申4361号

案情概要：双方仅在合同中约定在涌水量超过5立方米/小时、岩石硬度系数超过F=4－6时工程费用应作出调整，但并未明确调整的幅度及具体的数额，后该工程发生了设计变更。

裁判观点：根据司法解释关于“因设计变更导致建设工程的工程量或者质量标准发生变化，当事人对该部分工程价款不能协商一致的，可以参照签订建设工程施工合同时当地建设行政主管部门发布的计价方法或者计价标准结算工程价款”的规定，《鉴定意见》参照市场价格对人工费等费用进行调整，并无不当。且二审时，二审法院依据鉴定机构作出的复函，对岩石硬度及涌水量超过合同约定情况的人工费进行调整，而对未超过合同约定情况的相关费用则按合同约定的费用标准计算。二审法院采信《鉴定意见》及复函，对案涉工程造价作出认定，并无不当。

55. 建设工程施工合同约定工程价款实行固定价结算，在履行过程中主要建筑材料价格发生重大变化，建设单位或施工单位请求对工程价款进行调整如何处理?

答：固定价施工合同履行过程中，钢材等对工程造价影响较大的主要建筑材料价格发生重大变化，超出了正常市场风险范围，合同对建材价格变动风险调整计算方法有约定的，依照其约定调整；没有约定或约定不明，建设单位或施工单位请求调整工程价款的，参照情势变更的规定处理；固定价合同中约定的施工单位承担无限风险、所有风险的条款或者类似未明确风险内容和风险范围的条款，对双方没有约束力；因施工单位原因致使工期或建筑材料供应时间延误导致的建材价格变化风险由施工单位承担，施工单位要求调整工程价款的，法院一般不会支持。

笔者倾向于认为，根据司法实践、法律法规以及各高级人民法院的相关解答或意见，比如《重庆市高级人民法院、四川省高级人民法院关于审理建设工程施工合同纠纷案件若干问题的解答》第14条等，面对主要材料价格大幅上涨，一般分几种情况进行应对，具体如下：

第一，有约定的按照约定。

如果合同中有约定，则应根据双方的真实意思进行处理。对于建设单位或者施工单位来说为了争取到最大的利益，则一定要从合同文件中寻找有利的约定，尤其要注意的是，合同文件不仅指施工合同，还包括补充协议、招标文件以及投标文件等。就施工合同本身的解释顺序而言，通常解释顺序为协议书、专用条款、通用条款。而从司法解释的规定看，如果是经过招投标的项目，合同文件的解释顺序应当是招投标文件、中标通知书、中标合同、补充合同；如果是未进行招投标的项目，则补充协议优先；如果多份合同都无效，则参照实际履行的合同处理。

第二，未作约定或约定不明的可以补充协商。

根据《民法典》第510条，合同生效后建设单位与施工单位就价款等内容没有约定或者约定不明确的，双方可以通过签订补充协议来解决该问题；双方不能达成补充协议的，一般按照合同相关条款或者交易习惯确定。

针对2017年年末材料价格大幅上涨的形势，多地发布了价格风险指导意见，明确承发包双方应协商调整价格并提出了参考幅度或范围，故建设单位和施工单位可以按照文件要求签订补充协议。如《广东省住房和城乡建设厅关于加强建筑工程材料价格风险管控的指导意见》等均有相关的解决办法。

上述指导意见均明确建设单位和施工单位双方应协商调整价格并提出了参考幅度或范围；因此，建设单位和施工单位可以按照文件要求签订补充协议。

第三，按照合同有关条款或者交易惯例处理。

其一，参照清单计价规范。通常而言，采用清单计价模式的，清单计价规范本身可以作为合同的组成部分。

其二，参照示范文本。示范文本虽然不具有强制效力，但作为行政主管部门发布的示范性文本，可以作为交易惯例。

第四，适用情势变更原则。

《民法典》第533条系关于情势变更的规定，即如果发生情势变更的情况，双方可以重新协商，这一点与上述《民法典》第510条的精神一致。如果协商不成，则施工单位或建设单位可以向人民法院或者仲裁机构请求变更或解除合同。

但值得注意的是，根据《最高人民法院关于当前形势下审理民商事合同纠纷案件若干问题的指导意见》以及《最高人民法院关于正确适用〈中华人民共和国合同法〉若干问题的解释（二）服务党和国家的工作大局的通知》第2条的规定可知，最高人民法院对于情势变更原则的态度是慎重适用，合理调整双方利益关系，要求各级法院务必正确理解、慎重适用，而且如果根据案件的特殊情况，确需在个案中适用，要求由高级人民法院审核且在必要时应报请最高人民法院审核。

案例案号：（2019）最高法民申5829号【不适用情势变更】

案情概要：案涉《建设工程施工合同》专用条款第11.1条约定，市场价格波动不调整合同价格，即市场价格上涨的风险由施工单位承担。合同签订后，市场价格确实因政策或市场环境的变化存在上涨的情况。

裁判观点：施工单位作为专业、理性的企业是在仔细研究了招标文件的全部内容并综合考虑相应的商业风险和成本变动后才向建设单位投标的，其在明知案涉工程限定造价的前提下理应将建筑材料的市场环境以及价格变化纳入其是否投标以及如何投标应考虑的商业风险因素中。情势变更强调客观情况发生了订立合同时无法预见的、非不可抗力造成的非商业风险，继续履行将会对一方明显不公平或不能实现合同目的，本案中建筑材料价格上涨应属于在投标和签订合同时可合理预见的商业风险，因此不应适用情势变更。

案例案号：（2020）苏民再8号【适用情势变更】

案情概要：建设单位与施工单位签订的施工合同专用条款约定“合同价中包括了施工期间的政策性调整、建材市场风险、合同责任、人工单价、施工质量及安全的风险等，市场价格波动不予调整合同价格”。施工过程中钢材的市场价格较签订合同时上涨了2倍多。

裁判观点：建筑行业系微利行业，承包人利润有限。上述钢材价格变化已显然超出市场价格的正常波动，极有可能导致合同约定价格低于承包人的实际施工成本，在这种情况下如苛求承包人按照原固定价格履行合同，极有可能导致承包人亏损，亦极有可能带来建筑质量隐患。故在本案工程主要材料价格大幅上涨的情形下，应基于公平、诚信原则对于原合同价格予以合理调整，以平衡发包人和承包人的利益。

56. 建设单位和施工单位在施工合同中约定工程价款实行固定总价结算，在未完成施工即终止履行时，双方应当如何进行结算？

答：在实务中，存在两种不同的鉴定及结算方式：一是根据实际完成的工程量，以建设行政管理部门发布的定额核定工程价款或依据市场报价情况据实结算；二是通过鉴定确定已完工程的工程量占全部工程量的比例，再乘以合同约定的固定总价得出已完工程的工程价款（第二种最常见）。以上两种确定工程价款的方式明显不同，所产生的结果一般也是不同的，而两种方式哪种更为合理，法院一般需要结合建设单位或施工单位的诉求及具体案情来确定。

《新建设工程施工合同解释（一）》第28条规定了如果建设单位与施工单位双方约定了按照固定价结算工程价款，其中一方是不能向法院申请对建设工程造价进行鉴定的。实际上该条规定的是双方采用总价包干计价方式，在合同范围内的全部工程完工以后发生结算争议的，除合同外变更签证外，应当按照合同约定的包干价结算工程款，不能再委托鉴定机构进行造价鉴定。但对于合同约定固定总价计价方式下工程未完工的情况，如何确定已完工程的价款？

对于已完工程价款如何结算存在争议。固定价款确定的依据是工程全部完工，对于未完工程，则无法直接适用固定价款。如约定每平方米包干价格的情形下，对于已完工程部分，虽然面积可以确定，但因约定的每平方米包干价格针对的是全部完工的完整工程，是根据预估的工程整体造价而得出的均价，在未完工情形下，因各个部分的成本不同，如地下基础工程的成本一般要高于地上部分，主体工程的建设成本一般要高于装修工程等，无法采取直接测量面积再乘以单价的方式确定工程款。

根据笔者的办案经验和相关研究，在司法实践中，各地高级人民法院也出台过相关的指导意见，例如《北京市高级人民法院关于审理建设工程施工合同纠纷案件若干疑难问题的解答》第13条、《重庆市高级人民法院关于当前民事审判若干法律问题的指导意见》第15条、《山东省高级人民法院关于审理建筑工程承包合同纠纷案件若干问题的意见》第43条以及《山东省高级人民法院关于印发全省民事审判工作会议纪要的通知》第3条等分别给出了相关的处理意见，这些处理意见可以简单概括为：

第一，应尊重建设单位和施工单位的意见。如果双方达成协议或达成某种处理方案，法院一般应予以支持，比如双方认为可以鉴定，而鉴定又选择了定额计价，法院一般应予以支持。

第二，根据实际完成的工程量，以建设行政管理部门发布的定额核定工程价款或根据市场价据实结算。比如江苏法院系统人员编写的类案审理指南丛书《建设工程施工合同案件审理指南》[①] 认为如果建设工程仅完成一小部分，且合同不能履行的原因在于建设单位，因不平衡报价导致双方合同约定的固定价结算，将造成施工单位利益明显失衡，故一般建议参照定额标准和市场价据实结算。

第三，通过鉴定确定已完工程的工程量占全部工程量的比例，再乘以合同约定的固定总价款得出已完工程的工程价款。如前文所述各地法院持该种处理态度的较多。

根据上述分析可知，在实务中，存在多种不同的鉴定及计算方式，其产生的结果是不同的，笔者研究发现按照上述第三种“比例折算”的计算方式处理的较多。

虽然在实务中按照第三种方式处理的较多，但是针对上述多个方式，其中哪种方式更为合理，往往还需要结合建设单位或施工单位的诉求及具体案

① 李玉生主编：《建设工程施工合同案件审理指南》，人民法院出版社2019年版。

情确定。比如，最高人民法院在《最高人民法院新建设工程施工合同司法解释（一）理解与适用》① 中认为，如果建设单位和施工单位均同意对工程造价进行鉴定，则应允许进行造价鉴定；如果建设单位或施工单位任何一方坚持按照合同约定计算工程价款，则应尽量按照合同约定处理，在固定总价款可以通过计算得出的情形下，可通过鉴定确定已完工程与全部工程的比例，再乘以固定总价款即可得出已完工程价款。这样的做法，一方面在实践中具有可操作性，另一方面以同一标准确定已完工程占全部工程的比例也比较科学。这种计算方式既能反映建设单位和施工单位通过合同表达出的真实意思，也能反映施工的客观情况。

案例案号：（2020）最高法民终 871 号【按比例折算】

案情概要：某住宅二期项目为未完工程，对于该未完工程的结算，施工单位认为应采用施工期适用的河北省计价依据计算，建设单位认为应采用“按比例折算”的鉴定方法计算。

裁判观点：由于双方合同约定的是固定总价，某住宅二期项目为未完工程，固定总价合同中未完工程的造价计算应采用比例折算法，即以合同约定的固定价为基础，根据已完工程占合同约定施工范围的比例计算工程款。施工单位主张以定额标准作为造价鉴定依据，不予支持。

案例案号：公报案例（2014）最高法民一终字第 69 号【按定额计价】

案情概要：建设单位与施工单位签订《某工程施工合同》约定了工程单价，单价一次性包死，施工单位不按约履行合同，工程未完工，双方解除合同，施工单位撤场。

裁判观点：安装、装修工程大多可以获取相对较高的利润。施工单位将包括地下部分、结构施工和安装装修在内的“土建 + 安装”工程全部承揽，其一次性包死的承包单价是针对整个工程作出的。如果施工单位单独承包土

---

① 最高人民法院民一庭编著：《最高人民法院新建设工程施工合同司法解释（一）理解与适用》，人民法院出版社 2021 年版。

建工程，其报价一般要高于整体报价中所包含的土建报价。建设单位单方违约解除了合同，如果仍以合同约定的单价作为已完工程的计价单价，则对施工单位明显不公平，此时如依原合同约定的土建工程价款结算，既脱离实际情况，违背交易习惯，又会产生对守约一方明显不公平的后果。

57. 建设工程施工合同约定工程价款按照固定总价结算，建设单位或施工单位主张施工范围、工程量增减的，应当如何处理？

答：如果实际施工未超出约定施工范围，一般应当适用固定总价进行结算，一方请求进行造价鉴定的法院一般不会支持。一方主张施工范围增减的，有约定的按照约定处理，没有约定的因设计变更增减的部分可以参照合同约定标准单独结算。无法参照约定标准结算的，可以参照施工地建设行政主管部门发布的计价方法或者计价标准结算。

《新建设工程施工合同解释（一）》第28条是关于建设工程施工合同约定按照固定价格结算工程款，限制建设单位或施工单位任何一方申请工程造价鉴定的规定，即双方在施工合同中约定了按照固定价结算工程款的，法院一般不会支持造价鉴定。故根据对本条的理解，笔者倾向于认为如果实际施工未超出约定施工范围，一般应当适用固定价进行结算，建设单位或施工单位任何一方请求进行造价鉴定的，法院在一般情况下不会支持该请求。

因为按照合同约定结算工程价款是工程结算的首要标准，所以根据上述司法解释的规定，法院一般不会轻易启动鉴定程序。合同约定按照固定价格结算的，应当尊重合同约定，既不能据实结算，也不能采用其他的计价方法和计价标准结算。合同约定的结算方式是成本加酬金方式或者按可调价结算的，应当按照合同约定的计价方法和计价标准结算。施工中当事人就工程量或者工程价款变更达成的洽商记录，如签证、会谈纪要、工作联系单等意思表示明确的，应当认定为合同变更，不违反法律强制性规定的，应当认定洽商记录有效。

各高级人民法院对该问题如何分类处理也有相应的解答，如《山东高院关于审理建设工程施工合同纠纷案件若干问题的解答》第 4 条以及《北京市高级人民法院关于审理建设工程施工合同纠纷案件若干疑难问题的解答》第 11 条，这些解答可以简单概括为：（1）合同有约定的，按照合同约定对增减的工程量进行结算。（2）合同没有约定的，可以参照合同约定标准对工程量增减部分予以单独结算，无法参照约定标准结算的，可以参照施工地建设行政主管部门发布的计价方法或者计价标准结算。（3）工程尚未完工的，合同约定固定总价，承包人要求支付工程款的，对于能够确定已完工工程占合同约定施工范围比例的工程，应以合同约定的固定价为基础按比例折算；无法确定已完工比例的，双方对工程造价有争议的，可将争议部分工程造价委托鉴定。另外，需要注意的是，主张工程量增减的一方对工程量增减是否存在、实际数量及价款承担举证责任。

综上所述，关于第 1 项的处理思路即有约定的按照约定在司法实践中没有太多的争议，而第 3 项的处理思路实际上就是比例折算法，第 2 项的法理基础实际上涉及的是设计变更的相关司法解释，关于该项笔者具体分析如下：

该项处理思路的法律依据系《新建设工程施工合同解释（一）》第 19 条，本条系对于设计变更时工程价款处理方式的规定，但应注意，对于因设计变更等原因导致工程款数额发生增减变化的，在可以区分合同约定部分和设计变更部分时，不应对整个工程进行造价鉴定，而是应根据公平原则对增减部分按合同约定的结算方法和结算标准计算工程款。第 28 条强调的是合同约定按固定价格结算工程款的，一方主张对工程进行鉴定的，法院一般不会支持。考虑到一方要求鉴定是提出不按合同约定的固定价结算工程款最基本、最具有代表性的方式，在司法解释中明确不支持一方提出的通过鉴定方式确定结算工程款的要求，当然包括不支持一方采取其他方式结算工程款的要求。一方提出对建设工程价款进行鉴定、评估、审计和审价的，都属于要求不按固定价结算工程款的行为，法院一般不会支持。

另外还须注意的是，第 19 条提及因设计变更可以参照建设工程施工时当地建设行政主管部门发布的计价方法或者计价标准结算工程价款，最高人民法院民一庭冯小光法官认为，“可以参照”是倡导性的表述，即一般应按照当地建设行政主管部门发布的计价方法或者计价标准结算工程价款。按照这一标准结算工程价款相对而言符合双方签约时的客观实际情况，符合随行就市的商业交易惯例，一般来讲也有利于平衡双方利益；但并不是对所有的案件而言都是公平的，个别案件在适用这一标准结算时，可能出现不公平的情况，在这种情况下就可以参照定额或者清单计价规范等标准结算工程价款，笔者亦认同该观点。

案例案号：（2019）最高法民终134号

案情概要：建设单位上诉主张，施工单位擅自变更设计图纸，土建工程设计变更部分的工程量不应计入建设单位应付款范围。

裁判观点：虽然双方签订的《施工协议》无效，但是工程款可以参照该协议的约定进行结算。依据该协议第10.1.2.1条关于合同价款调整范围的约定，因发包人原因造成土建工程量发生变化时，且单位工程中累计费用增减在10万元及以上的，就变化部分所涉及的工程量按第10.1.2.2条的原则计算变化金额。故建筑安装工程单位工程中累计费用增减在10万元及以上的，就变化部分所涉及的工程量应按第10.1.2.2条的原则计算变化金额。

58. 建设工程存在设计变更，建设单位与施工单位应当如何进行结算？

答：设计变更的处理原则一般为：双方对建设工程的计价标准或者计价方法有约定的，按照约定结算工程价款。因设计变更导致建设工程的工程量或者质量标准发生变化，双方对该部分工程价款不能协商一致的，可以参照签订建设工程施工合同时当地建设行政主管部门发布的计价方法或者计价标准结算工程价款。

设计变更的相关争议纠纷，在本书中进行过分析，但本问题提及的设计变更一般有特殊的场景，且是实践中常见且争议较大的法律问题，故在本问题中笔者再次进行一定的分析和解读，以求全方位地覆盖设计变更中可能产生的不同类型或角度的争议问题。

设计变更的一般法律规定为《新建设工程施工合同解释（一）》第 19 条，即对于设计变更，一般的处理思路为：建设单位和施工单位对建设工程的计价标准或者计价方法有约定的，按照约定结算工程价款；但因设计变更导致建设工程的工程量或者质量标准发生变化，双方对该部分工程价款不能协商一致的，可以参照签订建设工程施工合同时当地建设行政主管部门发布的计价方法或者计价标准结算工程价款（实践中常说的定额）。

本条主要是建设工程存在设计变更情况下的工程价款结算方法和标准，以及建设工程验收不合格的情况下如何处理的规定，在此，笔者仅对设计变更情况进行具体的分析和解读。

第一，理解本条规定，应首先注意设计变更的，有合同约定的则应按照约定结算工程价款。

从《建筑法》第 18 条的规定来看，就建设工程价款结算问题，首先应当依照双方合同约定的计价标准和计价方法进行结算。一般来说，价款结算方式属于建设工程合同的重要条款，不会存在遗漏问题，所以建设工程价款的结算一般应依照合同约定进行，而且合同约定的计价标准和计价方法也符合双方的预期，对于合同的任何一方一般是公平的。而如果约定不明或者约定存在歧义的，双方应协商解决，协商不成的，可以通过诉讼方式解决。

第二，理解本条还应注意，因设计变更导致建设工程的工程量或质量标准发生变化的，是“可以”参照而非“必须”参照定额计价。

众所周知，不同的建设工程因设计变更导致工程量或者质量标准发生变化的，建设工程价款结算标准和方式也会随之发生变化，原先合同约定的计价方式和标准并非法定适用，双方可以就价款结算方式进行协商，可以通过签订补充协议等方式，以新的合同代替原先关于价款结算方式和标准的内容。

但双方就设计变更后的建设工程价款结算方式协商不能达成一致的，根据最高人民法院的审判思路，是可以“参照”而非“必须”参照定额计价。

工程量的变化有两种，即工程量增加和工程量减少，工程量的变化属于“量”的增减，当建设工程合同中就价款结算标准和方式的约定并不会因为工程量的增减而受到实质性影响时，法官在审理时一般会参照原合同约定的价款结算方式和标准进行裁判；当原合同中约定的价款结算方式和标准会随着工程量的增减而受到实质性影响时，法官则一般不会参照适用原合同约定的内容，此时可以考虑参照当地主管部门发布的计价方法或者计价标准结算工程价款，或者参考其他相关因素予以综合考量。

第三，如果合同针对设计变更没有约定计价方法或计价标准，双方也不能达成协议，那么虽然本条指出一般情形下应按照定额计价，但为了争取更大的利益，一方可以根据个案实际情况评估分析是否可以争取按市场价计价。

笔者倾向于认为，本条中的“当地建设行政主管部门发布的计价方法或者计价标准”指的是工程造价中的定额，因为根据最高人民法院民一庭的观点可知定额属于政府指导价。

一般情形下市场价高于定额价（具体以个案为准）。实务中，我国各类专业鉴定机构采用的工程造价鉴定标准（承发包双方也常用）是国家建设行政主管部门颁行的《全国统一建筑安装工程工期定额》《全国统一建筑安装工程预算工程量计算规则》，全国各行政区建设行政和价格主管部门编制的《地区单位工程估价表》，以及当地的人工、材料、机械等要素价格的调价文件，这是一整套在计划经济条件下形成的用于确定行业劳动生产率的官方价格指标体系。显然，在实行市场导向的改革以后，这种前提和理论假设已不符合建筑行业的实际情况，市场价是通过造价信息或者市场询价得来的材料价格，该价格符合当下的市场行情，价格系通过市场竞争形成的，因此市场价往往高于定额价。

综上，正是因为一般情形下市场价高于定额价（具体以个案为准），对于施工单位来说如果案涉合同能够适用市场价，则能获得更多的利润，那么在此情形下，施工单位可以争取适用市场价计价。如果在某个案件中，双方对适用定额价还是市场价存有争议，那么想适用市场价的一方可以抗辩认为，本案不存在设计变更，因此不适用上述司法解释关于设计变更情形下按照定额计价的规定，本案系合同价款约定不明，根据《民法典》第511条第2项应按照市场价计价。

案例案号：（2018）最高法民再166号

案情概要：某工程原建筑结构为地下2层、地上1层，后改为地上5层，该重大变更导致工程量增加、工期延误、施工成本大幅增长，实际施工超出了合同的约定范围。

裁判观点：诉争工程发生设计变更等事实，二审判决按照合同约定的计价标准进行结算确有不当。依照原《最高人民法院关于审理建设工程施工合同纠纷案件适用法律问题的解释》第16条第2款的规定，因设计变更导致建设工程的工程量或者质量标准发生变化，当事人对该部分工程价款不能协商一致的，可以参照签订建设工程施工合同时当地建设行政主管部门发布的计价方法或者计价标准结算工程价款。对此，鉴定机构出具的《某工程造价两种计算方式的比较》按照定额据实计价和按照合同约定计价差额项目，细化为人工费、材料费、机械费、措施费、安装费、间接费六项。法院予以酌情调整。

59. 建设工程施工合同无效但工程竣工并交付使用的，应以何种标准或方法计算折价补偿款?

答：建设工程经验收合格的，法院一般可以依法参照合同关于工程价款的约定计算折价补偿款。建设工程经验收不合格的，法院一般按照以下情形处理：（1）修复后的建设工程经验收合格的，建设单位可以请求施工单位承担修复费用；（2）修复后的建设工程经验收不合格的，施工单位无权请求参照合同关于工程价款的约定折价补偿。建设单位对因建设工程不合格造成的损失有过错的，应当承担相应的责任。

根据《民法典》第793条、最高人民法院民事审判第一庭2022年第22次专业法官会议纪要以及《新建设工程施工合同解释（一）》第9条和第14条等规定，笔者倾向于认为对于该问题法院一般会分不同情形进行处理：

第一种情形，建设单位与施工单位签订的建设工程施工合同无效，但是建设工程经验收合格的，法院一般可以参照合同关于工程价款的约定判决对施工单位折价补偿。

建设工程施工合同的履行与一般合同相比，具有明显的特殊性，工程的施工过程就是施工单位将劳务及建筑材料物化为建设工程的过程。基于这一特殊性，建设工程施工合同无效，建设单位取得的财产形式上是施工单位建设的工程，实际上是施工单位对工程建设投入的劳务及建筑材料，无法适用恢复原状的返还原则，只能采取折价补偿的方式处理。《民法典》第793条第1款规定了建设工程施工合同无效，工程经验收合格的处理规则，即可以参照合同关于工程价款的约定折价补偿承包人。

第二种情形，建设工程施工合同无效，且建设工程经验收不合格的，法院一般会按照以下情形处理：（1）修复后的建设工程经验收合格的，建设单位可以请求施工单位承担修复费用；（2）修复后的建设工程经验收不合格的，施工单位无权请求参照合同关于工程价款的约定折价补偿。

建设工程施工合同无效，建设工程经竣工验收不合格的，一般包括两种情况：一种是建设工程质量虽然不合格，但经过修复，可以使缺陷得到弥补，符合国家或者行业强制性质量标准。这种情况下，建设单位仍然可以接收建设工程，并在修复后继续利用建设工程。建设单位可以要求施工单位承担修复费用。施工单位自然也可以请求参照合同约定折价补偿。另一种是建设工程的质量缺陷无法通过修复予以弥补，建设工程丧失利用价值。对于没有利用价值的建设工程，只能重新进行建设，施工单位自然没有请求折价补偿的权利。

另外建设单位和施工单位在依法处理该问题时应特别注意以下事项：

第一，建设工程未经竣工验收，建设单位擅自使用的，视为建设工程质量合格，建设单位依法应支付工程款。

建设工程施工合同是施工单位进行工程建设、交付工作成果（建设工程）并由建设单位支付价款的合同。建设工程竣工后，建设单位应当根据合同约定及国家发布的施工验收规范和质量检验标准及时进行验收。验收合格的，建设单位一般应当按照约定支付价款并接收建设工程。建设单位未按照合同约定及相应的规范或者标准组织验收，擅自使用工程后，又以使用部分质量不符合约定为由主张权利的，法院一般不会支持。

第二，建设单位对因建设工程不合格造成的损失有过错的，一般依法也应承担相应的责任。

根据《民法典》第157条，民事法律行为无效、被撤销或者确定不发生效力后，行为人因该行为取得的财产，应当予以返还；不能返还或者没有必要返还的，应当折价补偿。有过错的一方应当赔偿对方由此所受到的损失；各方都有过错的，应当各自承担相应的责任。

第三，法律规定“可以”参照合同关于工程价款的约定计算折价补偿款，并非意味着法院可以视情况不予参照。

笔者赞同最高人民法院的观点，即在实务中，之所以出现建设工程施工合同无效但工程竣工并交付使用的情形下应以何种标准计算折价补偿款的争议，在于未能准确理解《民法典》第793条第1款的规定。建设工程施工具有一定的周期性和复杂性，建设单位和施工单位在合同中的约定一定程度上代表了双方对于合同签订和履行的合理预期以及对于相关合同风险的预先安排，在建设工程施工合同无效，且没有更加科学、合理、简便有效的折价补偿标准的情况下，参照建设工程施工合同关于工程价款的约定折价补偿施工单位具有相当的合理性。这种方式可以在保证建设工程质量的前提下，确保双方均不能从无效合同中获得比合同有效时更多的利益，符合双方的合理预期和我国建筑市场的实际，能够保证案件裁判的社会效果。《民法典》第793条第1款虽然使用了“可以参照”的表述，但如果建设工程未发生大规模设计改变，或者合同中有关工程价款的约定不存在严重违背各方真实意思表示的情况，法院一般在具体裁判中不会任意将“可以参照”理解为可以参照也可以不参照。

案例案号：（2022）最高法民终24号

案情概要：案涉合同无效，鉴定机构参照合同约定，以定额计价，但定额计价方式包含了利润。建设单位主张，合同无效则建设工程只应折价补偿，当事人不得因无效合同获利，因此应扣除相应的利润部分。

裁判观点：《新建设工程施工合同解释（一）》进一步明确，折价补偿参照的标准为合同中关于工程价款的约定。本案中，经双方确认的进度产值审核情况表等资料表明，双方实际履行的工程价款约定为“按照2009年四川定额计价及配套文件总价下浮2.5%”，鉴定机构照此标准计算、一审未在鉴定机构计算的金额基础上进行扣减，并无不当。

60. 建设工程施工合同无效，合同关于工程款下浮的约定是否可以参照适用？

答：一种观点认为，合同无效，关于工程款下浮的约定亦无效，不应参照；另一种观点认为，应将工程款下浮的约定理解为计价标准或结算条款，是建设单位和施工单位之间的真实意思表示，在合同无效的情况下，可参照该条款计算工程款。笔者倾向于第二种观点。

根据《民法典》第793条的规定，施工合同无效，建设工程经验收合格的，法院一般可以参照合同关于工程价款的约定计算折价补偿款。而工程款下浮的约定是否也是合同中关于工程价款的约定并可参照适用呢？这个问题在司法实践当中存有较大的争议。

观点一认为：合同无效，关于工程款下浮的约定亦无效，不应参照该条款计算工程款，虽然笔者不赞成该观点，但在司法实践中按照该观点进行判决的相关案例也是存在的。

观点二认为：应将工程款下浮的约定理解为计价标准或结算条款，是建设单位与施工单位的真实意思表示，在合同无效的情况下，可参照该条款计算工程价款。

笔者倾向于第二种观点，理由如下：

首先，参照双方对下浮率的约定计算工程价款符合《民法典》第 793 条的立法原意。建设单位和施工单位在合同中的约定一定程度上代表了双方对于合同签订和履行的合理预期以及对于相关合同风险的预先安排，在建设工程施工合同无效，且没有更加科学、合理、简便有效的折价补偿标准的情况下，参照建设工程施工合同关于工程价款的约定折价补偿施工单位具有相当的合理性。而对下浮率的约定同样符合各方的合理预期，参照该约定执行可以做到公平公正。

其次，该观点不乏高级人民法院指导意见和相关判例的支持，比如：

《山东省高级人民法院民一庭关于审理建设工程施工合同纠纷案件若干问题的解答》第 1 条规定，施工合同无效，建设工程经竣工验收合格的，可以将合同中关于工程价款、付款时间、工程款支付进度、下浮率、质保金等的约定作为折价补偿的依据。

《江苏省高级人民法院关于审理建设工程施工合同纠纷案件若干问题的解答》（已失效）第 5 条规定，建设工程施工合同无效，建设工程经竣工验收合格的，当事人主张工程价款或确定合同无效的损失时请求将合同约定的工程价款、付款时间、工程款支付进度、下浮率、工程质量、工期等事项作为考量因素的，应予支持。

因此，笔者倾向于认为，工程款下浮的约定属于计价标准的一部分，施工合同无效，其关于工程款下浮的约定一般也应参照适用，此亦符合双方的真实意思表示，即双方已对自己的盈亏情况进行了充分预判，并愿意承担相应的风险。但需要注意的是，下浮率参照适用的前提为工程款取费标准未发生改变，该观点有不少判例予以支持。

案例案号：（2020）最高法民终 849 号【合同无效，下浮条款无效】

案情概要：建设单位与施工单位在招投标前签订《某工程承包协议》及其补充协议。招投标后又签订仅用于备案的施工合同。施工单位诉请支付工程价款，建设单位抗辩称应按承包协议约定对工程总造价下浮。

裁判观点：根据查明的事实，双方就案涉工程明招暗定，虚假招标，违反了法律、行政法规的强制性规定，签订的合同文件均属无效合同。因合同无效，其中约定的对工程总造价下浮的条款亦归于无效。

案例案号：（2020）最高法民申 3252 号【合同无效，下浮条款应参照执行】

案情概要：建设单位与施工单位签订《某工程施工合同》，施工范围包括某住宅楼及幼儿园。案涉工程通过竣工验收。施工单位诉请支付工程价款，建设单位抗辩称应按施工合同约定对工程总造价下浮。

裁判观点：案涉施工合同没有招标，应属无效。根据司法解释的规定，合同无效，但工程经竣工验收合格，承包人请求参照合同约定支付工程价款的，应予支持。该规定是在建设工程施工合同无效但工程经竣工验收合格时确定的一种折价补偿原则，即参照合同约定支付工程价款，该原则符合签约时双方当事人的真实意思，且有利于平衡双方之间的利益关系。二审法院按照施工合同的约定下浮确定工程造价并无不当。

61. 建设工程施工合同无效，施工合同中关于工程款的付款条件以及支付方式的约定是否可以参照执行?

答：工程款数额可参照合同约定，但付款条件（特指工程款支付的条件，即付款的前提）一般不可参照；关于支付方式（特指工程款以何种方式支付）条款是否可以参照执行在司法实践当中存有较大的争议，第一种观点认为不可以适用，第二种观点认为可以适用。笔者倾向于第一种观点。

根据《民法典》第 793 条的规定，施工合同无效，建设工程经验收合格

的，法院一般可以参照合同关于工程价款的约定计算折价补偿款。那么合同中关于工程款的付款条件以及支付方式的约定是否可以参照执行？

第一，关于付款条件的约定是否可以参照适用？

笔者倾向于认为，《民法典》的该条规定系对参照无效合同条款范围的限缩，即明确为，只有"关于工程价款的约定"可以参照，而不可参照其他无效合同条款。对于参照适用范围的理解，通常认为，仅限于工程价款计价方式、计价标准等与工程款数额有关的约定，而不包括关于工程款支付条件的约定。即参照合同约定结算一般是指参照工程价款的计价方式、计价标准结算，而合同约定的付款条件在建设工程施工合同被认定无效后，不属于参照适用的范围。

在建设工程施工合同纠纷中，是否达到付款条件与当事人存在重大利害关系。在建设工程施工合同被认定为无效的情况下，案涉工程已完工并经竣工验收合格交付使用的，施工单位有权依照《民法典》第 793 条第 1 款的相关规定，要求建设单位参照合同约定的标准支付工程价款。但是，上述法律规定实际上是针对合同无效后进行折价补偿的情形，对"参照合同关于工程价款的约定"应作严格的限缩解释，仅限于合同中对工程价款计算标准的约定。建设工程施工合同无效，则付款条件条款也应认定为无效。

第二，关于支付方式的约定是否可以参照执行？

第一种观点认为，不可以参照执行。理由基本还是《民法典》的该条规定系对参照无效合同条款范围的限缩，即明确为，只有"关于工程价款的约定"可以参照，而不可参照其他无效合同条款。对于参照适用范围的理解，通常认为，仅限于工程价款计价方式、计价标准等与工程款数额有关的约定，而不包括关于工程款支付方式的约定。即参照合同约定结算一般是指参照工程价款的计价方式、计价标准结算，而合同约定的支付方式在建设工程施工合同被认定无效后，不属于参照适用的范围。

第二种观点认为，可以参照执行。比如《山东省高级人民法院民一庭关于审理建设工程施工合同纠纷案件若干问题的解答》第 1 条规定："施工合同无效，当事人主张参照合同约定结算工程价款，如何处理？施工合同无效，建设工程经竣工验收合格的，可以将合同中关于工程价款、付款时间、工程款支付进度、下浮率、质保金等的约定作为折价补偿的依据。”认为可以将合同中的工程款支付进度作为折价补偿的依据。

笔者倾向于第一种观点，《民法典》的该条规定系对参照无效合同条款范围的限缩，不应盲目对其进行扩大解释，该条款规定的目的是参照合同对于工程价款数额的约定，支付方式明显不在该范围内，但建设单位或施工单位可以根据自身需要使用有利于自己的观点和案例进行抗辩，争取获得更大的利益。

案例案号：（2019）最高法民终 1852 号【付款条件不适用】

案情概要：案涉工程层层分包至实际施工人，实际施工人与前手违法分包人签订的合同约定工程价款按建设单位付款进度同步结算。

裁判观点：案涉合同无效，因此，案涉合同关于同步结算的支付条款也无效。原《最高人民法院关于审理建设工程施工合同纠纷案件适用法律问题的解释》（已失效）第 2 条规定的“请求参照合同约定支付工程价款”中的“合同约定”主要指工程款计价方法、计价标准等与工程价款数额有关的约定，关于工程价款支付条件的约定不属于可以参照适用的合同约定。

案例案号：（2019）最高法民申 5458 号【支付方式不适用】

案情概要：建设单位与施工单位签订《某工程分包合同》，约定工程未完工的，按已完工程造价的 30% 结算。合同履行过程中，双方出现纠纷，工程未完工，施工单位诉请按已完工程造价支付工程款，建设单位抗辩称按合同约定其只需支付已完工程 30% 的工程款。

裁判观点：根据查明的事实，案涉合同无效，合同中有关支付方式的条款亦为无效，建设单位认为应当按照合同约定支付已完工程 30% 的工程款的理由不能成立。

62. 建设工程施工合同无效，施工合同中关于管理费的约定如何处理？

答：目前在实践中对建设工程施工合同无效导致管理费约定无效的处理情况不同，尚无统一标准，法院很可能适用公平原则兼顾双方利益，结合个案的实际情况进行妥善处理，以达到维护建设单位和施工单位合法权益的目的。因此，司法实践中存在全部不予支持、部分支持、全部支持以及尚未支付的管理费无须再支付等处理方式。建设单位和施工单位可以结合自身情况选择不同的应对思路，以求自身合法利益最大化。

建设单位和施工单位要想很好地把握在建设工程施工合同无效的情形下管理费如何处理这一在实践当中较为复杂且争议较大的法律问题，首先需要准确把握什么情形下施工合同无效。

根据相关法律规定可知，转包、违法分包、承包人未取得建筑业企业资质或者超越资质等级、没有资质的实际施工人借用有资质的建筑施工企业名义（挂靠）以及建设工程必须进行招标而未招标或者中标无效等诸多情形都会导致建设工程施工合同无效，而且当事人还很可能会受到较为严重的行政处罚，比如转包或者违法分包的，“责令改正，没收违法所得，并处罚款，可以责令停业整顿，降低资质等级；情节严重的，吊销资质证书”，除此之外，双方约定的管理费还面临无法主张的风险。

那么，在建设工程施工合同无效的情形下，管理费的约定是否有效？建设单位可否主张或施工单位可否拒绝支付呢？这些问题在司法实践中争议较大，存在多种观点，在司法实践中同一法院面对不同的个案也会存在不同的裁判思路，具体概括分析如下：

第一，原则上不支持主张管理费，违法所得的利润或管理费可能被收缴。江苏省高级人民法院曾有观点认为，挂靠、转包以及违法分包导致合同无效的，法院一般不支持按照合同约定支付管理费，而且违法获得的利润以及实际施工人支付的管理费也可以收缴。

第二，原则上不支持，根据情况也可部分支持，但一般不宜超过总工程款的3%。根据《湖南省高级人民法院关于审理建设工程施工合同纠纷案件若干问题的解答》第11条可知，建设工程施工合同无效，合同约定的管理费原则上不予支持；当事人主张的，法院可以根据合同系借用资质或转包、违法分包等不同类型，结合出借资质人、转包人、违法分包人是否履行管理职责因素予以适当支持，一般不宜超过总工程款的3%。

第三，全部支持，前提为该管理费属于工程价款的组成部分，而转包方也实际参与了施工组织管理协调。最高人民法院第二巡回法庭2020年第7次法官会议纪要认为，建设工程施工合同因非法转包、违法分包或挂靠行为无效时，对于该合同中约定的由转包方收取管理费的处理，应结合个案情形根据合同目的等具体判断：首先，如该管理费属于工程价款的组成部分，而转包方也实际参与了施工组织管理协调，可参照合同约定处理。其次，转包方纯粹通过转包牟利，未实际参与施工组织管理协调，合同无效后主张管理费的，不予支持。再次，合同当事人以作为合同价款的管理费应予收缴为由主张调整工程价款的，不予支持。最后，基于合同的相对性，非合同当事人不能以转包方与转承包方之间有关于管理费的约定为由主张调整应支付的工程款。

综上所述，存在挂靠、违法分包以及转包等情形的，施工合同均属无效，同时虽然建设工程施工合同无效，但建设工程经竣工验收合格，根据法律规定施工单位一般可以请求参照合同约定支付工程价款。在合同无效的情形下是否可主张管理费，最高人民法院以及部分高级人民法院的处理方式有所不同，但原则上不应轻易支持。笔者倾向于认为，通过相关判例可以看出实践中确实存在全部和部分支持以及尚未支付无须再支付的情形，因此，建设单位和施工单位可以结合自身情况选择不同的应对思路，以求利益最大化。

案例案号：（2018）最高法民申5206号【不支持管理费并没收违法所得】

案情概要：张某申请再审认为一、二审判决从工程总造价中扣除12%的款额是错误的，其作为实际施工人独立管理、指挥案涉工程项目，应获得全部工程价款。司法解释中的“非法所得”与其应取得的“管理费及税金”不属同一概念，“非法所得”仅针对借用资质的情形，而其并不存在借用施工单位资质的违法情形，施工单位未参与工程施工，也未进行管理。

裁判观点：孙某与施工单位补签的合同中关于管理费的约定是通过合同形式为不参与工程实际管理及施工的施工单位牟取不正当利益，是国家严令禁止的非法行为，没收该非法所得，符合法律规定。

案例案号：（2016）最高法民申1535号【部分支持管理费】

案情概要：施工单位与实际施工人王某签订的《补充协议》约定将工程价款的30%作为管理费。后王某又出具《保证书》强调了工程价款的30%作为管理费。

裁判观点：《补充协议》及《保证书》的内容系当事人关于工程价款的约定。二审法院参照上述约定，并结合施工单位就案涉工程承担的管理责任和成本、相关合同系无效合同的实际情况及双方利益的平衡，依照原《最高人民法院关于审理建设工程施工合同纠纷案件适用法律问题的解释》第2条的规定，确定施工单位收取王某施工部分工程价款20%的管理费，适用法律正确，亦未超出自由裁量权行使的正常范围。

案例案号：（2014）民申字第1078号【全部支持管理费】

案情概要：双方在有关会议纪要中明确，施工单位按工程造价的5.5%向实际施工人谢某收取管理费。

裁判观点：管理费实系施工单位为履行合同所发生的必需的开支，属于工程价款的一部分，即使合同无效，双方亦应根据合同履行情况按实进行结算。因此，二审判决认定谢某应按工程造价的5.5%向施工单位支付管理费，并无不当。

63. 施工单位能否直接请求建设单位按照竣工结算文件（送审价）结算工程价款？

答：司法解释以及相关法律规定认为，如果建设单位与施工单位双方约定，建设单位收到竣工结算文件后，在约定期限内不予答复，就视为认可竣工结算文件，则按照双方的约定处理，施工单位请求按照竣工结算文件结算工程价款的，法院一般会支持。但高级人民法院的相关解答或意见一般会对前述司法解释的规定进行严格理解或适用，比如有的高级人民法院认为该规定适用的前提系在专用条款中有明确约定。具体到司法实践中，笔者倾向于认为多数法院也会持谨慎的态度处理送审价的问题。

“以送审价为准”是建设工程造价结算的重要方式，这一原则涉及建设单位与施工单位的重大利益，根据笔者的实践经验，法院往往对此持审慎的态度严格适用，针对该问题具体分析如下：

“以送审价为准”是建设工程中的一种常见的结算原则，一般是指建设工程中建设单位与施工单位约定，建设单位在收到施工单位提交的竣工结算文件之后，在合同约定的期限内不予答复，则可视为建设单位认可了施工单位提交的竣工结算文件并以此作为双方的最终结算依据。该原则作为建设工程中非常重要的结算方式，已经成为行业惯例，并有相关的法律依据予以支撑，具体包括《建筑工程施工发包与承包计价管理办法》第18条、《建设工程价款结算暂行办法》第16条以及《新建设工程施工合同解释（一）》第21条等。根据这些规定可知，“以送审价为准”即为：“当事人约定，发包人收到竣工结算文件后，在约定期限内不予答复，视为认可竣工结算文件的，按照约定处理。承包人请求按照竣工结算文件结算工程价款的，人民法院应予支持。”

上述规定对“以送审价为准”结算工程价款均以建设单位与施工单位在合同中有明确约定为前提，且有些高级人民法院的解答或意见更将该条款的适用范围严格限缩为在建设工程施工合同的专用条款中有明确的约定，而不能仅在通用条款中有相关约定。

比如，江苏省高级人民法院就对“以送审价为准”条款的适用作了限缩解释，建设工程施工合同专用条款有此明确约定，建设单位有证据证明在合同约定的期限内提出异议的，施工单位要求按照竣工结算文件进行工程价款结算的，法院也不予支持。

除了上述江苏省高级人民法院对“以送审价为准”条款的适用作了限缩解释外，《北京市高级人民法院关于审理建设工程施工合同纠纷案件若干疑难问题的解答》第14条同样规定，一方仅依据建设工程施工合同通用条款之约定主张“以送审价为准”的一般不予支持，还有重庆市高级人民法院的《关于发包人收到承包人竣工结算文件后，在约定期限内不予答复，是否视为认可竣工结算文件的复函》也持相同的观点。

另外，《新建设工程施工合同解释（一）》第21条规定以送审价为准结算工程款，必须以合同约定为前提条件，但并没有强调合同的效力问题，对于无效合同中明确约定了以送审价为准结算工程款的，是否适用《新建设工程施工合同解释（一）》第21条的规定，在司法实践中存在争议。

观点一认为，依据《民法典》第793条第1款可知，建设工程施工合同无效，但是建设工程经验收合格的，可以参照合同关于工程价款的约定折价补偿施工单位，因此，根据该规定，建设工程施工合同无效不影响建设工程价款的结算，只要合同中关于以送审价为准结算工程款的意思表示明确，即使合同无效，仍然可以参照适用《新建设工程施工合同解释（一）》第21条的规定以送审价为准结算工程款。

观点二认为，适用“以送审价为准”条款的前提条件是合同有效。例如，《江苏省高级人民法院建设工程施工合同案件审理指南》第5条第6款规定了发包人逾期不答复也不结算所承担的法律后果，前提是施工合同有效。当合同无效时，当事人不得依据此规定请求按照竣工结算文件结算工程价款。

案例案号：（2019）皖民申2078号

案情概要：案涉合同通用条款第14.2条竣工结算审核明确约定，“发包人在收到承包人提交竣工结算申请书后28天未完成审核且未提出异议的，视为发包人认可承包人提交的竣工结算清单，并自发包人收到承包人提交的竣工结算清单后第29天起视为已签发竣工付款证书”。

裁判观点：案涉合同虽无效，但案涉工程已经竣工验收合格，其中的结算条款应参照适用。本案中，双方合同专用条款第1.5条明确约定合同文件的优先顺序为“合同书、专用合同条款、通用合同条款”，其中，通用条款第14.2条竣工结算审核虽位于合同通用条款部分，但其实质为关于工程价款结算的特别约定，并非通常意义上的“通用条款”，且双方合同专用条款既未排除上述第14.2条的适用，亦未作出与该条内容不同的特别约定，故一、二审法院根据通用条款第14.2条认定以送审价为准于法有据。

64. 建设单位以施工单位未开具发票为由拒绝支付工程款应如何处理？

答：从程序上看，一般可以通过提起诉讼要求开具发票。从实体上看，有些法院认为两者不具有对等性，不能以施工单位违反约定未开具发票为抗辩理由拒付工程款，故一般不会支持建设单位；有些法院则认为如有明确约定，可以予以支持，即原则上不支持，但有明确约定可以支持。

第一，从程序上看，该请求是否具有可诉性？即建设单位能否起诉要求施工单位开具发票？

笔者倾向于认为开具发票的行为具有可诉性，即建设单位一般可以通过诉讼要求施工单位开具发票。理由为：《民法典》第598条规定，出卖人应当履行向买受人交付标的物或者交付提取标的物的单证，并转移标的物所有权的义务，同时结合《增值税专用发票使用规定》第10条的规定，出卖人开具增值税专用发票为法定义务，是出卖人必须履行的买卖合同的从给付义务，也即施工单位向建设单位开具发票是其法定的义务。

另外，根据《上海市高级人民法院关于当前商事审判若干问题的意见》第10条可知，从给付义务与附随义务的主要区别包括，从给付义务与主给付义务联系更为密切，其存在的目的就是补充主给付义务的功能，而附随义务是辅助实现主给付义务的。在买卖合同中，增值税专用发票的提供与出卖人的主给付义务交货关系最为密切，事关买受人利益的实现。如果出卖人不提供增值税专用发票，买受人的进项税额就有一部分不能抵扣，其权利就受到损害。所以买受人可以单独诉请出卖人履行开具增值税专用发票的从给付义务，对此法院应当予以受理。而在建设工程施工合同中也应如此。

第二，从实体上看，不少高级人民法院认为两者不具有对等性，不能以施工单位违反约定未开具发票为抗辩理由拒付工程款。

比如根据《河北省高级人民法院建设工程施工合同案件审理指南》第54条、《第八次全国法院民事商事审判工作会议（民事部分）纪要》第34条可知，施工单位具有向建设单位开具发票的义务，建设单位提起反诉请求施工单位开具发票的，法院一般会支持，而且支付工程款义务和开具发票义务是两种不同性质的义务，不具有对等关系。建设单位以施工单位违反约定未开具发票为抗辩理由拒付工程款的，法院一般不会支持。另外，双方在建设工程施工合同中对此有明确约定的，法院一般可视情况予以支持。

但是对于该问题的理解，在实践中存在争议，不同的人可能会有不同的观点。

其一，否定观点。

持该观点的人认为，建设工程施工合同作为一种双务合同，依据其合同的本质，合同抗辩的范围仅限于对价义务，也就是说，一方不履行对价义务的，相对方才享有抗辩权。支付工程款义务与开具发票义务是两种不同性质的义务，前者是合同的主要义务，后者并非合同的主要义务，二者不具有对等关系。只有具有对等关系的义务才存在先履行抗辩权的适用条件。建设工程施工合同中的主要义务就是一方完成合同项下的建设工程，另一方依约支付工程款项，而开具发票的义务显然不属于建设工程施工合同中的主要义务。因此，在双方没有明确约定“一方不及时开具发票，另一方有权拒绝支付工程价款”的情况下，不能将开具发票视为与支付工程价款同等的义务。

其二，赞成观点。

持该观点的人认为，根据最高人民法院发布的会议纪要（以及高级人民法院的规定或意见），承包人不履行配合工程档案备案、开具发票等协作义务的，人民法院视违约情节，可以依法判令承包人限期履行、赔偿损失等。承包人未履行开具发票等协作义务，应开具发票并赔偿损失，在未开具发票的情况下，发包人可依先履行抗辩权拒绝支付工程款。

综上所述，笔者倾向于认为，支付工程款是建设单位的主要合同义务，开具并给付发票仅为施工单位的从给付义务，在合同无特别约定的情况下，二者不具有对等关系，建设单位不享有先履行抗辩权。但施工合同中明确约定了建设单位的拒付权的，根据私法自治的原则，法院一般应当尊重当事人的合意，认定建设单位的抗辩成立。此外，开具发票是施工单位的法定义务，给付发票亦是其合同义务，故该问题既属于行政法律关系，亦属于民事合同法律关系，税务行政机关有权对施工单位不开具发票的行为作出处理，建设单位亦有权提起诉讼要求施工单位开具并给付发票，法院一般应当基于该请求作出判决。

案例案号：（2019）最高法民申1301号

案情概要：案涉合同专用条款约定了在支付工程款的同时“出具发票”或者“乙方出具发票”，但未明确开具发票是支付工程款的前提条件。

裁判观点：出具发票属于合同履行中的附随义务，在双方没有明确约定未出具发票建设单位可不支付工程款的情况下，建设单位不能以施工单位未履行该附随义务为由拒绝履行支付工程款的主合同义务。

65. 建设单位和施工单位双方对工程量有争议应当如何处理？

答：建设单位和施工单位双方对工程量有争议的，按照施工过程中形成的签证等书面文件确认。施工单位能够证明建设单位同意其施工，但未能提供签证等文件证明工程量发生的，可以按照施工单位提供的其他证据确认实际发生的工程量。

在建设工程中，工程量计量和工程计价是确定工程造价的直接的重要的

依据。尤其是单价固定的建设工程，工程量的有效计量是双方最终结算的重要依据，如果工程量无法计量或不能准确计量，则结算总价就无法确定，这就使双方产生巨大的争议。固定单价合同固然如此，固定总价合同工程量的计量也意义重大，比如依照形象进度支付进度款就需要有效的工程量计量。那么建设单位和施工单位对工程量存有争议的情形下如何确定工程量呢？

根据《新建设工程施工合同解释（一）》第 20 条可知，在一般情况下，建设单位和施工单位对工程量有争议的，可以按照施工过程中形成的签证等书面文件确认。另外，施工单位能够证明建设单位同意其施工，但未能提供签证文件证明工程量发生的，可以按照施工单位提供的其他证据确认实际发生的工程量。该规定系一般原则上的规定，但在司法实践中对于如何准确适用本条也是存在较大的争议的，比如“按照施工过程中形成的签证等书面文件确认”，其中的书面文件可以是哪些呢？实际上这个问题也是建设单位和施工单位特别关注的。

关于哪些书面文件可以作为确认工程量的依据，不少高级人民法院予以了回答。比如《北京市高级人民法院关于审理建设工程施工合同纠纷案件若干疑难问题的解答》第 13 条第 2 款以及《浙江省高级人民法院民事审判第一庭关于审理建设工程施工合同纠纷案件若干疑难问题的解答》第 10 条明确，双方在建设工程施工过程中形成的补充协议、会议纪要、工程联系单、工程变更单、工程对账签证以及其他往来函件、记录等书面证据可以作为计量工程量的依据。另外，双方在撤场交接时签订的会议纪要、交接记录以及监理材料、后续施工资料等文件可以用于确定工作量，不能确定的，可以根据工程撤场时未能办理交接及工程未能完工的原因等因素合理分配举证责任。

司法实践中，诸多建设工程施工合同案件工程款的确定与结算，最后须依据对工程量的确定，固定单价合同中尤为如此。固定单价合同，也即单价不变合同，是指施工合同签订、履行过程中，双方首先根据工程量清单中的具体施工内容确定工程量单价，然后根据暂定或者核定的工程量计算出施工合同总价，最后根据实际完成的工程量进行工程总价款的结算。此类合同的最主要特征在于合同双方确定的单价在合同有效期内原则上不变，并作为合同最终结算时的单价，工程量则按照实际完成的工程量计算，也即“量变价不变”。

虽然上述《新建设工程施工合同解释（一)》第20条规定了一般情形下工程量的计量原则，但因建设工程施工合同实际履行过程中，施工单位容易受到交易地位的限制，留存完善的工程量签证存在实际困难，且工程量变更的相关证据在表现形式上也较为简单及随意，给施工单位在工程量举证上设置了较大障碍。因此，在司法实践中，法院往往会在查明案件事实的基础上，综合审查施工单位提供的其他证据辅助认定施工合同的工程量，而非仅仅依据签证等文件进行工程量计算，这一点从上述高级人民法院的具体解答中也有所体现，比如浙江省高级人民法院认为双方在建设工程施工过程中形成的补充协议、会议纪要、工程联系单、工程变更单、工程对账签证以及其他往来函件、记录等书面证据，可以作为工程量计算和认定工程价款的依据。

另外，工程量计算准确与否，直接影响建设单位和施工单位双方的切身利益，亦是案件的处理结果是否公正的重要表现。因此，无论是建设单位还是施工单位应对工程量举证方面引起足够的重视，在此，笔者对确认工程量的相关文件做如下提示：

第一，工程签证。

工程签证发生在施工过程中，主要是指施工单位在施工图纸、设计变更所确定的工程内容以外，因施工图预算或预算定额取费中未含有，而对实际发生费用的施工内容所办理的签证，如由于施工条件的变化或无法预见的情况所引起工程量的变化。工程签证单可视为补充协议，如增加额外工作、额外费用支出的补偿、工程变更、材料替换或代用等，应具有与协议书同等的优先解释权。

但在司法实践中，利用工程签证认定工程量时也会存在问题，诸如存在仅针对部分工程量进行签证、施工单位出具工程签证单但建设单位负责人不予签字盖章确认、建设单位在错误位置签字盖章等情形。因此，施工合同双方在签订工程签证时，如欲通过签证之内容明确工程量的范围及责任承担等重要事项，则应注意以下事项：工程签证应基于合同双方协商一致的原则签订，工程量、工程价款、工期等工程的重要事项应明确，签字、盖章应清晰完整。

第二，证明工程量变化的其他证据。

建设工程施工合同履行过程中，除明确的工程签证可以直接反映工程量以外，下述文件资料也可反映工程量变化情况，并作为工程量确认依据：会议纪要；施工图纸；来往电报、函件、通知资料等；其他证据。施工单位能够提供证据证明建设单位同意其施工，但未能提供书面签证及上述文件证明实际工程量的，可通过提供其他证据确认实际发生的工程量。

案例案号：（2019）最高法民终1401号

案情概要：某工程170余万元的签证手续不完善，签证程序也不符合合同约定。建设单位以此抗辩拒绝支付该部分工程款。

裁判观点：该部分签证单的签证程序虽然不完善，但是会议纪要有建设方、监理方和施工方的签字，可以证实该施工工程量确实发生，原审法院对此予以认定并无不当。

66. 行政审计能否作为结算依据以及不同情形下的适用规则是什么？

答：行政审计是国家对建设单位基本建设资金的监督管理，不影响建设单位与施工单位的合同的效力及履行。但是，建设工程施工合同中明确约定以行政审计作为结算依据的，审计结论一般应当作为结算的依据。建设工程施工合同约定工程造价以行政审计意见为准，但审计单位未能出具审计意见的，法院一般会对审计单位未能出具审计意见的原因进行审查，区分不同情形分别作出处理。

要想准确地理解行政审计的适用规则，就要先搞懂什么是行政审计及行政审计是否影响合同效力。

第一，什么是行政审计。

在建设工程领域实务中，工程结算价款的确认依据有以下几种：建设单位与施工单位之间直接确认的结算文件、建设单位委托第三方造价咨询单位出具的结算文件、仲裁委或法院出具的生效法律文书，还有一种比较特殊的依据——行政审计。我们通常笼统地认为行政审计指审计机关就建设项目预算、结算和决算等所进行的审计活动，然而在实践中行政审计的准确概念应当是政府投资审计与财政投资评审。

何为政府投资审计与财政投资评审？根据《审计法》第 23 条可知，政府投资审计是审计机关对政府投资和以政府投资为主的建设项目的预算执行情况和决算，对其他关系国家利益和公共利益的重大公共工程项目的资金管理使用和建设运营情况，进行审计监督；根据《财政投资评审管理规定》第 2 条可知，财政投资评审是财政部门通过对财政性资金投资项目预（概）算和竣工决（结）算进行评价与审查，对财政性资金投资项目资金使用情况，以及其他财政专项资金使用情况进行专项核查及追踪问效。另外，《审计署关于印发政府投资项目审计规定的通知》更是详细地规定了行政审计的流程。

第二，没有遵守行政审计的规定是否影响合同效力。

根据《最高人民法院关于建设工程承包合同案件中双方当事人已确认的工程决算价款与审计部门审计的工程决算价款不一致时如何适用法律问题的电话答复意见》、《最高人民法院关于人民法院在审理建设工程施工合同纠纷案件中如何认定财政评审中心出具的审核结论问题的答复》、2011 年《全国民事审判工作会议纪要》第 25 条以及《2015 年全国民事审判工作会议纪要》第 49 条等内容可知，审计（政府投资审计）是国家对建设单位的一种行政监督，不影响建设单位与施工单位的合同的效力。建设工程施工合同案件应以建设单位与施工单位的约定作为法院判决的依据；财政部门对财政投资的评定审核（财政投资评审）是国家对建设单位基本建设资金的监督管理，也不影响建设单位与施工单位的合同的效力及履行。

第三，行政审计在建设工程施工合同中的适用规则。

其一，机关、事业单位和国有大型企业不得强制要求以审计机关的审计结果作为结算依据，在双方明确约定的情况下可以以审计结果为准结算工程价款，但不得以未完成审计为由拖延支付工程款。

根据《全国人民代表大会常务委员会法制工作委员会法规备案审查室关于对地方性法规中以审计结果作为政府投资建设项目竣工结算依据有关规定提出的审查建议的复函》、《关于纠正处理地方政府规章中以审计结果作为政府投资建设项目竣工结算依据的有关规定的函》、《国务院办公厅关于促进建筑业持续健康发展的意见》、《住房和城乡建设部办公厅关于加强新冠肺炎疫情防控有序推动企业开复工工作的通知》以及《建设工程工程量清单计价标准（征求意见稿）》第 11.3.10 条等内容可知，机关、事业单位和国有大型企业不得强制要求以审计机关的审计结果作为结算依据，行政审计作为结算依据需要双方具有真实意思表示的约定，建设单位不得将未完成审计作为延期结算、拖欠工程款的理由。

其二，审计单位未能出具审计意见的，法院一般会对审计单位未能出具审计意见的原因进行审查，区分不同情形分别作出处理。

综上，以审计为准结算工程价款未违反法律强制性规定，不影响合同效力，合同双方可以自由约定以审计为准结算工程价款。那么如果审计单位未能出具审计意见，应当如何处理呢？

根据《新建设工程施工合同解释（一）》第 30 条、《重庆市高级人民法院、四川省高级人民法院关于审理建设工程施工合同纠纷案件若干问题的解答》第 5 条以及《最高人民法院第六巡回法庭裁判规则》等规定可知，针对该情形一般按照下述规则进行处理：

（1）因施工单位原因导致未能及时进行审计的，如施工单位未按照约定报送审计所需的竣工结算资料等，施工单位请求以申请司法鉴定的方式确定工程造价的，法院一般不会支持。（2）因建设单位原因导致未能及时进行审计的，如建设单位收到施工单位报送的竣工结算资料后未及时提交审计或者未提交完整的审计资料等，可视为建设单位不正当地阻止条件成就，施工单位请求以申请司法鉴定的方式确定工程造价的，法院一般会支持。(3) 因审计单位原因未及时出具审计意见的，法院可以函告审计单位在合理期间内出具审计意见。审计单位未在合理期间内出具审计意见又未能作出合理说明的，施工单位请求以申请司法鉴定的方式确定工程造价的，法院一般会支持。

案例案号：（2020）最高法民终630号

案情概要：建设单位于2014年向市审计局出具《某工程竣工结算报送审计的函》后，至黄某2017年提起本案诉讼，市审计局始终未作出审计结论。

裁判观点：一般而言，当事人约定以审计部门的审计结果作为工程款结算依据的，应当按照约定处理。但审计部门无正当理由长期未出具审计结论，经当事人申请，且具备进行司法鉴定的条件的，人民法院可以通过司法鉴定方式确定工程价款。本案中市审计局始终未作出审计结论，原审法院根据黄某的申请，委托进行造价鉴定，并无不当。

67. 如果双方未约定以行政审计作为结算的依据，施工单位能否要求以审计部门确定的计价方式作为结算的依据？

答：不能。审计部门系政府内部监督机构，审计部门没有决定权，审计结论对施工单位和建设单位没有法律效力，根据合同相对性，结算依据或计价方式应由施工单位和建设单位双方通过合同约定。另外，如果审计部门改变了施工单位和建设单位约定的计价方式，当事人应及时提出异议，否则可能陷入被动。

第一，审计部门系政府内部监督机构，审计部门没有决定权，审计结论对施工单位和建设单位没有法律效力，根据合同相对性，结算依据或计价方式应由施工单位和建设单位双方通过合同约定。另外，如果审计部门改变了

施工单位和建设单位约定的计价方式，当事人应及时提出异议，否则可能陷入被动。

第二，如果无法证明施工单位与建设单位就计价方式达成过协议，笔者倾向于认为应当按照《民法典》第511条第2项的规定处理，而不能适用《新建设工程施工合同解释（一）》第19条第2项。

《民法典》第511条第2项规定，价款或者报酬不明确的，按照订立合同时履行地的市场价格履行；依法应当执行政府定价或者政府指导价的，依照规定履行。

即如果认为双方没有对计价方式达成合意，根据上述规定笔者倾向于认为一般应按照市场价格结算。

建设工程合同是合同的一种，受《民法典》调整，本条规定价款或者报酬不明确的，按照订立合同时履行地的市场价格履行；依法应当执行政府定价或者政府指导价的，依照规定履行。而定额则属于政府指导价。

适用《新建设工程施工合同解释（一）》第19条第2款的规定按照定额计算的观点是错误的。《新建设工程施工合同解释（一）》第19条第2款规定，因设计变更导致建设工程的工程量或者质量标准发生变化，当事人对该部分工程价款不能协商一致的，可以参照签订建设工程施工合同时当地建设行政主管部门发布的计价方法或者计价标准结算工程价款。本款适用的前提条件是设计变更，不是合同无效、合同约定不明或者没有约定，如果实际情况不是设计变更，则不能适用。

要正确理解《新建设工程施工合同解释（一）》第19条第2款，应当对原《最高人民法院关于审理建设工程施工合同纠纷案件适用法律问题的解释》第2条和第16条第2款之规定的立法背景、立法目的进行探讨。

原《最高人民法院关于审理建设工程施工合同纠纷案件适用法律问题的解释》第2条规定合同无效时合同价款的处理方式为无效合同参照有效合同进行工程价款结算。当时司法解释的起草人冯小刚法官在征求意见的时候存在两种观点：一种观点认为，合同无效以后应该按照定额结算工程价款，江苏省高级人民法院有相关判例；另一种观点认为，合同无效以后应该按照合同约定结算工程价款，上海市高级人民法院所有判例都是合同无效按照有效处理，在实践中没有大的争议。但是江苏省高级人民法院判决建设工程施工合同无效按照定额结算工程价款，实践当中有很大的争议，主要原因是建设工程的定额远比在实践当中合同约定的合同价款高，那么违法者违约者将会获利。且2004年建筑领域有20%到30%的建设工程施工合同无效，所以最高人民法院最后规定，合同无效还是按照合同约定结算工程价款。

原《最高人民法院关于审理建设工程施工合同纠纷案件适用法律问题的解释》第16条第2款没有规定合同无效、约定不明或没有约定的适用当时当地的定额，而是规定设计变更的工程价款适用定额来结算，主要有两个理由：

其一，设计变更的工程量一般不会超过总工程量的5%；其二，当时全国各地在推行最低价中标，所以一般经过招投标的合同，利润几乎为0或仅有3%到5%，在最低价中标的前提下，很多承包人采用不平衡的报价。又因设计变更是发包人提出来的，如果设计变更的部分还是按照原来的合同约定结算工程价款，对承包人不利，所以采用了定额计价。

《新建设工程施工合同解释（一）》第19条第2款的规定仅在此情况下可以适用：例如，原来合同约定只有50万立方米，后来因为设计变更增加了5万立方米，那么5万立方米可以适用定额，而50万立方米只能适用原来的合同价；如果没有原来的合同价，依据《民法典》第511条第2项的规定只能用市场价格。

案例案号：（2012）民提字第205号

案情概要：施工单位主张工程的结算以审计机关的审计结果为准。分包单位抗辩合同无此约定，结算不能以审计结果为准。

裁判观点：根据《审计法》的规定及其立法宗旨，法律规定审计机关对政府投资和以政府投资为主的建设项目的预算执行情况和决算进行审计监督，目的在于维护国家财政经济秩序，提高财政资金使用效益，防止建设项目中出现违规行为。双方之间关于案涉工程款的结算，属于平等民事主体之间的民事法律关系。因此，本案诉争工程款的结算，与法律规定的国家审计的主体、范围、效力等，属于不同性质的法律关系问题，即无论案涉工程是否依法须经国家审计机关审计，均不能认为，国家审计机关的审计结论，可以成为确定本案双方当事人之间结算的当然依据。

68. 以借款的名义预支工程款在工程结算中一般如何处理?

答： 建设工程施工合同履行过程中，施工单位出具借条预支工程进度款，建设单位或施工单位在结算工程价款过程中主张抵扣借款本金及利息的，有的法院认为应当一并处理。而建设单位支付的款项性质应为借款还是工程款，须从合同签订主体、约定的权利义务是否与工程款具有关联性等角度进行个案的具体分析，因此，建设单位支付的款项性质是借款还是工程款不能一概而论。

《建设工程价款结算暂行办法》第3条规定，建设工程价款结算，一般是指对建设工程的发承包合同价款进行约定和依据合同约定进行工程预付款、工程进度款、工程竣工价款结算的活动。而由于建设工程施工周期长，施工过程中出现工程变更、材料价格上涨、工期延误、进度款支付不及时、施工单位资金紧张、工程进度缓慢等多种原因，易导致双方对工程价款结算无法达成一致。实务中，工程款支付与价款结算历来也是双方争辩的重点。

在实践当中，建设单位向施工单位支付工程款，有的以借款形式发生。但由于施工单位通常处于弱势地位，为尽快拿到预付款或进度款，只能接受建设单位以借款名义支付工程款的要求并予以配合，签订相关文件。施工单位主张建设单位以借款形式支付部分工程款，将会存在一定的法律风险。

采取以借款的名义支付工程款的方式进行项目结算，建设单位欲借此在项目结算中占据主动权，如果项目顺利竣工结算，则建设单位与施工单位双方默认借款转换为工程款，借款合同权利义务消灭。项目建设过程中如果出现纠纷，建设单位很有可能以借款合同以及相应的转账凭证作为依据，要求施工单位归还借款本金及利息等费用。双方在工程款最终结算时，对该款项的性质是借款还是工程款，也会发生争议。

因此，出现上述纠纷的时候，就需要厘清双方争议的焦点，那么也就自然产生了这些紧要的问题需要解决：借款合同与施工合同的性质与区别是什么？建设单位支付的款项性质应为借款还是工程款？

根据《民法典》第667条可知，借款合同是借款人向贷款人借款，到期返还借款并支付利息的合同，即借款合同产生的款项性质为借款；同理根据第788条可知，施工合同产生的款项性质为工程款。借款合同与施工合同的区别在于：借款基于出借人支付借款的行为而产生，工程款基于施工单位进行施工建设的行为而产生。在个案中需结合具体情况分析支付款项的性质。

值得注意的是，实践中，借支工程款的主体很可能不是建设单位与施工单位，而是双方的法定代表人或项目负责人等，在这种情况下，如果认定为借款合同的话，则相关借款合同为实践合同而不是诺成合同。根据《民法典》第679条可知，自然人之间的借款合同，自贷款人提供借款时成立。

笔者在此提醒，实务中建设单位向施工单位支付款项时，主要审查的方向一般为以下两个：

第一，关于合同的主体。

在施工合同履行过程中，建设单位是工程款的付款义务主体，需审查付款的主体是否为施工合同中的建设单位。常见的付款主体有建设单位的职员、股东、实际控制人等。如借款合同当事人与施工合同当事人不一致，需审查是否为建设单位代付工程款，结合相关证据如不能证明系代付工程款，则会认定为借款。

第二，约定的权利义务是否与工程款具有关联性。

实务中，需审查是否已达到支付工程款的条件，如施工单位不能举证证明已满足支付工程款的条件，该款项应认定为借款，否则应认定为工程款。例如，在借款合同中明确约定以工程竣工或完成部分工程等作为合同的付款条件的，因其与施工合同之间存在关联性，结合相关证据可认定该项为工程的预付款或进度款。借款合同的签订及付款时间也是认定合同性质的一个关键，如果签订借款合同的时间在施工合同签订前或约定的付款时间在工程完工后，如无相关证据证明该款项的给付与工程之间存在关联性，也难以认定为工程款。通常情况下，借款合同所借出的款项都是支付给借款人的。实践中，施工单位预支工程款的目的通常是支付工程所需的建材款，建设单位的款项很可能支付给材料商、劳务人员等。当建设单位与施工单位签订借款合同，并将借款支付给建设工程相关的材料商、劳务人员时，该款项的性质能被认定为工程款而非借款。

综上，笔者倾向于认为，认定建设单位支付的款项性质应为借款还是工程款，不能一概而论。可从以下方面考虑：第一，借款合同主体与施工合同主体是否一致。当事人的一致性是分析合同性质的重要因素之一。如果借款合同的双方当事人与施工合同的双方当事人一致，则很有可能存在以借款名义支付工程款的情况；反之，若两者之间的主体不一致，在缺乏其他证据的情形下，应将该类款项认定为借款，而不是工程款。第二，当事人之间的借款合同是否满足借款合同的要素。对于当事人之间存在的资金往来，应从转账凭证备注的用途是否为借款、借款合同约定的内容是否符合正常的借贷逻辑，分析双方之间的基础法律关系，查明当事人之间是否存在借款的意思表示。若符合借款合同的要素，则认定为借款。第三，借款合同约定的权利义务是否与建设工程关联等。应结合支付条件、支付时间、付款用途、支付习惯、是否欠付工程款、是否用于施工活动、是否为施工义务的对价等，分析该付款行为的法律性质。此外，对于施工单位而言，应谨慎选择以借款名义预支工程款的方式，否则有可能承担偿还借款及利息的风险，如确需预支工程款，可向建设单位正式提出支付工程款的申请，如向建设单位出具预支单、支条等，尽量避免出具借条。

另外，根据《湖南省高级人民法院关于审理建设工程施工合同纠纷案件若干问题的解答》第 14 条等规定可知，建设工程施工合同履行过程中，当事人出具借条预支工程进度款，建设单位或施工单位在结算工程价款过程中主张抵扣借款本金及利息的，法院一般会一并处理。

案例案号：（2020）最高法民终860号【主体一致，欠付工程款时的借款认定为工程款】

案情概要：建设单位认为借款是因施工单位在施工过程中资金短缺导致，双方签订的《借款合同》系双方真实意思表示，施工单位应当按照约定支付相应利息。

裁判观点：本案各方当事人之间为建设工程施工合同关系。双方签订的多份《借款合同》均约定借款用于案涉工程，且部分合同中施工单位明确注明借款原因系双方未办理结算。因此，在建设单位没有证据证明其已按照合同约定的付款进度完成工程进度款支付义务的情况下，其负有向施工单位支付工程款的义务，其以借款方式向施工单位的付款应视为支付工程款，计取利息没有法律依据。一审判决对此认定有误，应予纠正。

案例案号：（2019）最高法民终1572号【主体不一致，认定为借款】

案情概要：公司与个人两个不同的民事主体，能否凭借个人账户借、贷明细中的备注信息来证明转账款项是公司支付的工程款？

裁判观点：李某虽曾是建设单位的法定代表人，范某虽是施工单位的法定代表人，但公司与个人是两个不同的民事主体。根据账户明细，范某该个人账户中收到李某的大部分款项备注信息为借款，范某转出款项明细中的备注信息中部分为工程款，但仅凭范某个人账户借、贷明细中的备注信息，不能证明转账款项是建设单位向施工单位支付的工程款。

69. 建设工程施工中垫资的认定和处理原则是什么？

答：政府投资项目不得由施工单位垫资建设，笔者倾向于认为政府投资项目合同中的垫资施工条款应认定为无效合同条款，非政府投资项目合同中的垫资施工条款应当属于合同双方意思自治的范畴，不违反效力性强制性规定，故合同有效。如果合同有效，双方对垫资和垫资利息有约定的按照约定处理，但是约定的利息计算标准高于垫资时的同类贷款利率或者同期贷款市场报价利率的部分除外。对垫资没有约定的，按照工程欠款处理。当事人对垫资利息没有约定，施工单位请求支付利息的，法院一般不会支持。

施工合同中垫资条款是否有效？

垫资施工多因建设单位利用优势地位“延迟”支付工程款而产生，导致在建设工程商业活动中出现很多弊端，比如拖欠建筑工人工资、拖欠劳务款和材料款等。针对垫资施工的现象，现行的法律和政策仅对政府投资项目的垫资施工作了禁止性规定，未对非政府投资项目的垫资施工作出禁止性规定。

第一，非政府投资项目的垫资施工条款原则上有效。

《新建设工程施工合同解释（一）》第25条是关于垫资约定的效力以及未对垫资进行约定的处理原则的规定：其一，一般施工合同中垫资条款的约定有效，建设单位与施工单位对垫资和垫资利息有约定，施工单位请求按照约定返还垫资款及其利息的，法院一般会予以支持，但是约定的利息计算标准不得高于垫资时的同类贷款利率或者同期贷款市场报价利率，高于的部分法院一般不会支持；其二，建设单位与施工单位对垫资没有约定的，法院一般按照工程欠款进行处理，双方没有对垫资利息进行约定，施工单位要求支付利息的，法院一般不会支持。

第二，政府投资项目的垫资施工条款应为无效。

笔者倾向于认为政府投资项目中垫资条款的处理与非政府投资项目不一样，国家明文禁止政府投资项目的垫资，且该禁止应属效力性强制性规定，即违反该禁止性规定的垫资条款应属无效。

早在2006年原建设部、国家发展和改革委员会、财政部、中国人民银行就联合发布了《关于严禁政府投资项目使用带资承包方式进行建设的通知》，其第 3 条明文规定，对于使用带资承包方式建设的政府投资项目，一经发现，有关部门要按照有关法律法规对该建设单位进行查处并依法进行行政处罚，同时建设等部门应停止办理其报建手续，对该类垫资项目不予竣工验收备案等。

2019 年，《政府投资条例》正式公布，该条例第 22 条第 2 款、第 23 条第 1 款分别规定了“政府投资项目不得由施工单位垫资建设”以及“政府投资项目建设投资原则上不得超过经核定的投资概算”（以下简称“两项规定”）。在地方政府大规模举债推进基础设施建设的现象比比皆是的当下，“两项规定”不可谓不严厉，而且同年国务院发布了《保障农民工工资支付条例》，其第 23 条第 2 款亦规定了政府投资项目所需资金，应当按照国家有关规定落实到位，不得由施工单位垫资建设。

那么一旦违反“两项规定”，违规项目的工程承包合同中相应条款的效力是否因此受到影响？笔者倾向于认为，“两项规定”背后隐含着对社会公共利益的保护，民事行为违反“两项规定”的，应依法认定无效。

上述《政府投资条例》《保障农民工工资支付条例》中规定，政府投资项目不得由施工单位垫资建设。笔者倾向于认为该规定的出台不仅仅是为了行政管理，还为了消除垫资施工产生的不良后果，规范建筑市场秩序，控制超概算资金投资，解决拖欠工程款和农民工工资问题，是国家对固定资产投资的宏观调控措施。关于政府投资项目不得由施工单位垫资建设的规定应当属于效力性强制性规定，具体理由如下：

强制性规范指的是，国家公权力必须执行的、不能依当事人意思自治排除或改变的规定。从《政府投资条例》第 22 条第 2 款、第 23 条第 1 款的文义来看，“两项规定”使用了“不得”的表述，并且该条例第 34 条对违反“两项规定”科以了“责令改正，根据具体情况，暂停、停止拨付资金或者收回已拨付的资金，暂停或者停止建设活动，对负有责任的领导人员和直接责任人员依法给予处分”的严厉法律责任。这足以表明，“两项规定”是强制性规范。然而，违反强制性规范的合同是否当然无效？显然不能得出这一结论。根据《关于当前形势下审理民商事合同纠纷案件若干问题的指导意见》第15条的规定，强制性规范分为两类，一类为管理性强制性规范，另一类为效力性强制性规范。违反管理性强制性规范，仅产生公法上的行政责任乃至刑事责任，当事人之间的合同的效力并不当然地受影响，只有违反了效力性强制性规范才会导致合同无效。

由此可见，判断违反“两项规定”的行为是否导致违规项目的相关合同条款无效，需要先判断“两项规定”是否属于效力性强制性规范。笔者倾向于认为，地方投资行为固然是为了推动经济发展、推动基础设施建设，以便提供更好的公共服务，但在客观的经济规律下，超过地方财政负担能力的负债不仅不能实现原本目的，反而容易破坏社会秩序，危及社会公共利益。正因如此，“两项规定”直接禁止相应的合同行为。从这一分析立场出发，“两项规定”显然应归为效力性强制性规范。

案例案号：（2019）川14再18号【认为系效力性强制性规范，条款无效】

案情概要：某政府投资项目在合同中约定“通过审计后，付至审计后工程总价的95%”，“审计完成并且承包人办理完成竣工资料归档后付至结算金额的95%”。

裁判观点：《政府投资条例》规定政府投资项目不得由施工单位垫资建设。垫资施工的约定应当无效，对合同当事人不具有拘束力。

案例案号：（2020）甘09民终1147号【认为系管理性强制性规范，条款有效】

案情概要：某政府投资项目在合同中约定项目竣工验收合格后，双方再进行结算，由施工单位开具9%的发票后，建设单位才支付97%的工程款。

裁判观点：关于垫资条款效力的问题。双方签订的《建设工程施工合同》系双方真实意思表示，各自应当按照约定全面履行义务。施工单位辩称其所承建的工程属政府投资项目，双方关于垫资建设的约定违反行政法规的强制性规定，施工单位不构成违约。经审查认为，《政府投资条例》中关于政府投资项目不得由施工单位垫资建设的规定，系强制性规定中的管理性规定，而且双方已经按照合同约定履行了部分义务，根据诚实信用原则及维护市场秩序的要求，不应认定合同无效。

70. 建设工程中拖欠工程款产生的利息如何处理?

答：建设单位和施工单位双方对欠付工程价款利息计付标准有约定的，按照约定处理，没有约定的，按照同期同类贷款利率或者同期贷款市场报价利率计息；利息从应付工程价款之日开始计付。双方对付款时间没有约定或者约定不明的，下列时间视为应付款时间：(1) 建设工程已实际交付的，为交付之日；(2) 建设工程没有交付的，为提交竣工结算文件之日；(3) 建设工程未交付，工程价款也未结算的，为起诉之日。

一、欠付款利息的性质及计付标准

实践中，建设单位与施工单位签订建设工程施工合同时，一般会在违约条款中约定“甲方未能按时向乙方支付工程款的，甲方应当向乙方支付欠付工程款期间的利息，利息按年利率 ×% 计算”。但在发生纠纷时，即使合同已明确约定欠付工程价款利息标准，建设单位往往会主张约定的利息标准过高，要求法院予以调整。

根据《新建设工程施工合同解释（一）》第 26 条之规定，双方对欠付工程价款利息计付标准有约定的，一般应按照约定处理。没有约定的，法院则一般按照同期同类贷款利率或者同期贷款市场报价利率计息。

那么双方约定的利息如果过高一般应如何处理呢?

对《新建设工程施工合同解释（一）》第 26 条规定的“欠付工程价款利息”的性质存在两种不同观点：违约金说及法定孳息说。只有在确定了欠付工程价款利息的法律性质的前提下，方可进一步判断合同约定标准是否过高并予以调整。

第一种，违约金说。

该说认为《新建设工程施工合同解释（一）》第 26 条的规定实质属于违约金条款，根据《民法典》第 585 条的规定，约定的违约金过分高于造成的损失的，法院可以根据当事人的请求予以调整。

《新建设工程施工合同解释（一）》第 26 条本来的含义是没有约定欠付工程价款利息计付标准的按照贷款利息计算，而不是只要约定了就必须要按约定处理。约定利息本质上就是违约金，必然受到《民法典》关于违约金调整的规定的约束。

关于违约金计算标准问题，可以参照《全国法院贯彻实施民法典工作会议纪要》的规定，约定的违约金超过根据《民法典》第 584 条确定的损失的 30% 的，一般可以认定为《民法典》第 585 条第 2 款规定的“过分高于造成的损失”，可予以调整。

第二种，法定孳息说。

该说认为《新建设工程施工合同解释（一）》第 26 条的规定属于对利息的规定。利息为法定孳息，双方约定不超过《最高人民法院关于审理民间借贷案件适用法律若干问题的规定》第 25 条规定的一年期贷款市场报价利率四倍的，法院均应予以支持。

《新建设工程施工合同解释（一）》第 26 条明确规定的是利息，没有任何模糊或歧义，应当按照字面意思进行理解，合同中对利息有约定的从约定，没有约定的按照同期同类贷款利率或者同期贷款市场报价利率计息。建设单位与施工单位在合同中明确约定了欠付工程款利息，就说明合同签订时双方已经对该利息条款进行了协商，系双方真实意思。根据意思自治原则，只要该利息未超过法律保护的最高上限，就应当尊重双方的约定，这亦体现了鼓励诚信履约、惩罚违约的立法精神。

实际施工过程中，建设单位或施工单位的融资成本有时远不止银行贷款利率，如果法院直接将双方已约定的较高利率调整为同期同类贷款利率或者同期贷款市场报价利率（或者在此标准上，适当上浮 30%），其实等于变相支持拖欠工程款，毕竟建设单位融资成本一般也不会低于这个标准。

笔者倾向于认为，《新建设工程施工合同解释（一）》第26条所涉的迟延支付工程款利息的性质应界定为法定孳息。法定孳息是指根据法律规定，因法律关系而产生的收益，如房屋出租的租金、借贷产生的利息等。根据建设单位与施工单位签订的建设工程施工合同，在达到付款条件时，建设单位与施工单位即成立了以付款和收款为主要内容的法律关系，若建设单位延迟支付工程价款，则施工单位有权向建设单位主张延期付款期间的利息，该利息就是欠付工程价款期间产生的孳息。

二、欠付款利息的起算点问题

根据《新建设工程施工合同解释（一）》第27条可知，应付工程价款之日等同于欠付工程价款利息的起算点。确定应付工程价款之日首先需要区分双方签订的施工合同是否明确约定了应付工程价款时间，其次看建设工程是否实际交付，若仍不符合，再看施工单位是否提交了竣工结算文件，最后，前述三个条件均不满足时，才以起诉之日作为应付工程价款之日。

而其中，以合同约定确定工程价款利息的起算点的问题尤为重要：

如果建设单位与施工单位就工程价款支付时间有明确约定，则应依照合同约定履行。又因建设工程施工合同系持续性合同，不能将合同局限于合同文本，还应当包括建设单位和施工单位在施工过程中就目标工程价款支付问题达成的合意，如签证、补充协议、备忘录、结算协议以及会议纪要等。

此外，建筑领域是无效合同频发领域，依据《民法典》第155条的规定，无效的或者被撤销的民事法律行为自始没有法律约束力。故出现建设工程施工合同无效情形时，建设单位和施工单位不受相关条款约束，应视为没有约定，则适用《新建设工程施工合同解释（一）》第27条之规定来确定应付工程价款时间，进而确定欠付工程价款利息的起算点。

案例案号：（2019）最高法民终895号

案情概要：双方在一审期间签订的《工程造价确认单》中约定施工单位

不再追究此前建设单位与工程承包合同有关的任何违约赔偿责任。后施工单位诉请建设单位支付工程欠款利息。

裁判观点：发包人应当向承包人支付的欠付工程款利息的性质为法定孳息，而不是一种违约赔偿责任承担方式。因此，施工单位要求支付工程欠款利息，系主张工程欠款相应的法定孳息，符合双方约定和法律规定。

七、工程工期

71. 建设工程的实际开工日期如何认定？

答： 建设单位和施工单位之间对建设工程开工日期有争议的，法院一般会分别按照以下情形予以认定：第一，开工日期为建设单位或者监理单位发出的开工通知载明的开工日期；开工通知发出后，尚不具备开工条件的，以开工条件具备的时间为开工日期；因施工单位原因导致开工时间推迟的，以开工通知载明的时间为开工日期。第二，施工单位经建设单位同意已经实际进场施工的，以实际进场施工时间为开工日期。第三，建设单位或者监理单位未发出开工通知，亦无相关证据证明实际开工日期的，应当综合考虑开工报告、合同、施工许可证、竣工验收报告或者竣工验收备案表等载明的时间，并结合是否具备开工条件的事实，认定开工日期。

开工日期作为工期的起算点，对建设单位和施工单位都很重要。对建设单位来说，它是向施工单位追究逾期竣工违约责任的关键。对施工单位来说，它是逾期竣工免责以及向建设单位主张停窝工损失赔偿的关键。在建设单位和施工单位对开工日期没有争议的情况下，开工日期容易确定。但在有争议的情况下，是以开工通知中记载的开工日期为准呢？还是以施工单位实际进场的日期为准？抑或以施工许可证上记载的开工日期为准？

实务中，影响工期认定的主要因素为开工日期和竣工日期的认定，而争议最多的也是开工日期和竣工日期的认定问题。一般情况下，认定是否构成工期违约，首先要明确的就是开工日期。所谓开工日期主要是指施工单位实际进场开始施工的日期。鉴于实务中对开工日期的认定存在不同的观点和争议，笔者根据实务经验，总结出关于开工日期的认定主要有以下四种情形：（1）建设工程施工合同中明确约定的开工日期；（2）开工通知或开工报告上的开工日期；（3）施工许可证上的开工日期；（4）施工单位实际开工日期。

正是由于存在上述四种不同情形下的开工日期，导致实践中对开工日期的认定长期无法达成统一的观点。

原《最高人民法院关于审理建设工程施工合同纠纷案件适用法律问题的解释（二）》等司法解释出台后，为开工日期的认定提供了裁判依据，《新建设工程施工合同解释（一）》第 8 条亦延续了先前的规定，故实务中对开工日期的认定基本上应当按照以下原则进行：经建设单位同意已经实际进场施工的，则以实际进场施工的时间为开工日期。非因施工单位原因如不具备开工条件而导致无法开工的，则应当以开工条件具备后的时间为开工日期。因施工单位原因导致迟延开工的，则应当以开工通知单上记载的时间为开工日期。无其他相关证据证明实际开工日期的，则应当综合考虑开工报告、合同、施工许可证、竣工验收报告或者竣工验收备案表等载明的时间，并结合是否具备开工条件的事实，认定开工日期。除了最高人民法院的司法解释之外，各高级人民法院关于工程期限即开工日期也有相关的指导性意见，比如《浙江省高级人民法院民事审判第一庭关于审理建设工程施工合同纠纷案件若干疑难问题的解答》第 5 条、《北京市高级人民法院关于审理建设工程施工合同纠纷案件若干疑难问题的解答》第 25 条以及《安徽省高级人民法院关于审理建设工程施工合同纠纷案件适用法律问题的指导意见（二）》第 3 条等。

对于上述认定开工日期的原则应特别注意以下几个问题：

第一，适用该认定原则的前提是建设单位和施工单位对建设工程开工日期有争议。

虽然建设单位和施工单位在施工合同中约定了开工日期，但在实践中，会因各种情况导致建设工程施工合同的实际履行与双方的约定不一致，比如建设工程的行政审批手续是十分复杂和严格的，这与建设工程各方急于获利的目的和想法自然会产生冲突。建设单位和施工单位急于开始施工获利，但是建设单位取得建设用地或者拆迁存在困难，难免出现计划开工日无法开工的情形。施工单位有时为了节约时间，在开工通知上记载的开工日期之前进场施工，有时因施工条件尚未具备而在规定的开工日期之后才开始实际施工。即便监理单位发出开工通知，由于开工条件不具备，开工通知上记载的开工日期未必是实际开工日期。建设工程施工合同、建筑工程施工许可证、开工通知以及开工报告有可能记载不同的开工日期，上述文件记载的开工日期与施工单位实际进场施工的日期也可能不一致。如果涉及诉讼，双方各执一词，开工日期的事实认定就会存在争议，如果双方存有争议，则开工日期的认定原则上以上述论述为准。

但值得注意的是，适用该原则的前提系双方对开工日期存有争议，如果建设单位和施工单位能够协商一致，法院一般会以双方确认的日期为实际开工日期。

第二，建设单位或者监理单位未发出开工通知亦无相关证据证明实际开工日期的情形下认定开工日期的思路。

根据双方存有争议时开工日期的认定原则来看，开工通知在认定开工日期时效力是非常高的，即如果有开工通知，则开工日期的认定比较直接。如果没有开工通知，也无相关证据可直接证明实际开工日期，在司法实践中争议巨大，即所谓“应当综合考虑开工报告、合同、施工许可证、竣工验收报告或者竣工验收备案表等载明的时间，并结合是否具备开工条件的事实，认定开工日期”应如何理解和适用?

第一种观点认为，若无证据证明实际开工日期，亦无开工报告，则应以合同约定的开工日期为准。《安徽省高级人民法院关于审理建设工程施工合同纠纷案件适用法律问题的指导意见（二)》第 3 条第 3 款对此有明确规定。

第二种观点认为，一般情形下，如果没有相反的证据予以反驳，《新建设工程施工合同解释（一)》第 8 条第 3 项列举文件的证明力应理解为从大到小。

第三种观点认为，如果实际开工日期无法确定，应以开工报告、会议纪要、施工许可证、合同约定这样的顺序进行确定；如果无任何书面材料注明开工日期，则应以合同约定的开工时间为实际开工时间。

笔者倾向于认为，该问题的争议较大，司法实践中亦未统一，建设单位和施工单位可在个案中选择有利于自身的观点以争取更多的利益。

案例案号：（2019）云民终1405号

案情概要：建设单位与施工单位没有在合同中对于开工时间明确约定，仅约定有"以建设单位书面通知为准"，"工期自开工通知中载明的开工日期起算"，双方对开工时间发生争议。

裁判观点：案涉合同约定，开工日期以建设单位书面通知为准，而本案中双方确认建设单位未发出过开工通知。施工单位发出的《某工程协商结算方案的回复函》中载明"我司于2014年11月20日正式开始进场施工……"且从施工单位提交的《施工日志》看，2014年11月20日施工单位确有施工行为，故确定2014年11月20日为开工日期。

72. 建设工程的实际竣工日期如何认定或日期如何确定？

答：双方对竣工日期没有争议的，竣工日期以双方一致认可的为准，比如双方签字确认竣工日期的，应以双方确认的日期为竣工日期。双方对建设工程实际竣工日期有争议的，法院一般会按照三种情形分别予以认定：（1）建设工程经竣工验收合格的，以竣工验收合格之日为竣工日期；（2）施工单位已经提交竣工验收报告，发包人拖延验收的，以施工单位提交验收报告之日为竣工日期；（3）建设工程未经竣工验收，建设单位擅自使用的，以转移占有建设工程之日为竣工日期。

在建筑行业中，竣工日期、竣工之日、验收合格之日、通过验收之日等各种表述都在被广泛、普遍使用，其意义基本一致。另外，完工日期和竣工

验收合格之日之间会有一个时间差，工程完工后，施工单位在工程经自检合格后，会向建设单位提交竣工验收报告，并提交相关竣工验收资料，在建设单位的主持下，由工程的设计方、监理方、勘察方、施工方等共同对工程进行验收，验收合格的，工程即竣工。竣工日期对于计算质量保修期、缺陷责任期、质保金返还期限、质保金利息、工程款利息等均具有重要意义。

针对该问题各高级人民法院和最高人民法院出台了相关的解释或解答等，比如《陕西省高级人民法院关于审理建设工程施工合同纠纷案件若干问题的解答》第 2 条、《安徽省高级人民法院关于审理建设工程施工合同纠纷案件适用法律问题的指导意见（二）》第 5 条，以及《深圳市中级人民法院关于建设工程合同若干问题的指导意见》第 9 条等。《新建设工程施工合同解释（一）》第 9 条对该问题的处理进行了分类，具体如下：

首先，建设工程经竣工验收合格的，以竣工验收合格之日为竣工日期；其次，施工单位已经提交竣工验收报告，建设单位拖延验收的，以施工单位提交验收报告之日为竣工日期；最后，建设工程未经竣工验收，建设单位擅自使用的，以转移占有建设工程之日为竣工日期。

针对《新建设工程施工合同解释（一）》第 9 条如何适用的问题，笔者结合司法实践认为应注意以下几点：

第一，有约定的前提下按照约定认定竣工日期。

如果建设工程施工完毕之后，建设单位和施工单位对竣工日期产生争议，一般法院会以该条解释作为裁判依据。但需要提示的一点是，该条解释并未排除建设单位和施工单位对于竣工日期的自由约定，因此，建设工程施工合同的内容不可忽视，比如 2007 版《标准施工招标文件》、2017 版《建设工程施工合同（示范文本）》中对竣工日期的约定是“承包人提交竣工验收申请报告之日为实际竣工日期”。在这种情况之下，如果建设单位和施工单位采用了上述示范文本或在专用条款中对竣工日期作出了特别约定，原则上应当以其约定作为认定竣工日期的基础。

所谓“该条解释并未排除建设单位和施工单位对于竣工日期的自由约

定”的法理基础是民法中的意思自治原则。在民事法律领域，民事主体实施民事法律行为，只要法律未设置明文禁止的规范，民事主体即可为之；只要不违反法律的强制性规定，民事主体都可以自由行使自己的民事权利。意思自治原则的实质是赋予民事主体以意思自由，在法律允许的范围内，自主决定自己的事务，自由从事各项民事活动，充分地实现自己的价值。《新建设工程施工合同解释（一)》第9条并未禁止建设单位和施工单位自由约定竣工日期，相关的法律法规中亦未有禁止性规定。因此，在建设单位与施工单位对竣工日期存有争议的情形下适用上述解释自不必多言，但笔者认为，双方亦可以对竣工日期进行自由约定，于法不悖。

第二，如何理解及适用“建设单位擅自使用的，以转移占有建设工程之日为竣工日期”。

建设工程已经竣工或已经验收合格的，该种情形下如何认定竣工日期在司法实践中争议不大，而且根据《新建设工程施工合同解释（一)》第9条的前两项可以较为有效地应对和处理，但对于第3项“建设工程未经竣工验收，发包人擅自使用的，以转移占有建设工程之日为竣工日期”的理解和适用在司法实践中最值得注意。

何为建设单位擅自使用？对于如何界定建设单位擅自使用部分，显然是审判实践中必须解决的问题。对此，各地法院的理解和做法不尽一致。有的认为，对于一处建筑、一栋楼，其是一个不可分割的整体，只要建设单位擅自使用了，就应视为其对整个工程的使用。也有的认为，对于建设单位擅自使用的认定，应仅限于建设单位实际使用部分，没有证据证明建设单位实际使用的部分，应排除在外。对此，笔者倾向于认为，关于建设单位擅自使用部分，应结合建设工程的结构、使用功能以及建设单位使用情况等综合予以认定，对于与建设单位实际使用部分不可明确分割的部分，虽然没有证据证明建设单位实际使用，也应认定为建设单位擅自使用部分，反之则予以排除。

案例案号：（2018）最高法民终231号

案情概要：案涉工程于2011年7月开工，2014年11月施工单位撤离工地。双方认可已完成总工程量的90%。建设单位于2015年陆续出售房屋，当年底开始向购房者交付房屋，有部分业主已经入住。案涉工程没有竣工验收。

裁判观点：本案中，结合案涉工程没有竣工验收，建设单位于2015年12月1日为购房者办理了入住手续交付房屋的事实，应认定2015年12月1日为工程转移占有之日，也为案涉工程竣工日期，并应以此日期作为计算质保金返还期限的起始时间。

73. 建设工程顺延工期一般情况下需要什么基本条件？

答：施工单位一般应按照施工合同约定的方式申请工期顺延；双方约定顺延工期应当经建设单位或者监理单位签证等方式确认；施工单位虽未取得工期顺延的确认，但如果能够证明在合同约定的期限内向建设单位或者监理单位申请过工期顺延且顺延事由符合合同约定，施工单位可以此为由主张工期顺延，法院一般会予以支持；如果双方约定施工单位未在约定期限内提出工期顺延申请视为工期不顺延，则法院一般按照约定处理（但建设单位在约定期限外同意工期顺延或者施工单位提出合理理由的，法院一般可予以支持）。

工期应否予以顺延是建设工程施工合同纠纷中常见的争议，也是司法实践中的难点。施工单位因建设单位欠付工程款提起诉讼，建设单位往往以工期延误为由提起反诉要求施工单位承担相应的工期延误责任，如支付逾期竣工违约金等。建设单位主张的逾期竣工违约金有时接近或者超过施工单位主张的工程款。建设工程的利润较少，高额逾期竣工违约金通常使施工单位承建工程出现亏损。当然对建设单位来说，如果工程不能按期投入使用，会严重影响后期的生产经营或者房产销售等，业主也会向开发商主张逾期交房违约金，建设单位的损失切实存在。因此工期应否顺延对建设单位和施工单位双方权利义务影响甚巨，任何一方均应予以重视。对于工期顺延问题，笔者

做以下分析：

根据《民法典》第803条可知，建设单位未按照约定的时间和要求提供原材料、设备、场地、资金、技术资料的，施工单位可以顺延工程日期，同时有权请求赔偿停工、窝工等损失。本条系施工单位可以顺延工期的法定情形。在实际施工过程中，建设单位和施工单位也可以对工期顺延的情形予以约定。因此，施工单位一般可以基于法定情形和约定情形向建设单位申请工期顺延。

笔者倾向于认为要求施工单位申请工期顺延的法理原因主要在于两点：其一，要求施工单位在工期顺延事件发生时及时申报，以便建设单位及时查证。如果施工单位已申请，则施工单位并无过错，否则事过境迁，仅凭对工期影响的证据，各方包括法院均难以进行查证、分析。其二，如果施工单位根本没有主张过工期顺延，有可能会被认为工期延误被克服或放弃顺延权利。基于此，笔者提醒关于顺延工期应注意以下几点：

第一，施工单位申请顺延工期一般要及时按照合同约定提出相应的申请。

根据住建部发布的《建设工程施工合同（示范文本）》（GF－2017－0201）通用条款第19.1条，施工单位的工期索赔，也就是建设工程实践中以及司法解释中常说的“工期顺延申请”，一般应遵循“28＋28＋28”的时间限制，即施工单位要在知道或应当知道索赔事件发生后28天内递交索赔意向通知书，在递交索赔意向通知书后28天内递交索赔报告，在索赔事件影响结束后28天内提交最终索赔报告。如果施工单位和建设单位在专用条款中对于工期顺延的申请程序有特别的约定，施工单位应当遵守该约定及时申请顺延工期，否则一旦产生争议或涉诉，施工单位则可能陷入不利的境地。

工期顺延具有专业性和复杂性等特点，从国际惯例到施工合同示范文本以及工程实践存在一种趋势，即要求施工单位在一定期限内申请工期顺延并索赔，如果施工单位未在约定时间申请工期顺延并索赔，则视为其放弃权利或者视为工期不顺延。这有利于督促施工单位及时主张工期顺延，以避免事后难以对工期顺延的事实进行认定。对此通常应按照双方的约定处理，如果施工单位未在约定期限内申请工期顺延，则视为工期不顺延。然而，施工单位未申请工期顺延的原因较为复杂，有些情况下，尽管施工单位未在规定时间内提出工期顺延申请或者索赔，建设单位对工期顺延仍然予以认可；有些情况下，施工单位有证据证明其未申请工期顺延有合理理由，且工期应予以顺延。故在遵循双方意思自治的情况下，法院一般会进一步审查建设单位是否以实际行为变更了施工合同的约定或者施工单位申请工期顺延是否有合理的抗辩，从而尽可能地避免产生不公平的法律后果。

第二，如果施工单位按约申请了顺延工期，虽建设单位或者监理单位未签证确认，但有证据证明该顺延理由符合合同约定的，法院一般会支持。

《新建设工程施工合同解释（一）》第10条系关于工期顺延的规定。施工合同当事人往往约定顺延工期应当经建设单位或者监理单位通过签证等方式确认。但是，在司法实践中，施工单位和建设单位对工期顺延事实的举证能力不对等，建设单位仅需证明开工日期、竣工日期即可向施工单位主张逾期违约金，且建设单位往往借助其优势地位，对施工单位的工期顺延申请不出具签证确认。对于这种情况，只要施工单位能够证明在合同约定的期限内向建设单位申请过工期顺延且顺延事由符合施工合同约定，对其顺延合理工期的主张法院一般会支持。

从法理上看，本条实际上是避免“权利沉睡”的条款，即不能以建设单位、监理单位无正当理由不批准工期顺延作为拒绝工期顺延的理由，即使合同有此约定，只要工期确应顺延，施工单位即有权利向法院提出有关工期顺延的主张。本条是考虑了发承包双方的强弱地位，以及施工单位工期管理意识、水平的现实状况，在平衡双方利益情况下制定的认定工期顺延的规则。

案例案号：（2020）最高法民申210号

案情概要：施工单位以建设单位未取得建设规划许可证、提交工程设计图纸迟延及存在停水停电等为由，主张工期顺延。

裁判观点：本案施工单位未能提供证据证明发包人或监理人已确认工期顺延或其在顺延事由发生后按约提出申请，应承担举证不能的不利后果。二审判决基于本案工程施工图纸确有变更，但该变更对工期影响天数难以确定等情形，从平衡双方当事人利益角度考虑，以合同约定工程总价与实际完成经鉴定机构鉴定的总价的差额和合同约定工程总价的比值作为系数，再以该系数乘以合同总工期，计算工期顺延天数为88天，相对公平合理，不违反法律规定。

74. 施工单位未在约定时间内提出工期顺延申请是否丧失顺延工期的权利？

答：根据意思自治原则，建设单位和施工单位约定的条款如果不违反国家法律、行政法规的强制性规定，系自愿达成，双方应予以遵守。如果双方在施工合同中明确约定施工单位未在约定时间内提出工期顺延申请，视为工期不顺延，或者施工单位丧失要求顺延工期的权利，通常应该按照约定处理。但是如果能够证明在约定期限外建设单位仍同意工期顺延或者施工单位有合理依据证明其行为并不会影响对索赔事件的调查，且其能够证明根据合同约定和法律规定其有权获得工期顺延，则法院一般会认定工期顺延。

关于工期顺延问题的一般规定是《新建设工程施工合同解释（一）》第10条，本条规定“当事人约定承包人未在约定期限内提出工期顺延申请视为工期不顺延的，按照约定处理”。那么司法实践中如果施工单位基于各种原因未在约定时间内提出工期顺延申请，其在诉讼中主张工期顺延能否获得法院的支持呢？

针对这个问题，在司法实践中存在两种较为常见的观点。

第一种观点认为，施工单位未按照约定提出工期顺延申请，并不一定丧失实体权利。主要理由是：

实体性权利与程序性权利存在区别，除法律明确规定的诉讼时效制度，不宜通过约定方式让施工单位放弃实体权利。建设工程施工合同相关的示范文本中提及的失权应是丧失程序性权利，施工单位在约定时限内提出索赔报告，建设单位未按约定时限回复，施工单位就获得了相应的程序性权利，如“逾期视为认可”。除非对方有充分证据表明索赔事项不成立，否则相关事实真伪不明的抗辩理由不能得到支持。施工单位未在约定时限或程序内主张权利，其因未能及时、有效举证而失去“逾期视为认可”的权利，并非直接丧失实体权利。如果施工单位有充分证据证明其权益受损，在诉讼时效内，不应剥夺其索赔的权利。如果相关事实真伪不明，应由施工单位承担不利后果。

另有观点认为上述约定属于格式条款，根据《民法典》的规定应认定为无效。根据《民法典》第 496 条可知，采用格式条款订立合同的，提供格式条款的一方应当遵循公平原则确定当事人之间的权利和义务，并采取合理的方式提示对方注意免除或者减轻其责任等与对方有重大利害关系的条款，按照对方的要求，对该条款予以说明。提供格式条款的一方未履行提示或者说明义务，致使对方没有注意或者理解与其有重大利害关系的条款的，对方可以主张该条款不成为合同的内容。另外，《民法典》第 497 条规定，格式条款具有《民法典》第一编第六章第三节和第 506 条规定的无效情形，或者提供格式条款一方不合理地免除或者减轻其责任、加重对方责任、限制对方主要权利的，该条款无效。而建设单位在合同中约定索赔逾期失权系“加重对方责任、排除对方主要权利”，属于无效条款。

第二种观点认为，如施工单位未在约定时间内提出工期顺延申请，应产生其在诉讼程序中丧失胜诉权的法律后果。理由主要有：

首先，“法律不保护躺在权利上睡觉的人”，权利行使期限在功能上与诉讼时效类似，如施工单位超过约定期间行使权利，则法院或仲裁机构将不再对该实体权利进行保护，该债务转化为自然之债，建设单位可拒绝施工单位的权利主张。合同的约定对双方具有法律约束力，施工单位不能抛开合同中关于权利行使期限或程序的约定而免除工期延误责任。其次，从权利义务对等的民法原则看，施工合同中若约定建设单位未及时确认或答复，应承担“默认”这一不利法律后果，施工单位即应根据约定及时行使权利，否则将丧失胜诉权，这样才符合民法权利义务对等原则。最后，施工单位在事件发生之时及时提出工期顺延要求，有利于建设单位根据情况及时作出判断并予以答复，如进入司法程序后施工单位才提出，司法机构将难以查清事实。故，施工单位未按约定期限和程序行使索赔权利，应视为工期不顺延。

另外，最高人民法院民一庭认为，根据意思自治原则，双方约定的条款如果不违反国家法律、行政法规的强制性规定，系自愿达成，双方应予以遵守。索赔期限是依据合同约定创设的权利失效期间。如果双方在施工合同中约定，施工单位未在约定时间内提出工期顺延申请，视为工期不顺延，或者施工单位丧失要求顺延工期的权利，通常应该按照约定处理。但是如果施工单位能够证明建设单位在约定期限外仍同意工期顺延或者施工单位有合理依据证明其行为并不会影响对索赔事件的调查，且其能够证明根据合同约定和法律规定其有权获得工期顺延，则法院应该认定工期顺延。

笔者倾向于认为，判断合同双方的真实意思不能仅仅依据施工合同的约定，因为施工合同在实际履行过程中常常会发生难以避免的改变，还要与合同一方的履约行动相互结合来看。如果施工单位实际虽未按照施工合同的约定申请顺延工期，但建设单位在诸如监理会议记录、联系函等文件中表明其同意工期顺延，法院一般可认为建设单位与施工单位改变了合同的约定，即应理解为双方不再按照施工合同约定的申请程序顺延工期。除此之外，如果施工单位有合理的抗辩或理由，比如客观工程量发生变化，设计出现变更等导致工程停工，即使施工单位未按约申请工期顺延，法院一般也可以予以顺延。

案例案号：（2020）最高法民申4963号

案情概要：再审申请人认为二审判决曲解原《最高人民法院关于审理建设工程施工合同纠纷案件适用法律问题的解释（二）》第6条的规定，认为只要没有工期顺延签证，承包人就应当承担所有不利后果，适用法律严重错误。

裁判观点：施工单位提交的证据可以证明，其在施工中反映过案涉工程存在设计变更、图纸交付不及时、甲供材不及时、精装修施工提前入场等问题，应审查是否存在上述情形，以及对工期是否有影响，而不能仅以施工单位未提交延期签证为由不予审查认定。

75. 工期违约金诉讼时效的起算点应以什么时候为准？

答：关于工期违约金诉讼时效的起算点是竣工验收合格之日还是竣工结算完成之日，实务中有两种观点：第一种观点认为，应以竣工验收合格之日作为工期违约金诉讼时效的起算点；第二种观点认为，应以竣工结算完成之日作为工期违约金诉讼时效的起算点。笔者倾向于第一种观点，即应以竣工验收合格之日作为工期违约金诉讼时效的起算点。

工程逾期违约金的问题在建设工程实务中是常见的争议问题，也是看似简单实则非常复杂的法律问题，而司法实践中，工期违约金诉讼时效的起算点往往成为案件的争议焦点。常见的情形是，某逾期竣工并验收合格的工程，施工单位起诉建设单位主张工程欠款，建设单位则反诉施工单位主张工期违约金。如果竣工结算耗时较长，施工单位通常会主张以竣工验收合格之日作为诉讼时效起算点，以超过时效为由进行抗辩，而建设单位则主张从竣工结算完成之日起算，认为其主张工期违约金未超过诉讼时效。

对于此问题，各法院并无统一的裁判标准，工期违约金诉讼时效无论是从竣工验收合格之日起算，或是从竣工结算完成之日起算，均有一定的案例支持，以下将结合司法实践中相关案例的裁判意见进行分析。

第一种观点认为，应以竣工验收合格之日作为工期违约金诉讼时效的起算点，理由是：

其一，建设单位的工期违约金请求权与施工单位的工程价款请求权是相互独立的，应当各自独立计算诉讼时效。施工单位的工程价款请求权是基于建设单位违反施工合同约定的付款期限而产生的，如建设单位未按时支付价款，施工单位就可以主张。而建设单位的工期违约金请求权则是基于施工单位逾期竣工、迟延交付合格的建设工程而产生的，应当在逾期竣工以后才可以主张，并且该项主张具有独立的给付请求内容，具备诉的全部条件，属于独立的诉。

其二，诉讼时效自权利人知道或者应当知道权利受到损害以及义务人之日起计算。在工程竣工验收后，工程是否存在逾期及逾期原因、逾期天数等事实均已固定和确定，可以认定建设单位“知道或者应当知道权利受到损害”，其基于合同债权被侵害而产生的工期违约金请求权已经产生，而至于违约金的具体数额多少，不影响请求权的行使。

第二种观点认为，应以竣工结算完成之日作为工期违约金的起算点，理由是：

逾期竣工违约金作为索赔事项，应当在竣工结算中一并核定处理，如未完成结算，则无法起算诉讼时效；施工合同通常约定，逾期竣工违约金以结算金额的一定比例计算，如未完成结算，则违约金金额无法确定。

上述两种观点均能自圆其说，但笔者更倾向于第一种观点，主要理由为：

首先，从诉讼时效的角度来看，第一种观点更符合我国诉讼时效的立法本意。《民法典》第188条明确规定了诉讼时效期间自权利人知道或者应当知道权利受到损害以及义务人之日起计算，在建设工程实务中，建设单位应当知道其合法权益受到损害，并应当自此开始主张权利。至于工程价款是否确定以及工期违约金计算是否与此相关，只是各种权利义务的最终清算结果，并不会影响到建设单位对于工期违约金的权利主张。

其次，从建设工程价款结算的本意来看，竣工结算一般系包括工程造价、违约金、赔偿金等全部合同相关事项的总结算。故完成结算之后，工期违约金的问题自然已经得到解决，建设单位一般难以主张，除非双方作出了特别约定。另外，各地法院也坚持了用结算来“一揽子”解决问题的思路，因此，如果双方已经完成了结算，从逻辑上分析，一般也不可能再单独主张工期违约金，再以竣工结算完成之日作为工期违约金诉讼时效起算节点已无意义。

案例案号：（2020）最高法民申3244号【诉讼时效自竣工验收合格之日起算】

案情概要：建设单位一审反诉要求施工单位赔偿因拖延工期造成的损失，建设单位认为工期违约金诉讼时效应该从工程造价确定之日起计算。

裁判观点：诉讼时效应该从建设单位知道或应当知道施工单位延期竣工这一事实时起计算。双方施工合同约定工期530天，实际施工期间为2008年1月10日至2010年3月19日，远超过了约定工期。案涉工程建设中双方一直保持较为密切的沟通，建设单位在案涉工程竣工之日就应该知道案涉工程超过约定工期，自此应当积极向施工单位主张其拖延工期造成的相应损失。建设单位在2015年提起本案反诉并提出上述反诉请求，已经超过本案应适用的诉讼时效……建设单位另主张该诉讼时效应该从工程造价确定之日起计算，但工程造价是否确定和能否及时主张工程延期损失之间并无必然联系，该主张缺乏法律依据。

案例案号：（2015）浙嘉民终字第579号【诉讼时效自竣工结算完成之日起算】

案情概要：施工单位认为工期违约金的诉讼时效自竣工验收合格之日即2009年12月1日起算，建设单位的诉讼请求已经超过诉讼时效。

裁判观点：竣工验收合格时，案涉工程的总结算造价并未确定，导致工期延误违约金无法确定，建设单位亦无法主张违约金。2012年施工单位诉请建设单位支付工程款一案审理中，工程造价才确定，故2012年7月31日施工单位提起本案诉讼，并未超过诉讼时效。

76. 指定分包情形下分包单位造成工期延误的，建设单位是否需要承担工期延误的违约责任？

答：笔者倾向于认为建设单位不必然因为指定分包行为而对分包单位的工期延误承担相应的法律责任。指定分包合同系施工单位（总承包单位）与分包单位签订，施工单位对分包单位又有管理配合等义务的，应由施工单位对分包单位的工期延误承担相应的法律责任。

《新建设工程施工合同解释（一）》第 13 条第 3 项是目前我国法律体系中对建设单位指定分包模式下质量责任承担作出规定的唯一法律条文。那么指定分包情形下，指定分包单位造成的除质量问题以外的工期延误，建设单位是否需要承担责任呢？抑或说施工单位（此处特指总承包单位）是否需要承担工期延误的违约责任呢？

回答这个问题，首先就要回答“指定分包违法吗？”这个问题。目前有观点认为指定分包不违法，虽然这个问题在司法实践中存有争议，也会出现不同的判例，但是笔者倾向于指定分包不违法这一观点，而且在笔者办理的案件中该观点也获得了法官的认同，理由概括如下：

第一，《新建设工程施工合同解释（一）》第 13 条第 3 项中将指定分包情形简单认定为建设单位过错不再符合立法本意。《新建设工程施工合同解释（一）》第 13 条的立法本意在于以列举的方式，规定在施工总承包前提下，三类建设单位应当承担责任的过错情形，包括建设单位提供的图纸错误、建设单位选定或提供的建材不符合强制性标准以及指定分包。前两种情形从文义上便可看出建设单位存在过错，且有相应的上位法依据，但对于指定分包这一情形而言，其并无上位法的相关依据，随着建设工程实践的发展，我国法律法规的修订过程中已逐渐不再“一刀切”地认定建设单位只要指定分包就存在过错。

第二，从司法解释上看，建设单位在指定分包模式下承担责任的情形仅为指定分包造成“工程质量”缺陷而不包括“工期延误”。《新建设工程施工合同解释（一）》第 13 条第 3 项是目前我国法律体系中对建设单位指定分包模式下质量责任承担作出规定的唯一法律条文，其中不包括工期延误。且该规定在司法实践中也存在巨大争议，《民法典》第 793 条第 3 款规定：“发包人对因建设工程不合格造成的损失有过错的，应当承担相应的责任。”即建设单位承担质量责任的前提应是其存在过错，将指定分包简单认定为建设单位存在过错不符合立法本意和过错责任原则。

第三，《民法典》及相关规定已逐步放开了对指定分包的管制。《新建设工程施工合同解释（一）》第13条第1项、第2项中所列举的“提供的设计有缺陷”与“提供或者指定购买的建筑材料、建筑构配件、设备不符合强制性标准”等情形从文义中便已直接阐明了建设单位的过错，且均有相关法律的明确规定，例如，《民法典》第806条第2款和《建筑法》第25条。然而第3项“直接指定分包人分包专业工程”并不能直接体现建设单位存在过错，且《建筑法》及相关法律法规中对于指定分包的限制已逐步减少。

第四，《建筑法》并未明确禁止指定分包，《民法典》亦未对指定分包作出负面评价。《建筑法》历经多次修订，现行版本中对于指定施工单位（分包）的规定仅有第23条“政府及其所属部门不得滥用行政权力，限定发包单位将招标发包的建筑工程发包给指定的承包单位”，并未限制建设单位直接选择分包人。进一步分析，根据第25条及第57条等可以看出，对于已经纳入工程承包合同内的建筑材料、建筑构配件和设备不得指定供应人，而指定分包中供应的设备、材料一般在招标文件中有说明，列为暂定金额，不属于承包范围，不违反《建筑法》的规定。因此，《建筑法》并没有明确允许或禁止指定分包人。同样地，在编撰《民法典》建设工程合同这一章节过程中，也新增了许多对建设单位过错的规定，如《新建设工程施工合同解释（一）》第13条第2项建设单位提供的材料不符合强制性标准的过错责任就在《民法典》第803条中有所体现。然而对于《新建设工程施工合同解释（一）》第13条第3项的指定分包问题，《民法典》就并没有列入建设单位过错的范围内，可见在编撰《民法典》时，对于指定分包已经不再是“一刀切”的否定态度。

综上，笔者倾向于认为指定分包不违反法律的强制性规定，即指定分包合同有效。因此，建设单位不必然因为指定分包行为而对分包单位的工期延误承担相应的法律责任。根据合同相对性，指定分包合同系施工单位与分包单位签订，施工单位对分包单位又有管理和配合的义务，因此，对于分包单位的工期延误，施工单位应承担相应的法律责任。

案例案号：（2020）最高法民终364号

案情概要：施工单位出具《承诺书》，承诺案涉工程于2016年4月30日前完成，2016年5月31日配合业主完成工程竣工验收工作。

裁判观点：根据《施工总包合同》约定，案涉工程系甲指分包工程，施工单位对其负有管理义务。原审中，建设单位未提交证据证明施工单位未尽到管理义务。根据施工单位出具的《承诺书》，对于非因施工单位原因导致《承诺书》项下工程未按时完工的，施工单位不承担责任。原审判决基于建设单位与甲指分包单位存在纠纷、建设单位未按时支付工程进度款以及更换分包单位且更换的分包单位的竣工资料直至2018年9月10日才移交施工单位等情形，认定《承诺书》项下工程未按时完工并非施工单位原因所致，施工单位不应承担建设单位所主张的工程逾期违约责任，并无不当。

77. 建设工程施工过程中如何进行工程（工期）索赔？

答：《中华人民共和国标准设计施工总承包招标文件》以及《建设工程施工合同（示范文本）》等对建设单位和施工单位提出索赔的程序及索赔的处理程序给出了相应的指导。如果建设单位或施工单位选择了上述招标文件作为招标文件的主要内容或选择了上述施工合同示范文本作为签约合同，一般情况下合同各方均应予以遵守，否则可能陷入对己不利的局面，即未按照索赔程序索赔的，可能丧失索赔权。笔者倾向于认为，在实务中虽然该问题存有争议，但依然建议各方严格按照合同约定的索赔程序进行索赔。

一、什么是工程索赔

一般认为，索赔是建设单位与施工单位（合同双方）在合同履行过程中，根据法律规定、合同约定及惯例，对并非属于自己的过错，而是属于应由合同对方承担责任，因自身实际发生了损失，而向对方提出给予补偿的要求。索赔事件的发生，既可以是由违约行为造成，也可以是由不可抗力引起；既可以是由合同当事人一方引起，也可以是由任何第三方引起。索赔的性质属于经济补偿行为，而不是惩罚。索赔的损失结果与被索赔人的行为也并不一定存在法律上的因果关系。

二、工程索赔的程序和处理

对该内容进行相关指导或示范的文件主要为《中华人民共和国标准设计施工总承包招标文件》以及《建设工程施工合同（示范文本）》等，它们均对建设单位、施工单位提出索赔的程序及索赔的处理程序给出了相应的指导。如果建设单位或施工单位选择了上述招标文件作为招标文件的主要内容或选择了上述施工合同示范文本作为签约合同，一般情况下合同各方均应予以遵守，否则可能陷入对己不利的局面（未按照索赔程序索赔的，可能丧失索赔权，但根据笔者的实践经验，在实务中虽然该问题存有争议，但依然建议各方严格按照合同约定的索赔程序进行索赔）。另外在实践过程中建设单位和施工单位签订的施工合同的通用条款往往也延续上述内容，除非各方在专用条款中另行对索赔内容进行了特别约定，否则各方在履约过程中也应予以遵守。

（一）施工单位的索赔

1. 如何向建设单位提出索赔。

（1）施工单位应在知道或应当知道索赔事件发生后 28 天内，向监理单位递交索赔意向通知书，并说明发生索赔事件的事由；施工单位未在前述 28 天内发出索赔意向通知书的，丧失要求追加付款和（或）延长工期的权利。

（2）施工单位应在发出索赔意向通知书后 28 天内，向监理单位正式递交索赔报告；索赔报告应详细说明索赔理由以及要求追加的付款金额和（或）延长的工期，并附必要的记录和证明材料。

（3）索赔事件具有持续影响的，施工单位应按合理时间间隔继续递交延续索赔通知，说明持续影响的实际情况和记录，列出累计的追加付款金额和（或）工期延长天数。

（4）在索赔事件影响结束后 28 天内，施工单位应向监理单位递交最终索赔报告，说明最终要求索赔的追加付款金额和（或）延长的工期，并附必要的记录和证明材料。

2. 如何对施工单位的索赔进行处理。

（1）监理单位应在收到索赔报告后 14 天内完成审查并报送建设单位。监理单位对索赔报告存在异议的，有权要求施工单位提交全部原始记录副本。

（2）建设单位应在监理单位收到索赔报告或有关索赔的进一步证明材料后的 28 天内，由监理单位向施工单位出具经建设单位签认的索赔处理结果。建设单位逾期答复的，则视为认可施工单位的索赔要求。

（3）施工单位接受索赔处理结果的，索赔款项在当期进度款中进行支付；施工单位不接受索赔处理结果的，按照有关争议解决的约定处理。

（二）建设单位的索赔

1. 如何向施工单位提出索赔。

（1）根据合同约定，建设单位认为有权得到赔付金额和（或）延长缺陷责任期的，监理单位应向施工单位发出通知并附有详细的证明。

（2）建设单位应在知道或应当知道索赔事件发生后 28 天内通过监理单位向施工单位提出索赔意向通知书，建设单位未在前述 28 天内发出索赔意向通知书的，丧失要求赔付金额和（或）延长缺陷责任期的权利。建设单位应在发出索赔意向通知书后 28 天内，通过监理单位向施工单位正式递交索赔报告。

2. 如何对建设单位的索赔进行处理。

（1）施工单位收到建设单位提交的索赔报告后，应及时审查索赔报告的内容、查验建设单位证明材料。

（2）施工单位应在收到索赔报告或有关索赔的进一步证明材料后 28 天内，将索赔处理结果答复建设单位。施工单位未在上述期限内作出答复的，则视为对建设单位索赔要求的认可。

（3）施工单位接受索赔处理结果的，建设单位可从应支付给施工单位的合同价款中扣除赔付的金额或延长缺陷责任期；建设单位不接受索赔处理结果的，按有关争议解决的约定处理。

三、工期索赔应注意的事项

在工程索赔中工期索赔是最常见的，一般认为工期索赔是指施工单位要求建设单位延长工期、推迟竣工日期的索赔。

首先，关于工期索赔的常见依据，根据《民法典》第798条以及第803条之规定，隐蔽工程在隐蔽以前，建设单位没有及时检查的，施工单位可以顺延工程日期，并有权请求赔偿停工、窝工等损失；建设单位未按照约定的时间和要求提供原材料、设备、场地、资金、技术资料的，施工单位也可以顺延工程日期，并有权请求赔偿停工、窝工等损失。

其次，施工单位进行工期索赔需满足以下条件：（1）有停工、窝工的事实；（2）停工、窝工不可归责于施工单位；（3）停工、窝工造成了工期延误；（4）施工单位进行工期索赔符合索赔程序的约定。

最后，关于工期索赔的举证，工期索赔的举证责任在施工单位时，一般可从以下方面进行举证：（1）建设工程施工合同、补充合同及其他书面文件对工期及可以顺延工期的约定；（2）建设单位未能按约定提供图纸、资料、现场施工条件和行政审批手续，致使开工条件仍不具备的证据；（3）建设单位未能按约支付工程预付款、进度款，致使施工单位不能正常组织施工的证据；（4）建设单位提供的材料、设备等不符合约定或建设单位延迟提供的证据；（5）建设单位或监理单位未能按合同约定发出指令或履行批准程序，致使施工不能正常进行的证据；（6）发生工程变更或施工条件变化并导致工期延长的证据；（7）遇不可抗力或政策性停工的证据；（8）合同约定的工期系任意压缩合理工期的证据以及相应合理工期的计算依据；（9）施工单位按合同约定向建设单位提交索赔通知和文件的证据。

案例案号：（2014）民一终字第56号

案情概要：发生索赔情形时，施工单位未依据合同通用条款第53条的约定履行索赔程序，诉讼中施工单位主张相应的赔偿。

裁判观点：关于索赔程序，合同通用条款第53条明确约定了索赔的有关程序。但施工单位并未提供证据证明其依据上述约定，向建设单位提出针对迟延支付工程预付款的利息索赔请求，故亦根据该条关于“如果承包人提出的索赔要求未能遵守本条中的各项规定，承包人无权得到索赔”的约定，施工单位也无权获得针对该部分利息的赔偿。同样，在施工单位未依据合同通用条款第53条的约定履行索赔程序的情况下，根据该条的进一步约定，施工单位无权获得诉请的停窝工损失的赔偿，而其在本案中主张由法院酌定建设单位赔偿该停窝工损失，无事实及法律依据，应予驳回。

八、工程质量

78. 建设工程未经竣工验收建设单位擅自使用时出现工程质量问题如何处理?

答：建设单位擅自使用工程的一般视为工程质量合格，建设单位不能以建设工程未经竣工验收为由进行相应的抗辩，但是施工单位也应当在建设工程的合理使用寿命内对地基基础工程和主体结构质量承担民事责任。

在工程实践中，建设单位在未经竣工验收或验收未通过的情况下提前使用工程的情形不胜枚举。2004 年实施的《最高人民法院关于审理建设工程施工合同纠纷案件适用法律问题的解释》第 13 条的规定曾是司法实践中处理建设单位擅自使用建设工程后质量方面问题的唯一规则。2021 年实施的《新建设工程施工合同解释（一)》第 14 条完全承继了上述条文。但由于该条文存在用语模糊、文义不明的问题，各级法院对此裁判观点不一，且该条文过于简单粗疏，难以覆盖司法实践中多样化的适用情形，导致在部分案件中法院对建设单位与施工单位之间的质量责任划分和风险分配不尽合理。

要正确理解并适用上述规定，就需要了解立法的目的。

根据最高人民法院民一庭的观点，该条系为了确保建设工程质量，落实《民法典》第 799 条以及《建筑法》第 61 条等关于“建筑工程竣工经验收合格后，方可交付使用；未经验收或者验收不合格的，不得交付使用”的规定而制定，是为了防止使用未经竣工验收的工程，给人民群众生命和财产安全造成危害和损失而作出的强制性规定，对于建设单位具有一定的惩罚意义。

建设工程质量不仅关乎建设单位的经济利益，还关系到人民群众的生命和财产安全。建设工程的质量具有公共属性，必须确保建设工程的质量符合国家标准和规范才能投入使用。竣工验收是确保工程质量的“最后一道防线”，是检查建设工程是否符合设计要求和强制规范的重要环节。根据《建筑法》《建设工程质量管理条例》的有关规定，建设工程竣工经验收合格后，方可交付使用；未经验收或者验收不合格的，不得交付使用。

正确适用《新建设工程施工合同解释（一）》第 14 条需要注意以下几点：

第一，何为“建设工程未经竣工验收”。

一般认为竣工验收即单位（子单位）工程验收，指的是建设单位在收到施工单位的竣工验收报告后，组织勘察、设计、监理、施工等单位，依照国家有关规定及工程建设规范、标准的规定，对工程是否符合设计文件要求和合同约定的各项内容进行检验，并评价工程是否验收合格的过程。《建设工程质量管理条例》第 16 条规定了竣工验收的条件及程序，具体为：（1）完成建设工程设计和合同约定的各项内容；（2）有完整的技术档案和施工管理资料；（3）有工程使用的主要建筑材料、建筑构配件和设备的进场试验报告；（4）有勘察、设计、施工、工程监理等单位分别签署的质量合格文件；（5）有施工单位签署的工程保修书。

本条中的“未经竣工验收”一般还应包括虽经验收但验收不合格、未能通过验收的情况。根据《建筑法》第 61 条和《建设工程质量管理条例》第 58 条的规定，建设单位未组织验收或验收不合格，擅自交付使用的，都属于违法行为。

还须注意的是，在实务中，在实际施工人和分包单位向施工总承包单位主张工程价款的案件中，面对施工总承包单位提出的工程未经验收，不符合工程价款支付条件的抗辩，实际施工人和分包单位往往也依据本条规定主张权利，认为施工总承包单位在未经验收的情况下，在已完工部分基础上继续施工构成擅自使用，要求排除施工总承包单位的质量抗辩。这种观点混淆了验收与竣工验收的概念。按照《建筑工程施工质量验收统一标准》（GB 50300－2013）第4.0.1条，建筑工程施工质量验收应划分为单位工程、分部工程、分项工程和检验批。该条规定的竣工验收，仅指上述标准中的单位工程验收，而不包括分部分项工程和检验批验收。实际施工人和分包单位所施工的工程范围，通常限于分部分项工程，对其施工部分的验收不属于本条规定的竣工验收。

第二，何为“擅自使用”。

擅自使用的主体应当是建设单位。根据《房屋建筑和市政基础设施工程竣工验收规定》第4条可知组织验收的责任主体是建设单位。

综上所述，实际施工人和分包单位也常依据本条规定主张施工总承包单位在未经验收的情况下，在已完工部分基础上继续施工构成擅自使用。该观点错误理解了组织竣工验收的责任主体。施工总承包单位根据分包合同的约定虽负有及时验收的义务，但该义务与建设单位组织竣工验收的义务显然不是同一概念。

关于如何理解“擅自使用”，有一种观点认为，所谓擅自使用是指一方不顾另一方的抗议、反对和劝阻，对自己无权使用的东西强行使用，经劝告仍不改正的行为。建设单位提出，其提前占用工程时，施工单位并未表示拒绝，而是配合建设单位完成了工程的交接工作，在这种情况下，建设单位对工程的提前占用行为就不是擅自使用。笔者倾向于认为，该观点并不可取。首先，如上所述，该条文的立法目的是防止使用未经竣工验收的工程，体现对建设单位的惩罚，故不应以施工单位的意志作为适用本条的要件之一。其次，从《建筑法》《建设工程质量管理条例》相关条文的内容来看，擅自使用是指建设单位未经竣工验收或验收不合格时投入使用的情形，并未将施工单位的意志作为考量要素。因此，施工单位是否同意，不应成为认定建设单位是否构成擅自使用的条件之一。

另外，施工单位主张建设单位未经验收擅自使用工程，可收集以下证据予以证明：建设单位拟使用工程的通知，建设单位使用工程的照片、视频，建设单位网站的报道及其他新闻报道等，如果有条件可对现场的使用情况进行公证。

案例案号：（2019）最高法民申3393号

案情概要：建设单位与施工单位签订《某工程施工合同》，合同履行期间，建设单位将竣工未经验收的部分工程，分别擅自交付给第三人进行施工。

裁判观点：建设工程未经竣工验收，发包人擅自使用后，又以部分工程质量不符合约定为由主张权利的，不予支持。案涉工程如期完工后，建设单位将竣工未经验收的部分工程交付给第三人安装内部电梯设施，并进行外部大理石装饰施工，属于擅自使用行为，建设单位再主张工程质量不符合约定，一审、二审法院不予支持，并无不当。

79. 建设单位未经竣工验收擅自使用工程，施工单位还须承担保修责任吗？

答：笔者倾向于认为该种情形下对于建设单位擅自使用的部分，施工单位无须承担保修责任，对于未擅自使用的部分仍须承担保修责任。

《新建设工程施工合同解释（一）》第14条规定了建设单位未经竣工验收擅自使用建设工程的视为工程质量合格的基本原则，那么建设单位未经竣工验收擅自使用工程后施工单位还须承担相应的保修责任吗？

对于该问题在司法实践当中存在两种不同的观点。

第一种观点认为施工单位仍须承担保修责任，理由主要为：

其一，保修是施工单位的法定义务，不因建设单位擅自使用工程而免除。《建筑法》第62条规定了建筑工程实行质量保修制度。建筑工程的保修范围应当包括地基基础工程、主体结构工程、屋面防水工程和其他土建工程，以及电气管线、上下水管线的安装工程，供热、供冷系统工程等项目；保修的期限应当按照保证建筑物合理寿命年限内正常使用，维护使用者合法权益的原则确定。具体的保修范围和最低保修期限由国务院规定。

其二，建设工程未经竣工验收或者验收不合格，建设单位擅自使用的，视为建设单位认可工程质量合格，或者自愿对质量不合格承担责任。而保修是针对合格工程的。《房屋建筑工程质量保修办法》第 8 条规定："房屋建筑工程保修期从工程竣工验收合格之日起计算。"《建设工程价款结算暂行办法》第 19 条规定："发包人对工程质量有异议，已竣工验收或已竣工未验收但实际投入使用的工程，其质量争议按该工程保修合同执行……"

其三，《江苏省高级人民法院全省民事审判工作座谈会纪要（2009 年征求意见稿）》第 4 条第 7 项虽然规定了建设工程未经竣工验收，建设单位擅自使用后，不得以地基基础工程和主体结构之外的使用部分质量不符合约定为由主张减少工程价款或要求施工单位承担违约责任，但同时又规定了建设单位可以根据有关法律、法规和规章的规定要求施工单位承担保修责任。因此，江苏省高级人民法院该征求意见稿的规定也代表了司法界对这一问题的共识。

因此，建设单位擅自使用未经竣工验收的建设工程，其法律后果是从擅自使用之日起视为工程已经通过竣工验收，施工单位应当从擅自使用之日起承担工程保修责任。当然，根据本条的规定，即使建设单位擅自使用了未经竣工验收的建设工程，施工单位仍应当对地基基础工程和主体结构承担质量责任。

第二种观点认为施工单位无须承担保修责任，笔者倾向于该观点，即建设工程尚未验收，建设单位擅自使用的，除地基基础工程和主体结构以外，对于擅自使用的部分，施工单位不再承担保修责任，主要理由为：

其一，符合本条的立法目的。《建筑法》规定我国建筑工程实行"质量保修制度"，而本条规定系在特定情况下免除施工单位的质量责任，是对该制度附条件的突破，在一定程度上限缩了建设单位的权利，给予施工单位合理有效的抗辩理由。我国严禁建设单位擅自使用未经竣工验收的建设工程。从目的解释的角度出发，该条旨在警示建设单位：违反法律规定，擅自使用未经验收或者验收不合格的建设工程，需要承担不利后果，即工程的质量责任风险移转给违法使用的建设单位。根据该条规定的精神，如果在这种情况下，施工单位仍然需要承担擅自使用部分的保修责任，对于建设单位的警示和惩戒作用则会大幅度降低，无法达到该条规定的立法目的。

其二，符合文义解释的结果。在 2021 年最高人民法院民一庭所编著的《最高人民法院新建设工程施工合同司法解释（一）理解与适用》一书中，从文义解释的角度对该条进行了阐述，即出现建设单位擅自使用建设工程的情况时，施工单位对建设单位擅自使用部分，不应再承担质量责任，因为本条规定的建设单位承担质量责任的范围为除地基基础工程和主体结构以外的所有质量问题，与前述司法解释规定的质量保修责任的范围是重叠的，如果施工单位对建设单位擅自使用的建设工程部分仍应承担保修责任，则本条规定就失去了意义。由此可见，最高人民法院民一庭认为，本条规定的质量责任，从字面意义上看，既包括返修责任，也包括保修责任，不能在此处进行限缩解释。

另外，对未擅自使用的部分，施工单位仍须承担保修责任。本条虽然将建设工程质量责任移转到建设单位身上，但是这种责任的转移并非一定及于工程整体。如果建设单位只是擅自使用部分工程，那么对于未擅自使用的部分，施工单位依然要按照法律规定承担质量责任。这种对建设单位权利有限度的限缩，在保证警示作用的同时，也避免了对建设单位造成过重的、不必要的责任负担，体现了公平原则。

案例案号：（2019）最高法民再 166 号【施工单位承担保修责任】

案情概要：案涉工程未经竣工验收，建设单位擅自使用后，诉请施工单位承担保修责任。

裁判观点：根据《建设工程质量管理条例》的规定，施工方对建设工程应承担的质量责任，包括对工程施工中出现的质量问题及经验收不合格的工程应承担的质量返修责任，以及对经验收合格的工程在使用过程中出现的质量问题应承担的保修责任。建设单位未经竣工验收擅自使用工程，只是推定工程质量合格，并不能免除承包人对案涉工程的质量保修义务。

案例案号：（2011）柳铁民初字第 29 号【施工单位不承担保修责任】

案情概要：案涉工程未经竣工验收，建设单位擅自使用后，诉请施工单位承担保修责任。

裁判观点：根据司法解释的规定，工程未经验收，不得交付使用，发包人擅自使用的，对其使用部分出现的质量问题，应自行承担责任。案涉工程虽至今未进行验收，但该段铁路线已通车运营，即自该日起案涉工程已经由发包人使用，依前述规定，原合同约定的质量保证责任自该日起转由发包人自行承担。

80. 未竣工建设工程如何判断质量是否合格?

答：根据建设工程的施工工序要求，需要对隐蔽工程、分部分项工程进行节点验收，因此对于已完工程的质量可以依据上述节点的验收文件予以判断。如施工单位提供了隐蔽工程以及分部分项工程的验收合格资料，可以认定对应的已完工程质量合格。建设单位未对已完工程进行验收的，可以根据建设单位是否将剩余工程发包给其他施工单位施工进行判断：建设单位发包剩余工程的，其发包行为与擅自使用行为相当，可以推定已完工程质量合格，除非建设单位能提供相反证据证明已完工程质量不合格。

工程质量合格是施工单位向建设单位索要工程款的前提，建设工程质量不仅关乎施工单位能否向建设单位主张工程款，更直接关系到社会公共利益。

建设工程可以分为已竣工的建设工程和未竣工的建设工程，在判断建设工程质量是否合格时，不同状态的建设工程判断标准不尽相同。

第一，已竣工的建设工程。

根据《房屋建筑和市政基础设施工程竣工验收规定》的规定，工程竣工验收是指工程完工后施工单位向建设单位提交工程竣工报告，建设单位组织勘察、设计、施工、监理等单位进行竣工验收的行为。工程竣工验收合格后，建设单位应当编制完成工程竣工验收报告。工程竣工验收合格的法律后果是建设工程质量合格，施工单位已经按照合同约定完成了质量合格的建设工程。因此，对于已竣工的建设工程，一般以竣工验收文件作为认定建设工程质量合格的依据。实践中，建设工程竣工后，建设单位为尽快投入使用，在建设工程未进行验收的情形下即擅自使用工程，因擅自使用未经竣工验收合格的建设工程为《民法典》、《建筑法》以及《建设工程质量管理条例》所禁止，只要出现建设单位擅自使用的情形，应视为建设单位认可该建设工程质量符合法律规定和合同约定，故可以推定该建设工程质量合格。建设单位擅自使用后又主张使用部分质量不符合约定的，应当由其自行承担不利后果。但是，地基基础工程和主体结构直接决定建设工程整体质量，涉及公共安全，保证其质量也是施工单位最基本的合同义务，故《新建设工程施工合同解释（一）》第14条规定，施工单位应当对于地基基础工程和主体结构在建设工程的合理使用寿命内承担质量责任。

第二，未竣工的建设工程。

对于如何判断已完工程质量是否合格的问题，根据建设工程的施工工序要求，需要对隐蔽工程、分部分项工程进行节点验收，因此对于已完工程的质量可以依据上述节点的验收文件予以判断。如施工单位提供了隐蔽工程以及分部分项工程的验收合格资料，可以认定对应的已完工程质量合格。建设单位未对已完工程进行验收的，可以根据建设单位是否将剩余工程发包给其他施工单位施工进行判断：建设单位发包剩余工程的，其发包行为与擅自使用行为相当，可以推定已完工程质量合格，除非建设单位能提供相反证据证明已完工程质量不合格。建设单位为减少停工损失或者前手施工单位拒绝修复，且建设单位已经就未竣工工程质量问题进行公证或者交由其他施工单位修复的，法院一般会结合工程客观事实予以认定。建设单位尚未发包剩余工程的，应当由施工单位承担已完工程质量合格的证明责任。

关于建设工程竣工验收合格的法律后果，如前所述，建设工程竣工验收合格的，应当认定建设工程质量合格，建设单位无权就建设工程质量问题再向施工单位主张违约责任，但同时根据《建设工程质量管理条例》的规定，建设工程竣工验收后，施工单位在保修范围和保修期限内应履行质量保修义务。故，通说认为，建设工程质量合格应当以通过竣工验收为分界点，在竣工验收合格之前，施工单位的施工质量是否符合合同约定处于不确定状态，施工单位应履行确保建设工程质量合格的合同义务；在竣工验收合格后，施工单位施工的工程质量合格且得到建设单位的确认，施工单位即已完成合同的主要义务，但是仍应根据法律规定承担质量保修期内发生质量问题时的保修义务。

需要进一步讨论的是建设工程竣工验收合格后发现质量问题时的处理问题。建设工程竣工验收合格后发现的质量问题既有可能是验收合格后在保修期内发生的质量问题，也有可能是施工单位施工过程中产生的质量问题。对于前者实务中一般没有争议，施工单位应当按照规定承担相应的质量保修义务；对于后者则存在多种观点，一般认为，建设工程竣工验收合格表明建设单位对建设工程质量合格予以确认，从肯定验收行为的既定事实效力和验收行为的法律效力的角度而言，法院不宜轻易否定工程验收合格证明文件的效力。然若系施工单位未按工程设计图纸和施工技术标准施工，偷工减料，使用不合格的建筑材料、建筑构配件和设备等原因导致工程客观上存在明显的质量问题，如驳回建设单位的诉讼请求，将面临权利无法救济的结果，造成建设单位与施工单位利益严重失衡。对此，有观点认为，应将上述质量问题认定为施工单位的保修范围，依据质量保修关系予以处理。

案例案号：（2019）最高法民终63号【发包剩余工程推定已完工程质量合格】

案情概要：原施工单位离场后，建设单位随即在原施工单位已完工程的基础上安排其他施工单位继续施工。

裁判观点：建设单位虽然对施工单位已完工程质量有异议，但并没有按照双方约定申请质量监督部门进行认定。而且，根据司法解释精神，建设单位在没有对施工单位已完工程进行验收的情况下继续安排施工，如果工程质量存在瑕疵，可能无法区分责任主体。因此，建设单位的行为应当视同擅自使用工程，其关于工程质量瑕疵的主张，不予支持。

81. 建设单位可否请求挂靠方与被挂靠方对建设工程质量不合格等因挂靠造成的损失承担连带赔偿责任?

答： 缺乏资质的单位或者个人借用（挂靠）有资质的施工单位名义签订建设工程施工合同，出借方（被挂靠方）与借用方（挂靠方）对建设工程质量不合格等因出借资质（挂靠）造成的损失应当承担连带赔偿责任。

第一，施工单位承揽工程应依法取得相应的资质并在资质范围内从事施工业务，不得挂靠其他施工单位的资质从事施工业务，挂靠行为是违法行为，挂靠合同依法应认定为无效合同。

《建筑法》第 26 条第 1 款就规定了施工单位应当持有依法取得的资质证书，并在其资质等级许可的业务范围内承揽工程。第 2 款规定了禁止施工单位以任何形式用其他施工单位的名义承揽工程，同时亦禁止施工单位以任何形式允许其他单位或者个人使用本企业的资质证书、营业执照，以本企业的名义承揽工程。以上行为即是实践中常见的挂靠行为。

挂靠实质上是自然人或企业利用企业法人的独立人格和资质获得自身难以取得的交易信用，以此规避国家法律、政策对其业务、税收等方面的限制和监管。这种行为构成对合法社会关系或者社会秩序的背离。挂靠行为是一种违法行为，挂靠人和被挂靠人之间的关系不应受到法律保护。对此，《新建设工程施工合同解释（一)》第 1 条第 1 款第 2 项明确规定，挂靠双方当事人签订的挂靠协议，无论以何种形式表现出来，均应当认定为无效合同。

第二，挂靠方和被挂靠方对承揽工程不符合规定的质量标准造成的损失需要承担连带责任。

《建筑法》第 66 条明确规定，若施工单位存在诸如转让、出借资质证书或者以其他方式允许他人以本企业的名义承揽工程的挂靠行为，对因该项承揽工程不符合规定的质量标准造成的损失，挂靠方和被挂靠方应承担连带赔偿责任。

同时，《新建设工程施工合同解释（一)》第 7 条亦明确了法院应当支持挂靠方和被挂靠方承担连带赔偿责任的相关诉讼请求。由于法律明确否定了借用资质行为的合法性，在挂靠情形下，对建设工程质量不合格等造成的损失，被挂靠人与挂靠人依法应承担连带赔偿责任。

笔者提醒在实践当中应特别注意以下两点问题：

其一，建设单位明知挂靠人借用资质的责任。

本条规定建立在建设单位对挂靠行为不知情的基础之上。实践中，如果建设单位明知挂靠人借用资质，则需要给予高度重视。通常情况下，建设单位明知实际施工人借用资质主要有两种情形：（1）订立合同时已明知；（2）订立合同后得知。

对于第一种情形，建设单位订立合同时即知道借用资质挂靠施工，有些还是故意参与的，则其对于挂靠行为无效的法律后果是明知的，表明其对合同无效后果的发生具有过错，应当对因合同无效产生的损失承担相应责任。

对于第二种情形，建设单位在订立合同后才知道挂靠的，此时建设单位应当意识到挂靠行为会导致合同无效。基于诚信原则，建设单位应当在知道后采取适当措施避免损失扩大，合同尚未履行或者尚未履行完毕的，一般应当采取措施终止履行；合同已经履行完毕的，应当采取合理的清算措施。因此，建设单位订立合同后知道实际施工人借用资质，未采取合理措施避免损失扩大的，应就扩大的损失承担相应责任。

司法实践中还应注意对建设单位明知的事实结合当事人的举证情况综合判断。由于挂靠行为通常具有极强的隐蔽性，无论建设单位还是挂靠人、被挂靠人均不会主动承认挂靠的事实，各方都会极力掩饰挂靠的事实，从而逃避监管。一般情况下，实际施工人不会直接以自己的名义参与施工管理，而在建设单位签订的各类文件上只能看到被挂靠的施工单位的公章、项目部的印章或指定的项目经理的签字，建设单位的工程款也是直接支付到施工单位的账户上，实际施工人留下痕迹的证据是较少的。这不仅会给认定借用资质的事实带来困难，更难以认定建设单位对此明知的事实，除非建设单位自愿承认。只有建设单位向挂靠人或被挂靠人主张权利时，出于对自身利益的维护，挂靠人或被挂靠人才会举证证明建设单位对借用资质挂靠施工的事实是明知的，进而减轻自己的责任。对于建设单位明知的事实的举证责任自然属于挂靠人或者被挂靠人。

其二，挂靠人对外买卖、租赁等行为的处理。

在司法实践中，挂靠人为完成工程施工，经常对外签订购销合同或者租赁合同等，当其未能按约定向材料供应商、设备租赁商支付货款、租金时，会与第三方产生纠纷。处理此类纠纷一般应当注意两个方面：（1）关于对外所签合同效力的认定，应从合同本身考虑，是否存在挂靠的情形并非出卖人、出租人等合同相对人需要考虑的范畴，亦对于合同的效力不会产生影响。（2）关于对外责任，应区分不同情形予以认定。在合同之债中，挂靠人和被挂靠人对外承担责任的形式分为两种：一种为连带责任，另一种为合同相对方的单方责任。一般而言，合同只在当事人双方之间产生债权债务关系，与合同外第三人无关。如果挂靠人以自己的名义对外签订合同，则权利和义务应当由其本人承受，不应当溯及基础的挂靠关系。无论挂靠方是自然人还是法人、非法人组织，发生争议时均应当由挂靠人独立对外承担责任。根据合同的相对性，不能因物的性质或物的流转方向发生变化而突破合同的相对性，让非合同相对人承担本应由合同相对人承担的责任，合同相对人也不得以材料、设备已用于工程建设为由要求被挂靠方承担责任。

案例案号：（2019）苏06民终1521号

案情概要：朱某与施工单位订立《某工程挂靠承包合同》，以施工单位的名义承建幼儿园项目的土建工程。

裁判观点：朱某是挂靠人，施工单位是被挂靠人。挂靠人与被挂靠人承担连带赔偿责任的法理基础是共同侵权。二人以上共同实施侵权行为，造成他人损害的，应当承担连带责任。本案中，案涉工程的施工单位出借资质给朱某，原审法院依法判令由施工单位对朱某的给付责任承担连带责任，符合法律规定。

82. 因施工单位的原因造成建设工程质量不符合约定，施工单位拒绝修理、返工或者改建的，建设单位能否减少支付工程价款？

答： 在该种情形下建设单位可以减少支付工程价款，而建设单位请求减少的工程价款实际是修理、返工或者改建的费用，不得随意扣减其他无关的工程款。

根据《民法典》第 801 条可知，因施工单位的原因致使建设工程质量不符合约定的，建设单位有权请求施工单位在合理期限内无偿修理或者返工、改建。经过修理或者返工、改建后，造成逾期交付的，施工单位应当承担违约责任。《新建设工程施工合同解释（一）》第 12 条在《民法典》第 801 条涉及的施工单位对建设工程承担的民事责任的基础上明确了，因施工单位的原因造成建设工程质量不符合约定，如果施工单位拒绝修理、返工或者改建，建设单位可以减少支付工程价款。

该条规定系施工单位对建设工程质量不符合合同约定存在过错时的一般处理原则，该条规定从文义上来看包括以下两层意思：

第一，因施工单位过错造成建设工程质量不符合约定的，施工单位应承担责任。

第二，因施工单位过错造成建设工程质量存在问题，建设单位提出无偿修理、返工、改建，施工单位拒绝的，建设单位可以减少支付工程价款或者要求施工单位支付合理的修复费用。

建设工程施工合同的双方当事人在签订施工合同时，一般对建设工程的质量问题有明确约定，施工单位应当按照合同约定进行施工。如果因施工单位的原因造成建设工程的质量不符合合同约定，出现了质量瑕疵，其应依照合同约定的质量标准予以修复、返工、改建等。施工单位拒绝的，那么依照该条规定，建设单位就可以请求减少工程价款或者请求施工单位承担建设工程修复的合理费用。

本条规定的法理基础为：《民法典》第 577 条规定的合同一方不履行合

同义务或者履行合同义务不符合约定的，应当承担继续履行、采取补救措施或者赔偿损失等违约责任。根据这一条法律规定，在因施工单位原因导致工程质量不合格的情形下，建设单位无权直接拒付工程款，但有权要求施工单位承担责任。这是新司法解释与旧司法解释之间的细微差别。不过需要注意的是拒付不等于免付。免付的外在形式可以体现为拒付，但建设单位主张免付需要以起诉或反诉的方式提出，一般不宜由法律直接规定。拒付还可以是暂时不支付，体现的是一种先履行抗辩权。《民法典》第526条规定，当事人互负债务，有先后履行顺序，应当先履行债务一方未履行的，后履行一方有权拒绝其履行请求。先履行一方履行债务不符合约定的，后履行一方有权拒绝其相应的履行请求。实践中，存在部分分项工程质量不合格但其余工程质量合格的情形，此情形下，建设单位显然不可能以此为由免付或拒付整体工程的工程价款。因此，对此问题需要结合实际情况加以区分。

那么，有人会问因施工单位原因造成工程质量不符合约定的情形下，建设单位就可以直接主张减少工程价款吗？

回答此问题首先我们需要知道，建设单位主张该权利的法律依据系《新建设工程施工合同解释（一）》第12条，而根据本条内容显而易见，建设单位只有在施工单位拒绝修理、返工或者改建的情形下，才能主张减少工程价款。其内在的法律原理在于，建设单位请求减少的工程价款实际是修理、返工或者改建的费用。实践中，不少人认为在因施工单位原因导致工程质量不符合约定时，建设单位除了可主张修理、返工或者改建费用，额外还能要求减少工程价款。笔者倾向于认为，这种认识源于对法律规定的认识偏差，从前述法律和司法解释的规定可以看出，因施工单位原因导致工程质量不符合约定时，建设单位有权选择让施工单位在合理期限内无偿修理、返工或者改建，只有在施工单位拒绝修理、返工或者改建的情形下，建设单位才能主张减少工程价款，建设单位主张减少工程价款的金额实践中以工程修理、返工或者改建的费用作为参考。原因在于《民法典》第584条规定了，当事人一方不履行合同义务或者履行合同义务不符合约定，造成对方损失的，损失赔偿额应当相当于因违约所造成的损失，包括合同履行后可以获得的利益；但是，不得超过违约一方订立合同时预见到或者应当预见到的因违约可能造成的损失。

值得注意的是，因施工单位原因导致工程质量不符合约定，可以修复的，建设单位不能以此为由拒绝支付工程款，一般应先要求施工单位进行修理、返工或者改建。只有修复后仍不合格的，建设单位才有权拒付相应的工程款。

另外，根据最高人民法院民一庭的观点，在适用本条时还要注意，其中“建设工程质量不符合约定”应做广义理解，不仅包括工程质量不符合建设单位和施工单位合同中约定的标准，还应包括不符合建筑工程质量强制性标准，主要包括以下三种情形：

第一，施工单位未按设计图纸和施工技术规范施工造成工程质量存在问题。有些施工单位为牟取非法利益，偷工减料，不按照建筑工程施工标准要求的工序施工，在施工过程中用次料或少用料，严重影响建筑工程的质量和安全，造成事故隐患。建设工程的施工设计图是施工单位施工的依据，施工单位应当严格按图施工，施工单位擅自修改设计图是造成建筑工程质量存在问题的原因之一。

第二，施工单位使用不合格的建筑材料、建筑构配件和设备造成工程质量存在问题。施工单位应严格按照建筑工程设计要求、施工技术标准和合同约定对建筑材料、建筑构配件和设备进行检验，检验不合格的建筑材料、建筑构配件和设备不得使用。如果施工单位使用不合格的建筑材料、建筑构配件和设备造成建筑工程质量存在问题，施工单位要承担责任。

第三，建筑物在合理使用寿命内，地基基础工程和主体结构的质量出现问题；建筑工程竣工时，屋顶、墙面留有渗漏、开裂等问题。

案例案号：（2020）最高法民终 337 号

案情概要：建设单位以防火防腐涂料工程存在质量问题为由，主张工程款项的支付应以工程质量合格为前提，抗辩不应支付工程进度款。

裁判观点：从鉴定机构的鉴定意见来看，案涉工程可以进行修复且经修复后并不影响建筑物的使用。建设单位在本案中提起反诉，主张由施工单位承担修复费用，并在一审中申请对工程修复方案及修复费用进行鉴定，表明建设单位也认可工程可以修复。实际上，根据建筑工程的实际情况，防火防腐涂料工程可以修复，修复工程不会对建设工程的主体结构造成影响。建设单位主张工程质量不合格、不应支付工程款，不予支持。

83. 哪些情形下建设单位需要对建设工程质量的缺陷承担过错责任?

答：建设单位具有下列情形之一，造成建设工程质量存在缺陷，一般应当承担过错责任：提供的设计有缺陷；提供或者指定购买的建筑材料、建筑构配件、设备不符合强制性标准；直接指定分包人分包专业工程。但是，施工单位也有过错的，一般也应当承担相应的责任。

《新建设工程施工合同解释（一）》第13条系建设单位需要对建设工程质量的缺陷承担过错责任的原则性规定，但是如果施工单位也有过错，一般也应承担相应的责任。

第一，本条列举的系建设单位导致建设工程质量存在缺陷的三种常见情形，对于该三种情形的具体理解如下：

其一，建设单位提供的设计有缺陷。依据《民法典》第803条之规定，建设单位有义务按照合同约定的时间和要求向施工单位提供原材料、设备、场地、资金以及技术资料，其中的技术资料就包括工程设计图纸等相关材料。如果建设工程质量产生缺陷系由于建设单位提供的设计有缺陷所导致，显然根据上述法律规定相应的责任应当由建设单位而非施工单位承担。另外，如果建设单位提供的原始设计并没有缺陷，而是由于建设单位在施工过程中擅自更改设计，导致建设工程产生质量缺陷，建设单位亦应当承担过错责任。

其二，建设单位提供或者指定购买的建筑材料、建筑构配件、设备不符合强制性标准。在建设工程实践中，合同双方可以约定建设工程所需的部分建筑材料、建筑构配件等由甲方即建设单位提供，或者由其指定购买。实践中，建设单位出于降低成本等目的可能会提供或指定购买不符合强制性标准的材料设备。因上述原因导致的建设工程有质量缺陷的责任，一般应当由建设单位承担。

其三，建设单位直接指定分包人分包专业工程，俗称甲指分包。通常建设工程分包是指工程总承包单位承揽工程后，再将部分工程分包给其他施工单位完成。《民法典》第791条第2款规定，总承包人或者勘察、设计、施工单位经建设单位同意，可以将自己承包的部分工作交由第三人完成。第三人就其完成的工作成果与总承包人或者勘察、设计、施工单位向建设单位承担连带责任。由于分包人系总承包人选定，代总承包人实际履行部分合同义务，总承包人仍然要就总承包合同约定的全部义务，包括分包工程部分的义务，向建设单位负责。然而，在建设单位直接指定分包人分包专业工程的情况下，分包人并非由总承包人选定。尽管形式上分包合同系由总承包人与分包人签订，但是分包人分包的专业工程部分往往单独核算和结算，总承包人只是“工具人”。

上述三种情形仅是建设单位过错造成建设工程质量存在缺陷的常见情形，除此以外，建设单位如果存在支解发包、违法要求施工单位降低工程质量等行为，一般也可能造成建设工程质量存在缺陷，从而承担过错责任。

第二，如果勘察或设计单位等第三方存在过错，笔者倾向于认为，根据合同相对性原则，建设单位承担责任后，一般可以根据双方的合同约定再追究勘察、设计单位相应的责任。

有人会问，如果建设单位承担相关质量责任在根本上系由于第三方比如勘察或设计单位的原因导致，那么建设单位能否免责而直接由勘察或设计单位等第三方承担责任呢？

在建设工程进入施工环节之前一般都还有勘察和设计环节，勘察、设计为建设工程的施工提供了前期基础，施工需要依据勘察形成的数据以及设计形成的施工图纸和技术方案等；另外，施工单位的施工还需要建设单位的配合，使用建设单位提供的主要建筑材料、建筑构配件和设备。因此，建设工程质量存在缺陷并不能排除是由于勘察、设计环节的瑕疵，或者建设单位的原因所致。在此种情况下，建设工程质量存在缺陷引起的责任就不应当由施工单位承担。

根据最高人民法院民一庭的观点，本条之所以未规定由勘察、设计单位承担勘察、设计瑕疵导致的建设工程质量缺陷责任，是因为本条主要解决建设工程施工合同的责任划分，建设工程施工合同的主体为建设单位和施工单位。一般来说，建设单位会与勘察、设计单位单独订立勘察、设计合同，根据合同相对性原则，建设单位承担责任后，可以再依据双方之间签订的合同去追究勘察、设计单位的责任。当然，如果是实行工程总承包，总承包人应当对勘察、设计瑕疵引起的建设工程质量缺陷承担责任。

第三，施工单位也有过错的，一般也应当承担相应的责任。

《建筑法》第 58 条第 1 款规定了施工单位对建设工程的施工质量负责，即向建设单位交付合格的工作成果系施工单位的主要义务，因此，一般来说，施工单位是建设工程质量责任的主要承担主体。

在实践中，建设工程的质量问题是一个复杂的问题，质量问题的产生往往存在多方面的原因，因此，即使质量问题明显系建设单位的原因，但并不意味着其他单位比如施工单位就没有任何责任。如果建设单位举证证明施工单位也存在一定的过错，那么根据本条的规定，施工单位也要承担相应的责任。

案例案号：（2019）最高法民终 1163 号

案情概要：案涉合同履行过程中，建设单位多次以通知形式变更设计、调整施工方案，并派人在现场指令施工单位施工。施工单位为履行合同多次就协调爆破及确定施工图纸和方案等事宜请示建设单位。

裁判观点：查明的事实足以说明施工单位系严格按建设单位要求施工，不存在过错。建设单位无证据证明其对施工工艺、安全隐患等问题提出过异议或请求，建设单位亦自认施工单位撤场后其他公司已进场施工。故不支持施工单位承担过错责任的请求。

84. 因建设工程质量产生争议，建设单位可以向哪些主体提起诉讼?

答：因建设工程质量发生争议的，建设单位一般可以以总承包单位、分包单位和实际施工人为共同被告提起诉讼，但是，如果总承包合同中约定了仲裁条款，则建设单位较难就质量问题起诉分包单位和实际施工人。

在建设工程实践中，不少建设单位都会有个疑惑，即如果建设工程中存在分包单位与实际施工人，在工程发生质量问题时，究竟可以以哪个主体为被告提起诉讼呢？笔者针对该常见问题做以下分析。

第一，工程质量产生问题时，总承包单位、分包单位和实际施工人可作为诉讼的共同被告。

《新建设工程施工合同解释（一）》第 15 条规定了在发生工程质量争议时，总承包单位、分包单位和实际施工人均应对工程质量负责，一般承担连带责任，在诉讼程序上即表现为建设单位可以将上述主体作为共同被告提起诉讼。

当事人的诉讼地位在很大程度上是由当事人之间的实体法律关系决定的，如在程序上列为共同被告的当事人，常常是因为他们在实体法律关系上存在共同共有、连带责任保证、共同侵权等关系。本条规定的三类民事主体可以作为共同被告，也是其与发包人之间的实体法律关系所决定的，具体分析如下：

《建筑法》第 29 条第 2 款规定，建筑工程总承包单位按照总承包合同的约定对建设单位负责；分包单位按照分包合同的约定对总承包单位负责。总承包单位和分包单位就分包工程对建设单位承担连带责任。该法第 55 条规定，建筑工程实行总承包的，工程质量由工程总承包单位负责，总承包单位将建筑工程分包给其他单位的，应当对分包工程的质量与分包单位承担连带责任。分包单位应当接受总承包单位的质量管理。

此外，《建设工程质量管理条例》第 27 条规定总承包单位依法将建设工程分包给其他单位的，分包单位应当按照分包合同的约定对其分包工程的质量向总承包单位负责，总承包单位与分包单位对分包工程的质量承担连带责任。《房屋建筑和市政基础设施工程施工分包管理办法》也规定专业工程的分包单位和劳务分包人就建设工程质量对建设单位承担连带责任。

从上述法律、行政法规以及部门规章等可以看出，总承包单位、分包单位就建设工程质量对建设单位承担连带责任，有充分的法律依据。

第二，如果总承包合同中约定了仲裁条款，则建设单位较难就质量问题起诉分包单位和实际施工人。

笔者倾向于认为，建设单位对分包单位、实际施工人主张工程质量责任的权利，基于其与施工单位之间的施工合同，因此建设单位不可以突破仲裁协议直接起诉分包单位与实际施工人，主要理由如下：

其一，建设单位与分包单位之间并无合同关系，其向分包单位主张工程质量责任的权利，源于建设单位与施工单位之间的施工合同。因此施工合同约定仲裁条款时，法院并无管辖权。

其二，《新建设工程施工合同解释（一）》第 15 条的含义应为法院在有管辖权的前提下，建设单位就建设工程质量发生的纠纷，可以以总承包单位、分包单位和实际施工人为共同被告提起民事诉讼。但并不意味着建设单位可以突破与总承包单位达成的仲裁协议，直接向法院提起民事诉讼。

其三，虽然合同约定仲裁条款时，建设单位较难就质量问题起诉分包单位和实际施工人，但是总承包单位如经由生效仲裁裁决确认应就工程质量承担责任，那么总承包单位仍可依据分包合同追究分包单位和实际施工人相应的责任，不存在排除法院管辖必然造成免除分包单位和实际施工人实体责任的后果。

综上，笔者建议建设单位在订立施工合同时，应谨慎约定仲裁条款。在司法实践当中，不乏总承包单位与分包单位本应对工程质量问题承担连带责任，但由于约定了仲裁条款，被法院裁定纠纷应由仲裁解决的情况。同时，如果建设单位与分包单位之间没有仲裁协议，则分包单位不是适格的被申请人，因此建设单位只能请求由施工单位承担质量责任，使质量问题的受偿可能性显著降低。

案例案号：（2019）最高法民终589号【法院管辖】

案情概要：案涉《桩基工程施工合同》约定，质量标准的评定以基坑开挖后按照要求做大小应变、静载测试和甲方组织竣工验收评定结果（优良）和国家或行业的质量检验评定结果（符合要求）为准。某建筑测试中心依约对案涉桩基进行单桩竖向抗压静载试验、单桩竖向抗拔静载试验、桩身完整性检测以及低应变动力检测，判定案涉桩基大面积不合格。

裁判观点：本案中，实际施工人为朱某，按照司法解释的规定，其应与施工单位对质量问题共同承担责任。但建设单位并未起诉朱某，根据民事诉讼不告不理的原则，应由施工单位承担赔偿责任。施工单位在承担赔偿责任后，可依据相关法律规定追偿。

案例案号：（2019）最高法民申5011号【仲裁管辖】

案情概要：建设单位与施工单位签订《某工程施工合同》，合同专用条款明确约定合同履行发生争议时提交仲裁解决。

裁判观点：建设单位关于本案属于必要共同诉讼的理由不能成立。本案中，虽然由于仲裁条款的存在，建设单位不能将施工单位、分包单位、张某作为共同被告提起诉讼，但是如经由生效仲裁裁决确认施工单位应就案涉工程质量承担责任，那么施工单位仍可依据分包合同追究分包单位、张某的责任，不存在建设单位所称本案排除法院管辖必然造成免除分包单位实体责任的后果。

85. 因保修人未及时履行保修义务，导致建筑物毁损或者造成人身损害、财产损失的，责任应当如何承担？

答：因保修人未及时履行保修义务，导致建筑物毁损或者造成人身损害、财产损失的，保修人应当承担赔偿责任。保修人与建筑物所有人或者建设单位对建筑物毁损均有过错的，各自承担相应的责任。建筑物发生倒塌、塌陷造成他人损害的，无论及时保修与否，只要不能证明建筑物不存在质量缺陷，建设单位与施工单位一般都要承担连带赔偿责任。其他责任人需要承担责任的，建设单位和施工单位在承担赔偿责任后有权向其他责任人追偿。

保修人一般是指负有保修义务的人。在施工合同法律关系中，施工单位应当履行保修义务；而在商品房买卖合同法律关系中，房地产开发企业应当对所售商品房承担质量保修责任。因此，保修人既可能是施工单位，也可能是建设单位。保修责任的承担一般应遵循合同的相对性原则，只能向合同相对方主张而不能突破合同的相对性向其他主体主张。笔者认为在履行保修义务和主张保修责任的时候应当注意以下几个问题：

第一，保修人在保修期内应履行保修义务，建设单位等单位通知后，保修人未及时履行保修义务造成损害的，保修人应承担相应的赔偿责任。

根据《房屋建筑工程质量保修办法》第3条、第7条以及第9条，《建筑法》第75条以及《建设工程质量管理条例》第41条等规定可知：

其一，在建筑工程正常使用条件下，保修人即施工单位在房屋建筑工程的最低保修期限内要履行保修的义务，建设单位和施工单位约定的保修期限可以高于法定的最低期限，但不得低于法定的最低期限。法定的最低保修期限为：（1）地基基础工程和主体结构工程，为设计文件规定的该工程的合理使用年限；（2）屋面防水工程、有防水要求的卫生间、房间和外墙面的防渗漏，为5年；（3）供热与供冷系统，为2个采暖期、供冷期；（4）电气管线、给排水管道、设备安装为2年；（5）装修工程为2年。其他项目的保修期限建设单位和施工单位可以自由约定。

其二，保修的质量问题包含双方合同约定的质量问题以及未能达到法律强制性规定的标准的质量问题。房屋建筑工程的质量保修，是指对房屋建筑工程竣工验收后在保修期限内出现的质量缺陷予以修复。质量缺陷，是指房屋建筑工程的质量不符合工程建设强制性标准以及合同的约定。

其三，施工单位接到保修通知后应立即核查并进行修复。房屋建筑工程在保修期限内出现质量缺陷，建设单位或者房屋建筑所有人应当向施工单位发出保修通知。施工单位接到保修通知后，应当到现场核查情况，在保修书约定的时间内予以保修。发生涉及结构安全或者严重影响使用功能的紧急抢修事故，施工单位接到保修通知后，应当立即到达现场抢修。

其四，建设工程在保修范围和保修期限内发生质量问题的，施工单位应当履行保修义务，并对造成的损失承担赔偿责任。施工单位违反保修的相关规定，不履行保修义务或者拖延履行保修义务的，行政机关可责令其改正，并可以处以罚款，施工单位须对在保修期内因屋顶、墙面渗漏、开裂等质量缺陷造成的损失承担赔偿责任。

第二，保修人与建筑物所有人或者建设单位对建筑物毁损均有过错的，各自承担相应的责任。

《新建设工程施工合同解释（一）》第 18 条规定了，保修人除了因未及时履行保修义务导致建筑物毁损或者造成人身损害、财产损失的应当承担赔偿责任之外，还应与建筑物所有人或者建设单位对建筑物毁损各自承担相应的过错责任。

上述规定强调了保修人未及时履行保修义务导致建筑物毁损或者人身损害、财产损失时其应当承担的赔偿责任。在保修人与建筑物所有人或者建设单位对建筑物毁损均有过错的情况下，各主体应当按照各自的过错程度承担相应的责任。也就是说该条涵盖了两个方面的内容：一是保修人未及时履行保修义务造成损害的，保修人承担赔偿责任；二是混合过错情形下，保修人与建筑物所有人或建设单位各自承担相应责任。

上述第二种混合过错情形下，建设单位或建筑物所有人也应承担相应责任的情形包括：建设单位或建筑物所有人因怠于通知施工单位进行保修、不适当使用等原因造成损失，或者因未采取适当措施而扩大损失；建设工程未经验收，建设单位擅自使用的，施工单位仍应在法定或者设计文件规定的期限内对地基基础工程、主体结构承担责任。另外，建设工程在保修期内，建设单位将该工程转让给第三人的，施工单位仍应向受让的第三人承担工程的保修责任，不能因建设工程合同主体的变更而免除保修责任。

第三，保修义务人未及时履行保修义务，造成建筑物毁损或者人身损害、财产损失时，构成侵权责任和违约责任的竞合，建设单位可择一要求施工单位承担赔偿责任；但第三人受损害的，因第三人与施工单位没有合同关系，第三人只能主张侵权责任。

第四，建筑物、构筑物或者其他设施倒塌、塌陷造成他人损害的，由建设单位与施工单位承担连带责任，但是建设单位与施工单位能够证明不存在质量缺陷的除外。建设单位、施工单位赔偿后，有其他责任人的，有权向其他责任人追偿。因所有人、管理人、使用人或者第三人的原因，建筑物、构筑物或者其他设施倒塌、塌陷造成他人损害的，由所有人、管理人、使用人或者第三人承担侵权责任。

因此，建筑物发生倒塌、塌陷造成他人损害的，无论及时保修与否，只要不能证明建筑物不存在质量缺陷，建设单位与施工单位就要承担连带赔偿责任。其他责任人需要承担责任的，建设单位和施工单位在承担赔偿责任后有权向其他责任人追偿。

案例案号：（2019）苏01民终11577号【建设单位未尽到通知义务】

案情概要：建设单位与案外人签订维修合同，对某防水工程进行维修，后诉请施工单位承担第三方的维修费用。

裁判观点：建设单位并未提供证据证明其对质量问题进行了固定，且将上述处置办法所涉的质量问题及该处置办法的意见通知了施工单位；建设单位作为发包人就质量问题未通知承包人而自行修复，因改变了现场而无法判断是否因承包人的原因导致，故该不利后果应由建设单位自行承担。建设单位主张施工单位承担第三方的维修费用无事实和法律依据。

九、工程保修

86. 工程质量保修期的期限及起算点如何确定？

答：在正常使用条件下，房屋建筑工程的最低保修期限为：（1）地基基础工程和主体结构工程，为设计文件规定的该工程的合理使用年限；（2）屋面防水工程、有防水要求的卫生间、房间和外墙面的防渗漏，为5年；（3）供热与供冷系统，为2个采暖期、供冷期；（4）电气管线、给排水管道、设备安装为2年；（5）装修工程为2年。其他项目的保修期限由建设单位和施工单位约定。建设工程的保修期一般自竣工验收合格之日起计算，建设工程未竣工验收建设单位擅自使用的，从转移占有建设工程之日起计算。

《建设工程质量管理条例》第39条规定了我国建设工程实行质量保修制度。建设工程承包单位在向建设单位提交工程竣工验收报告时，应当向建设单位出具质量保修书。质量保修书中应当明确建设工程的保修范围、保修期限和保修责任等。

建设工程的保修范围应当包括地基基础工程、主体结构工程、屋面防水工程和其他土建工程，以及电气管线、上下水管线的安装工程，供热、供冷系统工程等项目。根据《建筑法》第62条以及《建设工程质量管理条例》第40条的规定，在正常使用条件下，建设工程的最低保修期限为：（1）基础设施工程、房屋建筑的地基基础工程和主体结构工程，为设计文件规定的该工程的合理使用年限；（2）屋面防水工程、有防水要求的卫生间、房间和外墙面的防渗漏，为5年；（3）供热与供冷系统，为2个采暖期、供冷期；（4）电气管线、给排水管道、设备安装和装修工程，为2年。其他项目的保修期限由发包方与承包方约定。建设工程的保修期，自竣工验收合格之日起计算。

笔者认为在处理工程质量保修期问题时，应注意以下几个问题：

第一，对工程质量保修期的约定是否可以短于《建设工程质量管理条例》规定的最低保修期限？

根据《建设工程质量管理条例》第 2 条可知，凡在中华人民共和国境内从事建设工程的新建、扩建、改建等有关活动及实施对建设工程质量监督管理的，必须遵守该条例。质量保修期限属于行政法规的强制性规定，根据《民法典》第 153 条，违反法律、行政法规的强制性规定的民事法律行为无效。

建设单位与施工单位约定的质量保修期限短于《建设工程质量管理条例》规定的最低保修期限的，因该约定违反行政法规《建设工程质量管理条例》对于保修期的强制性规定，应属无效。

第二，对工程质量保修期的约定是否可以高于《建设工程质量管理条例》规定的保修期限？

《建设工程质量管理条例》规定的保修期限属于最低保修期限，建筑施工单位对其施工的建筑工程的质量保修期不能低于这一期限。但国家鼓励施工单位提高其施工工程的质量保修期限。

如果建设单位和施工单位约定的工程质量保修期限高于法定的最低期限，该约定如果属于双方的真实意思表示，因为该约定并不违反法律的强制性规定，故该约定合法有效。

第三，房屋建筑工程质量保修期限的起算点如何确定？

根据《建设工程质量管理条例》第 40 条第 3 款以及《房屋建筑工程质量保修办法》第 8 条可知，房屋建筑工程保修期一般从工程竣工验收合格之日起计算。

但是要注意区分完工日期和竣工日期：完工日期是指某项工作或某个工程完成的时间；竣工日期是指建设工程完成通过竣工验收的日期。为了保证建设工程质量，我国对工程竣工验收程序有严格的规定，工程只有通过竣工验收后方能投入使用。竣工验收合格日是指建设单位组织设计单位、施工单位、监理单位、勘察单位四方验收合格的时间，不是竣工验收备案的时间，更不是工程档案移交的时间。

《建设工程施工合同（示范文本）》的通用条款中载明一般按照以下程序组织验收：（1）承包人向监理人报送竣工验收申请报告，监理人应在收到竣工验收申请报告后 14 天内完成审查并报送发包人。监理人审查后认为尚不具备验收条件的，应通知承包人在竣工验收前承包人还需完成的工作内容，承包人应在完成监理人通知的全部工作内容后，再次提交竣工验收申请报告。（2）监理人审查后认为已具备竣工验收条件的，应将竣工验收申请报告提交发包人，发包人应在收到经监理人审核的竣工验收申请报告后 28 天内审批完毕并组织监理人、承包人、设计人等相关单位完成竣工验收。（3）竣工验收合格的，发包人应在验收合格后 14 天内向承包人签发工程接收证书。发包人无正当理由逾期不颁发工程接收证书的，自验收合格后第 15 天起视为已颁发工程接收证书。

那么，在建设工程不能正常竣工验收的情况下如何确定保修期的起算点呢？笔者倾向于认为，可以结合《新建设工程施工合同解释（一）》第 9 条的精神针对具体情况分析处理。

案例案号：（2019）最高法民终 239 号

案情概要：建设单位与施工单位签订的《某工程施工合同》对电气管线、给排水管道、设备安装和装修工程的保修期约定为 1 年，已低于法定最低的 2 年保修期。

裁判观点：质量保修期限属于行政法规的强制性规定，当事人约定的质量保修期限短于《建设工程质量管理条例》规定的最低保修期限的，应当适用《建设工程质量管理条例》的规定。故案涉电气管线、给排水管道、设备安装和装修工程的保修期应当认定为 2 年。

87. 缺陷责任期的期限及起算点如何确定？如何区分缺陷责任期与质量保修期？

答：缺陷责任期一般为1年，最长不超过2年，由建设单位和施工单位双方在合同中约定。缺陷责任期从工程通过竣工验收之日起计，但双方可以对起止点进行约定。由于施工单位原因导致工程无法按规定期限进行竣工验收的，缺陷责任期从实际通过竣工验收之日起计；由于建设单位原因导致工程无法按规定期限进行竣工验收的，在施工单位提交竣工验收报告90天后，工程自动进入缺陷责任期。

第一，缺陷责任期与质量保证金系一对相关的概念。

缺陷责任期对应的是建设工程的质量保证金。《建设工程质量保证金管理办法》第2条规定，建设工程质量保证金是指建设单位与施工单位在建设工程承包合同中约定，从应付的工程款中预留，用以保证施工单位在缺陷责任期内对建设工程出现的缺陷进行维修的资金。其中缺陷是指建设工程质量不符合工程建设强制性标准、设计文件，以及承包合同的约定。缺陷责任期一般为1年，最长不超过2年，由发、承包双方在合同中约定。

第二，质量保证金一般不得高于工程价款结算总额的3%，但在实践过程中建设单位与施工单位常常约定高于3%，而约定5%左右最常见，如果约定预留的质量保证金高于3%，超过部分依然有效。

根据《建设工程质量保证金管理办法》第7条，建设单位应按照合同约定方式预留保证金，保证金总预留比例不得高于工程价款结算总额的3%，合同约定由施工单位以银行保函替代预留保证金的，保函金额不得高于工程价款结算总额的3%。

那么，如果建设单位与施工单位约定预留的质量保证金高于3%，该约定是否有效？笔者倾向于认为该约定有效，理由如下：

其一，不违反法律强制性规定。

《民法典》第153条规定，违反法律、行政法规的强制性规定的民事法律行为无效。虽然《建设工程质量保证金管理办法》规定双方约定预留的质量保证金不得高于工程价款结算总额的 3%，但该管理办法属于部门规章，不能作为否定合同效力的依据。

其二，笔者在此提醒，如果实践中工程质量保证金比例高于 3% 可能会遭到一定的行政监管。

从行政监管的角度看，工程质量保证金比例高于 3% 的招标文件或施工合同可能会无法备案。例如，为落实住建部和财政部的管理办法，《天津市住房和城乡建设委员会关于调整招标文件备案中工程质量保证金条款有关问题的通知》（津建招标〔2017〕263 号）规定，招标人要求预留质量保证金的，保证金预留比例不得高于工程价款结算总额的 3%，且自 2017 年 7 月 1 日起备案的招标文件，按该通知进行调整。

第三，缺陷责任期的起算问题。

根据《建设工程质量保证金管理办法》第 8 条可知，缺陷责任期一般从工程通过竣工验收之日（验收合格之日）起计。由于施工单位原因导致工程无法按规定期限进行竣工验收的，缺陷责任期从实际通过竣工验收之日起计。由于建设单位原因导致工程无法按规定期限进行竣工验收的，在施工单位提交竣工验收报告 90 天后，工程自动进入缺陷责任期。

另外，笔者倾向于认为建设单位和施工单位可以约定缺陷责任期的起止点。《新建设工程施工合同解释（一）》第 17 条规定了“当事人约定的工程质量保证金返还期限届满”建设单位应当返还质保金。从文义上看，双方可以自由约定缺陷责任期的起止点；从法理上看，笔者认为双方约定缺陷责任期的起止点也并不违反法律、行政法规的强制性规定，应属有效。

第四，缺陷责任期与质量保修期的区别。

其一，工程质量保证金对应的是缺陷责任期，该期限由双方自由约定，一般不超过 2 年。工程质量保证金具有担保性质，主要担保工程质量“符合工程建设强制性标准、设计文件，以及承包合同的约定”。

其二，工程质量保修期系法律强制性规定，相关规定中并没有出现“保修金”一词，主要强调了在保修期内施工单位等的保修责任。①

其三，实践中依然存在适用工程质量保修金的习惯，即将质量保修金与保修期相对应，那么一般的处理方式是：在合同中约定无质量问题时，质量保修金在保修期届满之后返还。

案例案号：（2020）最高法民终144号

案情概要：施工单位主张工程质量保证金的退还条件已成就。建设单位辩称，工程未竣工无法验收，未达到双方约定的返还条件。

裁判观点：《工程质量保修书》中约定“自工程竣工验收合格之日起计算保修金返还时间”，但未约定工程质量保修金的具体返还期限，应适用司法解释的规定，判断案涉工程是否已通过竣工验收满2年。由于双方均认可施工单位已退场、后续由第三方进场施工，故本案应判断施工单位负责施工的基础和主体部分是否已通过竣工验收满2年，不应以整体工程竣工验收作为退还条件。施工单位施工部分经双方所签《协议》确认已验收合格，该《协议》虽无具体签订日期，但从《协议》所述内容可以确定其签订时间不晚于2016年3月30日，至施工单位提起本案诉讼时已满2年。

88. 怎样认定工程质量问题产生的原因以及责任承担问题？

答：工程出现质量缺陷，建设单位和施工单位一般首先可进行协商，确认存在的问题。如无法达成一致，可以共同邀请第三方机构对工程质量问题

---

① 工程质量保修金是建筑领域长期存在的概念，但并没有法律法规的直接规定。2005年1月12日颁布的《建设工程质量保证金管理暂行办法》（已失效）将工程质量保证金和工程质量保修金混同，并统称为工程质量保证金。原《最高人民法院关于审理建设工程施工合同纠纷案件适用法律问题的解释（二）》将工程质量保证金与缺陷责任期对应了起来，即工程质量保证金对应的不是保修期。而且2013年版和2017年版《建设工程施工合同（示范文本）》及后续出台的建设工程相关法规及规范性文件不再提及质量保修金一词，将建设单位预留和暂扣的用于保证施工单位在缺陷责任期内对工程质量缺陷进行修复的款项称为质量保证金。

进行调查，确定原因和责任。如果是在诉讼过程中，法院往往也会通过质量鉴定来区分各方应当承担的责任。

第一，一般情形下建设单位与施工单位可以先进行协商确认质量存在的问题和责任承担。

根据《新建设工程施工合同解释（一）》第30条，当事人在诉讼前共同委托有关机构、人员对建设工程造价出具咨询意见，如果双方当事人明确表示受该咨询意见的约束，在诉讼中一方当事人又不认可该咨询意见申请鉴定，法院一般不会支持。

在建设工程实践中，建设工程产生质量缺陷的原因相对复杂，如建设工程产生了质量缺陷，笔者建议建设单位、施工单位首先应进行协商，确认存在的问题和各方的责任承担。如双方无法达成一致，可以共同邀请第三方机构对工程质量问题进行调查，确定原因和责任，这个方法也是比较公平合理的。

笔者根据多年的实践经验提醒各方，在启动鉴定前自身首先要评估好工程质量问题产生的实质原因，如果经过评估发现质量问题主要由己方原因造成，则启动第三方鉴定对己方意义不大，反而很可能产生不必要的支出。如果经过评估发现质量问题系另一方造成，则可以决定使用该方法来确定质量问题产生的原因和责任。在启动鉴定前，建议双方先签订一份委托鉴定协议，在协议中明确鉴定费的承担、鉴定配合义务以及鉴定结果出来后各方不可否认等对己方有利的内容。

第二，在诉讼过程中如果双方对质量问题产生的原因以及责任承担产生争议，法院一般也会通过鉴定予以解决。

根据《民事诉讼法》第79条的规定，建设单位或施工单位可以就查明事实的专门性问题如工程质量问题向法院主动申请鉴定。建设单位或施工单位未申请鉴定，法院认为对专门性问题需要鉴定的，一般也会依职权委托具备资格的鉴定人进行鉴定。

笔者在此提醒，如果一方认为质量问题系对方造成的，除了应向法院提交基本的证据证明外，一般可根据情况主动申请鉴定。《新建设工程施工合同解释（一）》第32条规定了当事人对工程造价、质量、修复费用等专门性问题有争议，法院认为需要鉴定的，应当向负有举证责任的当事人释明。当事人经释明未申请鉴定，虽申请鉴定但未支付鉴定费用或者拒不提供相关材料的，应当承担举证不能的法律后果。

综上，在诉讼过程中，建设单位与施工单位就质量问题和责任承担产生的争议较为常见，法院在审理这类案件时往往会通过质量鉴定来区分各方应当承担的责任。下文将对诉讼中的质量鉴定进行具体分析。

其一，鉴定申请的主体。

在司法实践中，质量缺陷鉴定的申请一般由建设单位提出。鉴于工程质量问题产生原因的复杂性，在诉讼中启动质量鉴定成为划分各方责任的主要方法，工程质量问题是工程领域的专门性问题，法官需要借助于司法鉴定来确认是否存在质量问题及决定责任如何承担。所以，司法鉴定是工程质量案件的关键环节。那么，由谁申请呢？在保修期内的质量缺陷鉴定中，由于工程已经竣工验收，施工单位会以验收合格为由对建设单位提出的质量问题进行抗辩。建设单位提出初步证据证明质量存在缺陷时，如果施工单位反驳，建设单位就要提出质量缺陷鉴定申请。

其二，鉴定申请的内容。

为了证明工程的质量问题并非由己方导致，己方无须承担相应的责任，因此，该方会提出鉴定申请，其目的主要是证明自己的主张正确或自己无须承担质量责任，这样的鉴定结果可以给法院的裁判提供相应的依据。因此，鉴定意见必须完整明确。但鉴定机构是根据委托人的要求出具鉴定报告的，鉴定不能超越申请的范围。当事人在提出质量缺陷鉴定申请时，不能只是简单地申请“要求鉴定单位对某工程质量问题进行鉴定”，而要将申请的事项和要求写明确。鉴定申请不明确不具体，可能导致鉴定意见含糊不清，从而影响法官裁判。所以，当事人在提出质量缺陷鉴定申请时，一般要包含以下内容：(1）是否存在质量缺陷；(2）质量缺陷的程度，是否达到设计要求、是否影响使用功能、是否存在结构安全问题；(3）质量缺陷的成因；(4）质量缺陷存在的范围、分布情况；(5）质量缺陷能否修复、修复方案是什么；(6）修复费用等。

其三，鉴定人的资质。

鉴定人的资质问题不仅影响到鉴定意见的质量，也关系到鉴定意见的法律效力，所以，对于鉴定人的选择要十分慎重。目前我国对于工程质量没有统一的鉴定机构，一般法院会委托三类机构进行鉴定：第一类是工程质量监督机构，如某某市信息工程质量监督检验总站、某某市工程质量监督站等；第二类是工程质量检测部门；第三类是社会上的质量鉴定中介机构，如某某市建筑工程研究院建设工程质量司法鉴定中心。在质量鉴定中，质量缺陷鉴定和修复方案鉴定与修复费用鉴定需要不同的资质，因此，一般需要分别委托不同的鉴定单位鉴定。

另外，笔者建议，如果发现鉴定单位存在以下违法行为可以申请重新鉴定以求得对己方有利的鉴定结果：(1）鉴定人不具备相应资格的；(2）鉴定程序严重违法的；(3）鉴定意见明显依据不足的；(4）鉴定意见不能作为证据使用的其他情形。

案例案号：(2020）京02民终5197号

案情概要：某工程层层转包、分包至A、B公司，后建设单位提起诉讼，要求A、B公司赔偿因工程质量问题造成的损失及延误工期的违约金、材料差价款等。

裁判观点：B公司应当分担地上二至六层卫生间修复费用。B公司应分担地下一至三层南侧主体墙修复费用。双方二审补充的意见均为对现有证据的分析，但均无法提供充分证据佐证己方观点。《鉴定意见书》也只是说明了主要原因，未完全排除存在防水工程质量问题。在现有证据状态下，为避免当事人诉累，酌定A公司应承担质量损失的70%责任。

89. 保修期内保修义务和缺陷责任如何承担？

答： 笔者倾向于认为建设工程在保修期内无论质量缺陷的原因为何，一般施工单位都有义务先就缺陷部分的问题进行维修，但对于修复费用的承担，则要根据质量缺陷的成因来分配。当因工程质量问题产生争议的时候可以通过鉴定的方式予以解决，鉴定单位无法鉴定质量缺陷的成因时责任承担则需要视情况而定。

第一，施工单位应按照合同约定和保修书约定履行相应的保修义务，承担相应的保修责任。

在建设工程施工合同中，施工单位的主要义务就是完成合同约定的施工任务，向建设单位交付合格的工程，工程质量担保义务在于施工单位。一般而言，建设单位与施工单位签订的施工合同会就保修期内施工单位的保修责任以及质量缺陷责任进行专门的约定。同时，双方还会签署《建筑工程质量保修书》，具体约定质量保修期内保修的实施。

第二，保修期内出现工程质量问题，一般保修义务人即施工单位要及时对缺陷部分的问题进行维修，否则可能承担不利的法律后果。

根据《建设工程质量管理条例》第 39 条第 1 款、第 41 条以及《房屋建筑工程质量保修办法》第 9 条可知，我国实行的建设工程质量保修制度要求施工单位在建设工程的保修范围和保修期限内对发生质量问题的工程履行保修义务并对造成的损失承担赔偿责任。建筑工程在保修期限内出现质量缺陷，建设单位或者房屋建筑所有人应当向施工单位发出保修通知。施工单位接到保修通知后，应当到现场核查情况，在保修书约定的时间内予以保修。

根据上述法律规定，笔者倾向于认为施工单位应及时履行保修义务。保修期内施工单位接到建设单位的保修通知后，应当及时组织人员去现场核查相关情况，一旦发现该工程质量问题系第三方原因导致，应及时向建设单位反馈，收集并提供相应的证据予以证明，争取说服建设单位免除相应的保修责任。如果没有证据证明工程质量问题系第三方原因导致，笔者建议施工单位积极进行维修，否则可能承担因工程质量问题导致的相关损失。在保修的过程中施工单位也可以进一步收集证据证明非己方施工原因导致，从而争取让建设单位支付相应的维修费。

另外，保修义务发生在工程交付后的使用阶段，一般而言，工程经竣工验收后交付建设单位，风险也向建设单位转移。但是对于工程质量问题，施工单位在移交工程后，仍然负有维修义务，保修人对该维修义务可能造成的损失应有预见性，应当承担相应责任。又因为保修人熟悉工程情况、有施工能力，且质量问题由施工原因造成的可能性最大，故由保修人先行保修，从效率和成本角度都是最优。而在履行保修义务后，如果质量责任不在保修人，则其可以向责任人主张修复费用。

第三，修复费用的承担则要根据质量缺陷的成因来确定，施工单位的维修行为并不意味着对工程质量问题的认可。

根据相关法律规定，建设单位有过错的也要承担相应的责任。比如，《新建设工程施工合同解释（一）》第 13 条规定了建设单位造成建设工程质量缺陷的也应当承担过错责任，包括：提供的设计有缺陷；提供或者指定购买的建筑材料、建筑构配件、设备不符合强制性标准；直接指定分包人分包专业工程。第 18 条亦规定了保修人与建筑物所有人或者建设单位对建筑物毁损均有过错的，各自承担相应的责任。因此，建设单位为了让施工单位承担保修责任，一般也应提供相应的证据予以证明。

施工单位的维修行为并不意味着对工程质量问题的认可，如果工程质量问题并非施工单位造成，建设单位应承担相应的修复费用。比如，2017 年版《建设工程施工合同（示范文本）》第 15.4.2 条就载明，保修期内，修复的费用按照以下约定处理：（1）保修期内，因承包人原因造成工程的缺陷、损坏，承包人应负责修复，并承担修复的费用以及因工程的缺陷、损坏造成的人身伤害和财产损失；（2）保修期内，因发包人使用不当造成工程的缺陷、损坏，可以委托承包人修复，但发包人应承担修复的费用，并支付承包人合理利润；（3）因其他原因造成工程的缺陷、损坏，可以委托承包人修复，发包人应承担修复的费用，并支付承包人合理的利润，因工程的缺陷、损坏造成的人身伤害和财产损失由责任方承担。

第四，双方对工程质量问题产生争议一般可以通过鉴定的方式解决，但如果鉴定单位无法鉴定质量缺陷的成因，责任如何承担呢？

一个重要的法律问题是，如果通过鉴定无法确定质量缺陷的原因，既不能认定为施工单位的原因，也不能认定为建设单位的原因，在此种情况下如何确定责任承担主体呢？对此问题，司法实践中观点不一。

有些法院依据公平原则来分配责任，如“东海公司与江森公司建设工程施工合同纠纷案”中，广东省高级人民法院认为：“东海公司对部分有关水电抄表系统质量问题的意见是在合同约定的保修期内提出的，但没有证据显示江森公司对此进行了完善。根据常理，有质量问题应该是施工单位的责任。该水电抄表系统虽无法确认系江森公司施工原因导致上述问题的出现，但也无法排除不是江森公司施工原因导致工程出现质量问题。依据公平原则，江森公司应对水电抄表系统的质量问题承担一半的责任。”

而有些法院则认为，履行施工义务并向建设单位交付合格的工程是施工单位的法定义务。施工单位是质量担保义务的主体，一旦当事人因工程质量问题发生诉讼，建设单位提供证据证明存在质量缺陷，施工单位否认时必须提供相应的反驳证据证明该质量问题系其他原因造成，否则一般应由施工单位承担相应的违约责任。

案例案号：（2019）苏08民终226号

案情概要：一审法院判决施工单位按质量鉴定报告及维修方案，限期进行修复。施工单位不服该判决，提起上诉。

裁判观点：案涉工程房屋渗漏问题在保修期届满后仍未处理好，上诉人作为施工单位应继续履行其维修义务。

90. 施工单位不能完成工程质量缺陷修复的，建设单位可否自行修复并要求施工单位返还相应的维修费用?

答：建设工程在保修期内出现质量问题，施工单位在建设单位通知的合理期限内拒绝修复或者无正当理由未修复的，建设单位一般可自行修复或者委托他人修复，并有权要求施工单位承担合理的修复费用，除非施工单位能够举证证实该质量问题非因施工单位施工原因造成。一般法院对于建设单位诉请的修复费用的合理性会进行审查，必要时可启动司法鉴定程序对所需的修复费用进行评估认定。

施工单位对于工程质量瑕疵怠于履行修复义务时建设单位的权利能否得到救济是实践中常见的法律问题。根据相关案例，一般认为，建设工程在保修期内出现质量问题，施工单位在建设单位限定的合理期限内怠于履行修复义务的，应赋予建设单位自行修复的权利，发生的合理修复费用由施工单位负担。建设单位行使修复费用偿还请求权时，应特别注意满足以下几个条件：

第一，举证证明工程系在保修期内出现的质量问题。

建设工程是以高额投资取得并可长期使用的一种特殊产品，明确施工单位对其施工的建设工程应负的质量责任，能够促进施工单位加强工程质量管理，充分维护建筑物使用者的合法权益。《民法典》第801条及第802条规定了施工单位对工程负有质量瑕疵担保责任。《建筑法》第62条以及《建设工程质量管理条例》第39条均规定，建设工程实行质量保修制度。施工单位的主合同义务是建造符合合同约定和技术标准及规范规定的建设工程。工程质量不符合约定，构成施工单位不完全给付的情形之一。但值得注意的是，对于工程质量问题，建设单位须举证证实建设工程系在法定或约定的保修期和保修范围内出现质量问题，施工单位应履行保修义务，及时进行修理、返工或改建，对于该初步举证义务，但同时建设单位也应当引起重视，并注重工程产生质量问题时的证据收集与保存，并及时向施工单位发出维修通知。

第二，施工单位不能证实质量问题非因自身施工的原因造成。

笔者倾向于认为，施工单位质量保修责任的归责原则为过错推定原则，工程在保修期内出现质量问题，往往推定由施工单位原因造成，除非施工单位能够举证证实质量问题非因施工单位施工原因造成。

如建设单位已提交证据证实案涉工程在保修期内出现质量问题，施工单位却未能提交证据证实质量问题是由建设单位使用的原因或者其他非归责于其自身的原因造成的，施工单位一般应承担因工程存在质量瑕疵以及未履行保修义务所引发的相关责任。如果施工单位没有充分有效的证据予以抗辩，则施工单位可以争取让法院对该质量问题进行鉴定，但鉴定前最好也要注重证据的收集、保存与及时提交。

第三，施工单位在合理期限内怠于履行修复义务。

根据《民法典》第801条的规定，修复是工程出现质量问题时的首选救济途径，由施工单位进行修复，能够实现双方以最低成本获取最大利益的经济原则。及时维修对于施工单位而言，既是应尽的义务，也是享有的权利。在工程质量保修期内，建设单位或使用人发现工程有质量问题的，有权直接要求施工单位修理、返工或改建。建设单位向施工单位发出维修通知，施工单位在接到通知后或在限定的合理期限内，应到现场核实情况予以维修。在施工单位及时维修的情况下，建设单位一般不得另行委托他人维修。只有在出现下列情况时，建设单位才可以自行或委托他人进行修复：（1）建设单位通知施工单位对质量缺陷进行修复，施工单位拒绝；（2）非因建设单位原因在合理期限内不能修复；（3）施工单位没有相应资质、丧失资质；（4）其他不宜由施工单位实施维修的情况。在建设单位自行或委托他人进行修复的情况下，施工单位应承担赔偿建设单位修复费用的责任，建设单位享有修复费用偿还请求权。

比如建设单位已在保修期内多次通知施工单位进行维修，但施工单位始终未到现场核实情况和进行维修，那么建设单位可以另行委托第三方进行修缮，由此产生的维修费损失，建设单位有权要求施工单位进行赔偿。

第四，修复费用具有合理性。

建设单位自行修复，是在施工单位怠于履行修复义务的情况下，建设单位的一项救济权利，但应避免建设单位滥用权利获取额外利益。修复费用应具有合理性。审判实践中，往往建设单位会提交与他人签订的维修合同，以合同约定价款向施工单位主张赔偿，在法院难以判断建设单位诉请的修复费用数额是否合理或明显不合理时，一般可启动司法鉴定程序对案涉工程所需修复费用作出评估认定。

比如，虽然建设单位与第三方签订修缮合同约定了修复费用的数额，建设单位也提交了支付部分费用的证据，但为保证修复费用的合理性，法院可能会委托鉴定机构对案涉工程所需的修复费用进行评估，以评估值作为认定赔偿数额的依据。

案例案号：（2018）苏民终679号

案情概要：建设单位提交了案涉工程屋面防水维修的证据原件，对该组证据的真实性予以确认，且该组证据能够形成证据链，对建设单位于2016年6月和7月委托维修单位维修屋面防水并支付费用的事实予以确认。

裁判观点：双方约定屋面防水的保修期为5年，案涉工程于2012年竣工验收，建设单位委托维修单位进行屋面防水维修的时间在2016年6月和7月间，尚在质量保修期内。虽然建设单位未提交证据证明已通知施工单位进行维修，但维修的事实存在，建设单位支付了本应由施工单位承担的维修费用，且施工单位要求给付的工程款中已包含了质保金，故维修费用应抵扣施工单位的工程款。

十、优先受偿权

91. 哪些主体可享有建设工程价款优先受偿权?

答: 只有与建设单位签订施工合同的施工单位才享有建设工程价款优先受偿权，实际施工人不享有建设工程价款优先受偿权。建设工程价款优先受偿权制度有条件地适用于装饰装修工程和消防工程。另外，一般认为建设工程价款优先受偿权制度不适用于建设工程的勘察、设计和监理合同关系。

第一，施工单位享有优先受偿权的前提是与建设单位有合同关系。

根据现有的法律规定和司法解释，施工单位行使建设工程价款优先受偿权的前提是双方有直接的施工合同关系。依据《民法典》第 807 条、《新建设工程施工合同解释（一）》第 35 条，建设工程价款优先受偿权的主体为施工单位，即施工单位可以基于法律规定或者合同约定，直接请求对工程价款行使优先受偿权。同时，《新建设工程施工合同解释（一）》第 43 条亦仅赋予实际施工人突破合同相对性向建设单位主张欠付工程价款的权利，并未规定其可以主张建设工程价款优先受偿权。实际施工人并非与建设单位签订建设工程施工合同的施工单位，故其请求对工程价款行使优先受偿权缺乏法律依据，法院不予支持。

《民法典》和《新建设工程施工合同解释（一）》生效之前，实际施工人即与建设单位没有直接施工合同关系的施工单位是否享有建设工程价款优先受偿权存有争议，不同法院会有不同的判决。《新建设工程施工合同解释（一）》第 35 条明确了只有与建设单位订立建设工程施工合同的施工单位可以依据《民法典》第 807 条的规定请求其承建工程的价款就工程折价或者拍卖的价款优先受偿。

综上，根据《民法典》第807条的规定，施工单位享有工程价款优先受偿权。而依据《民法典》《建筑法》等法律的规定，建设工程的施工单位往往包括工程勘察人、工程设计人与工程施工人。建设工程施工单位可分为总包人、分包人与实际施工人。在建设工程合同关系中，有权向建设单位请求支付价款的人还包括工程监理人，那么，这些主体均能主张或享有建设工程价款优先受偿权吗？

第二，建设工程价款优先受偿权制度不适用于建设工程的勘察、设计、监理合同关系。

根据《民法典》第788条，建设工程合同包括工程勘察、设计、施工合同，那么，本条的规定是否适用于所有建设工程合同？对此，有两种观点：第一种观点认为，本条中的建设工程合同应做狭义解释，仅指建设工程施工合同，不应包括勘察、设计合同。这种观点的主要理由系本条的立法初衷是解决长期存在的拖欠工程款问题，即拖欠施工企业的工程款。解决施工企业工程款被拖欠的问题在于保护建筑工人的劳动报酬。尽管勘察、设计费用也有拖欠问题，但远不如拖欠施工单位的工程款严重。第二种观点认为，从字面解释上看，本条规定的建设工程价款应当包括勘察、设计费用，因为本条明确规定建设工程合同包括勘察、设计、施工合同，本条也没有明确将勘察、设计合同排除。

最高人民法院民一庭认为，前述第一种观点更为合理。因为勘察人员、设计人员收入一般较高，属于知识分子阶层，不属于法律要特殊保护的对象。而法律规定优先权的立法目的主要是优先保护社会的弱势群体——低收入的施工工人的工资报酬，而不是优先保护勘察人员、设计人员这样的高收入群体。勘察人与设计人的应得报酬不是工程价款，而是勘察费与设计费。无论是勘察报告还是设计图纸，都是针对特定的工程而言的，既不能折价也不能拍卖。同时勘察与设计通常完成于建设工程项目的立项阶段，至少应当完成于建设工程施工之前，如果建设单位拖欠相关费用，通常情况下，建设工程竣工时或者停工时，早就超过了行使优先权的期间。因而，勘察人与设计人不应当从建设工程的折价或者拍卖价款中要求优先受偿。

第三，建设工程价款优先受偿权制度可有条件地适用于装饰装修工程和消防工程。

根据《建设工程质量管理条例》与《建设工程安全生产管理条例》的规定，建设工程包括土木工程、建筑工程、线路管道和设备安装工程及装修工程。因而《民法典》第807条的规定适用于所有建设工程施工合同，包括装饰装修合同，但最高人民法院民一庭认为装饰装修工程仅限于建设单位直接发包的玻璃幕墙工程及其他装饰装修工程。

应当特别注意的是消防工程的施工单位。消防工程属于建设工程的必备部分，本专业工程既可以由建设工程总包人负责，也可由建设单位直接发包给专业的消防工程施工单位。消防工程的施工单位如同装饰装修工程的施工单位一样在行使工程价款优先受偿权时受到一定的限制。这种限制表现在两方面：一是只有建设单位直接发包的施工单位才依法享有工程价款优先受偿权；二是消防工程的施工单位只能就其承包的消防工程给整个工程增值的范围行使优先权。

第四，实际施工人不再享有建设工程价款优先受偿权。

根据《民法典》第807条、《新建设工程施工合同解释（一）》第35条以及《最高人民法院民事审判第一庭2021年第20次专业法官会议纪要》可知，建设工程价款优先受偿权是指在建设单位经施工单位催告支付工程款后的合理期限内仍未支付工程款的情况下，施工单位享有的与建设单位协议将该工程折价或者请求人民法院将该工程依法拍卖，并就该工程折价或者拍卖的价款优先受偿的权利。只有与建设单位订立建设工程施工合同的施工单位才享有建设工程价款优先受偿权。实际施工人不属于与建设单位订立建设工程施工合同的施工单位，不享有建设工程价款优先受偿权。

案例案号：（2019）最高法民再258号

案情概要：吴某与施工单位签订的《某工程内部承包合同》为无效合

同，吴某并非承包人而是实际施工人。吴某主张对案涉工程享有工程价款优先受偿权。

裁判观点：根据查明的事实，吴某为无资质个人，系实际施工人。案涉合同无效。司法解释规定实际施工人在一定条件下可以向发包人主张工程价款，但并未规定实际施工人享有工程价款优先受偿权。吴某主张其享有工程价款优先受偿权并无事实和法律依据。

92. 未竣工工程施工单位可否主张建设工程价款优先受偿权？

答：未竣工的建设工程质量合格的，施工单位可以主张建设工程价款优先受偿权。如果工程未由第三人续建，则对未完工工程的质量一般应依据证据、工程的状态综合认定。建设单位对工程质量提出异议时，施工单位一般应举证证明未完工工程质量合格，如施工单位提供了已完工工程分部分项的验收手续，则可认定质量合格。

一般而言，建设工程施工合同解除后，施工单位的施工行为并未完成，也即建设工程通常处于未竣工状态。对于竣工工程，根据法律、司法解释的规定，符合条件的施工单位可主张建设工程价款优先受偿权。但对于未竣工的工程，施工单位是否还享有建设工程价款优先受偿权呢？

从司法实践中的情况看，对该问题有赞成和反对两种观点。其中，赞成的观点认为，虽然通常情况下，施工单位只有在建设工程竣工验收之后才享有建设工程价款优先受偿权。因为工程竣工验收后才能交付使用，工程的质量是否符合法定的标准才能明确，施工单位的工程价款才能确定。但是，实务中建设工程施工合同的履行情况较为复杂，特别是合同解除的原因，既包括因施工单位的原因导致施工合同解除的情况，也存在因建设单位的原因导致施工合同解除的情况。特别是在建设单位资金链断裂、没有资金继续进行建设，甚至建设单位“跑路”的情况下，如果否定施工单位对未竣工工程的优先受偿权，对施工单位明显不公，且施工单位的工程款涉及农民工工资，如处理不当，对社会秩序也会造成很大的影响。反对的观点认为，施工单位的工程价款优先受偿权只能在工程已竣工验收的情况下享有。因为只有工程已竣工验收，建设单位才应当按照约定支付工程价款。如果工程没有竣工验收或者竣工验收不合格，建设单位不但有权拒绝支付工程价款，还有权请求施工单位承担相应的民事法律责任。

最高人民法院倾向于认为，对未竣工的建设工程，在工程质量合格的情况下，施工单位享有优先受偿权，主要基于以下几点考虑：其一，从建设工程价款优先受偿权的法律规定来看，《民法典》第 807 条规定了施工单位的建设工程价款可就工程折价或者拍卖的价款优先受偿；其二，从法律上讲，现代民法理论认为未完成的工程具备物的独立性特征，将未竣工工程列入了物权客体；其三，从工程价款支付的不同阶段看，建设工程价款一般包括预付款、工程进度款和最终结算款。因此，《新建设工程施工合同解释（一）》第 39 条对该问题进行了确认。

那么，由此会进一步产生另一个重要的问题，即未完工工程的质量如何认定呢？

第一，如果第三人续建后的工程验收合格则意味着施工单位未完工的工程系合格工程。

在实践当中，对未完工工程质量的认定较为复杂。一般而言，在因施工单位的原因导致工程未竣工的情况下，建设单位为了实现工程建设之目的，会将建设工程再次发包给第三人续建，以发挥工程的最大效益。对于第三人续建的建设工程，如果建设工程经竣工验收合格，则对施工单位施工的未竣工工程的质量的判定并无异议。相反，如果第三人续建的建设工程完工后因质量问题未能通过竣工验收，如何对施工单位未完工工程的质量进行认定，较为复杂。笔者倾向于认为，建设单位在将工程交由第三人续建前，应首先对续建前施工单位施工的工程情况进行确认。否则，质量责任如无法确定，则可推定续建前施工单位施工的工程质量合格。

第二，如果工程未由第三人续建，最高人民法院认为可结合施工单位提供的证据、工程的状态综合认定未完工工程质量，对于这种情况施工单位应当注重证据的收集和保存。

在建设单位未提质量抗辩时，法院一般会进行必要的释明，在建设单位明确无质量异议的情况下，可视为建设单位对施工单位未完工工程质量的认可。在建设单位对施工单位未完工工程质量提出异议时，根据举证责任的分配规则，一般应由施工单位举证证明未完工工程质量合格。比如，施工单位提供了已完工工程分部分项的验收手续，则可认定质量合格，除非建设单位有证据推翻该验收手续。在施工单位不能举证证明其施工的未完工工程质量合格的情况下，针对未完工工程的质量问题，法院可以行使释明权，告知当事人就未完工工程的质量问题申请进行鉴定。当事人未申请鉴定的，如法院认为施工单位未完工工程的质量问题需要鉴定，一般应当委托具备资格的鉴定人进行鉴定，以最终对施工单位未完工工程的质量争议作出判定。

笔者根据实践经验，在此提醒建设单位和施工单位，如果在施工过程中，施工单位不再继续施工而变更为第三人施工，双方均应注重对施工界面的处理，各方最好对第三方入场前的施工界面予以明晰，同时对施工前后的工程质量进行相应的确认，否则后期很可能产生诸多麻烦。

案例案号：（2018）最高法民申4627号

案情概要：建设单位以施工单位在案涉工程施工过程中存在违法分包情形为由，主张施工单位不应享有建设工程价款优先受偿权。

裁判观点：建设工程价款优先受偿权是在发包方欠付工程款的情况下，施工方由于无法取回其“实际投入”或者物化到建设工程中的该部分价值，为保障其权利设定的一项法定权利。即施工方可以从该工程拍卖或者折价价款中优先取得其实际投入或者物化到建设工程中的价值，即使施工合同无效或工程未竣工，只要发包人有欠付工程款的事实，施工方就可以依照法律规定的程序主张工程价款优先受偿权。故原判决确认施工单位在建设单位拖欠工程款范围内，对案涉工程享有优先受偿权，并无不当。

93. 建设工程价款优先受偿权的范围有哪些?

答: 全部建设工程价款（含构成工程造价的人工费、材料费、施工机具使用费、企业管理费、利润、规费和税金）均可优先受偿，也即建设工程价款优先受偿权的范围包括全部工程价款，而非限于施工单位的劳务成本或者施工单位实际投入建设工程的成本，且建设单位从建设工程价款中预扣的工程质量保证金也可就建设工程折价或者拍卖的价款优先受偿，但不包括逾期支付建设工程价款的利息、违约金以及损害赔偿金等。

关于建设工程价款优先受偿权的范围，笔者结合相关司法解释、司法实践以及各级法院的观点，对该问题总结如下：

第一，全部建设工程价款均享有优先受偿权，从工程造价组成的角度看，包含构成工程造价的人工费、材料费、施工机具使用费、企业管理费、利润、规费和税金。

笔者倾向于认为《新建设工程施工合同解释（一）》第40条所指的建设工程价款优先受偿权的范围包括全部的工程价款且该工程价款包含利润部分，而不仅仅包含施工单位的劳务成本或者施工单位实际投入建设工程的成本。

一般优先受偿的工程价款数额应根据双方的合同约定来确认。如果建设单位与施工单位签订的建设工程施工合同有效，施工单位依合同约定完成建设工程后，建设工程价款应按合同约定确定。如果建设工程施工合同无效，但建设工程经竣工验收合格，根据《民法典》第793条第1款的规定，施工单位请求参照合同关于工程价款的约定折价补偿，法院一般会支持。如果建设工程有增加、变更，一方申请对工程价款进行鉴定，经质证后鉴定意见可以作为认定案件事实的依据的，以鉴定意见所确定的建设工程价款为准。

另外，从造价的组成角度看，人工费、材料费、施工机具使用费、企业管理费、利润、规费和税金系工程造价的组成部分，司法实践中常说的工程价款优先受偿权中的“工程价款”可以简单地理解为工程造价。因此，构成工程价款也即工程造价的人工费、材料费、施工机具使用费、企业管理费、利润、规费和税金均在优先受偿权的范围内。

根据国务院有关行政主管部门的规定，常用的关于建设工程价款组成的规定有两个：一是原住建部、财政部印发的《建筑安装工程费用项目组成》的规定，建筑安装工程费用项目按费用构成要素组成划分为人工费、材料费、施工机具使用费、企业管理费、利润、规费和税金。二是原建设部《建设工程施工发包与承包价格管理暂行规定》（已失效）第5条第2款规定："工程价格由成本（直接成本、间接成本）、利润（酬金）和税金构成。"二者虽然表述不同，但内涵基本一致。因此，目前而言，建设工程价款优先受偿权的范围包括人工费、材料费、施工机具使用费、企业管理费、利润、规费和税金。

第二，为了平衡各方利益，司法实践中倾向于认为对于建设工程价款的利息、违约金和损害赔偿金等不能主张优先受偿。

建设工程价款优先受偿权不仅关乎施工单位的利益，还会对建设单位的利益产生巨大的影响，更会对抵押权人等第三方的利益产生较大影响。最高人民法院民一庭认为在坚持《民法典》第807条的立法精神的同时，也应做好各方当事人的利益平衡。既然为了保护建筑工人的利益，从而减少诉讼成本和便于操作，已经将施工单位的利润纳入建设工程价款优先受偿权的保护范围，就不宜再将逾期支付工程价款的利息纳入建设工程价款优先受偿权的保护范围。这也体现了保护弱者与利益平衡的原则。

综上，笔者认为关于建设单位应支付的违约金、损害赔偿金等能否就建设工程折价或者拍卖的价款优先受偿的问题，理论和司法实践中争议不大。司法实践中的倾向性意见认为，违约金、损害赔偿金等不能就建设工程折价或者拍卖的价款优先受偿。主要理由是：《民法典》第807条规定的是建设工程的价款可就建设工程折价或者拍卖的价款优先受偿，但违约金、损害赔偿金都不属于建设工程的价款。而且违约金、损害赔偿金与普通债权没有本质区别，对于保护建筑工人的利益也没有特别意义。建设工程价款优先受偿权不同于抵押权，不宜参照适用《民法典》第389条的规定。因此，施工单位就违约金、损害赔偿金等主张优先受偿的，法院一般不会支持。

第三，建设单位预扣的工程质量保证金也可就建设工程折价或者拍卖的价款优先受偿，施工单位在诉讼中切莫遗漏该部分的优先受偿权。

在建设工程实践中，施工单位并不是另行向建设单位支付一定费用作为工程质量保证金，而是建设单位从结算款中预扣一部分作为工程质量保证金。在合同约定或者法律规定的缺陷责任期届满后，建设单位再向施工单位返还该笔工程质量保证金。

笔者认为，在建设工程质量合格的情况下，建设单位应当向施工单位支付全部建设工程价款。从建设工程价款中预扣的工程质量保证金本质上仍属于建设工程价款的一部分，只是为了让施工单位确保建设工程质量，合同约定或者法律规定了缺陷责任期，期满后再返还该部分保证金即预扣的工程价款。故施工单位显然对其享有优先受偿权。

案例案号：（2022）最高法民终 24 号

案情概要：建设单位上诉认为，停窝工损失属于损害赔偿金，不应享有优先受偿权。

裁判观点：本案中由鉴定机构鉴定的停窝工费用，均为住房和城乡建设部、财政部规定的建筑安装工程费用项目，属于工程价款而非逾期支付工程价款导致的损害赔偿金，故该部分费用应享有优先受偿权。建设单位的该项上诉请求不予支持。

94. 建设工程价款优先受偿权何时起算？

答：建设工程价款优先受偿权自建设单位应当给付建设工程价款之日起计算，双方对付款时间没有约定或者约定不明的，按照以下原则计算：(1) 建设工程已实际交付的，为交付之日；(2) 建设工程没有交付的，为提交竣工结算文件之日；(3) 建设工程未交付，工程价款也未结算的，为当事人起诉之日。

根据《新建设工程施工合同解释（一）》第41条可知，施工单位行使建设工程价款优先受偿权的期限最长不得超过18个月，优先受偿权往往决定了施工单位最终能否从建设单位获得工程款，因此，把握优先受偿权的起算点，在法律保护的期限内主张权利就变得至关重要。

笔者倾向于认为，建设工程价款优先受偿权一般自建设单位“应当给付”建设工程价款之日起算，所谓的“应当给付”要求建设工程价款须同时具备“数额已经确定”且建设单位“已届履行期”两个条件，具体分析如下：

第一，关于工程价款“数额已经确定”如何理解。

施工单位主张优先受偿权是否以工程款数额已经确定为前提，在司法实践中有两种观点。观点一认为：工程款具体数额确定之后，施工单位才具备了根据最终确定的工程款数额主张建设工程价款优先受偿权的条件，优先受偿权的起算点应当为工程款数额确定的次日；观点二认为：优先受偿权行使期限的起算点，即建设单位应给付建设工程价款之日，应当根据合同约定来认定，并不以工程款具体数额的确定为前提条件，实践中也曾有法院判例支持该观点。

笔者倾向于第一种观点，主要理由为：工程价款的支付是建设工程施工合同的核心条款之一，通常约定为工程结算完成后的一定期限内。因此，从合同约定来看，工程款的支付期限何时届满应当是明确的。但是，若在约定的工程款支付期限届满时，工程的结算审核工作尚未完成，此种情况下，建设单位欠付施工单位的工程款数额尚不确定，某些争议较大的工程中，建设单位是否欠付施工单位工程款这一问题都尚未确定。若此时开始起算建设单位应当支付施工单位工程款的时间也不合理，若将该时间点作为工程款优先受偿权行使期限的起算点更是有悖优先受偿权制度的立法本意。故笔者倾向于认为，在工程款数额未确定的情况下，即便合同约定的工程款支付期限已经届满，建设单位应付工程款之日也应当顺延至工程款数额确定之日。

第二，关于工程价款“已届履行期”如何理解。

其一，建设单位与施工单位之间有约定的，比如约定了“支付工程价款时间”，则一般按照约定进行，也即尊重当事人意思自治。但是，如果到了约定的付款时间，但工程没有完工或未交付，那么根据工程实际情况及同时履行抗辩权制度，之前合同约定的结算时间便失去了意义。

其二，建设单位与施工单位对付款时间没有约定或者约定不明的，可根据《新建设工程施工合同解释（一）》第27条确定应付工程款时间：（1）建设工程已实际交付的，为交付之日；（2）建设工程没有交付的，为提交竣工结算文件之日；（3）建设工程未交付，工程价款也未结算的，为当事人起诉之日。

建设工程的现实总是复杂的，如果施工合同中没有约定付款时间，建设单位与施工单位也没有达成新的付款协议，如何确定起算点即应付之日呢？这种情况下，工程已经交付，建设单位已经实际占有控制了建设工程，可以行使占有、使用、收益、处分的权利，施工单位可以也应当向建设单位主张欠付的工程款并行使优先受偿权。所以应当以工程交付之日作为工程款应付之日即优先受偿权的起算点。

现实中还有一种情况，即因为建设单位的原因或者施工单位的原因或者双方的原因导致中途解除合同。这种情况下，如果建设单位与施工单位对工程的后续处理以及工程款的结算或支付达成结算协议或付款协议，则应当以协议中约定的付款时间为应付之日计算优先受偿权的起算点；如果建设单位与施工单位仅仅达成解除合同协议，而未对工程款支付达成协议，则应当以合同解除之日为应付之日计算优先受偿权的起算点。

除以上情形外，施工合同没有约定付款时间，因建设单位的原因或者施工单位的原因或者双方的原因导致合同无法履行，工程实际上处于中止状态，工程价款也未结算，建设单位与施工单位没有达成合同解除或终止协议，施工单位一方提起诉讼的，这种情况下，应当以起诉之日作为应付之日即优先受偿权的起算点。施工单位起诉建设单位要求支付工程款时，一般也会同时请求法院确认其对工程享有优先受偿权，以起诉之日作为应付之日计算优先受偿权起算点，也有助于提高司法效率。

案例案号：（2019）最高法民终564号

案情概要：建设单位认为施工单位2015年已经退场，应于退场时开始计算优先受偿权期限，至一审起诉已经超过6个月除斥期间（新法为18个月）。

裁判观点：本案中，2017年1月12日为双方确定工程款数额的日期，从该日起建设单位应当给付工程款。因此，一审判决认定至施工单位向一审法院起诉之日并未超过承包人行使建设工程价款优先权的期限，施工单位有权在尚欠的工程款范围内对其施工工程行使优先受偿权，认定并无不当，予以维持。

95. 建设工程价款债权转让后，受让人是否享有优先受偿权？

答：对建设工程价款优先受偿权是否随工程价款债权一并转让的问题，目前未能在司法实践中达成一致意见，当事人可根据自己的需要选择有利于自己的观点、规定或案例，在个案中据理力争，争取获得有利于自身的裁判。

《民法典》实施之前该问题在司法实践中存在两种相反的观点，然而《民法典》2021年1月1日实施之后不同地方的法院依然存有两种截然不同的观点。

2022年12月28日发布的《重庆市高级人民法院、四川省高级人民法院关于审理建设工程施工合同纠纷案件若干问题的解答》第17条持否定观点，认为建设工程价款优先受偿权属于法定优先权，行使主体应限定为与建设单位形成建设工程施工合同关系的施工单位，建设工程价款债权转让后，受让人主张对建设工程享有优先受偿权的，法院不予支持。2022年11月17日发布的《湖南省高级人民法院关于审理建设工程施工合同纠纷案件若干问题的解答》第20条就持赞成观点，认为建设工程价款优先受偿权所设立的立法本意系解决拖欠工程款问题，以推动施工单位工程价款债权的实现，具有从属性，不具有人身属性，故施工单位将建设工程价款债权转让的，建设工程价款优先受偿权随之转让。

实际上，各地法院在司法实践中对工程款债权转让，优先受偿权能否一并转让一直都持有不同的意见，《民法典》和《新建设工程施工合同解释(一)》实施后，各高级人民法院的解答或意见中依然体现了不同的观点。下面笔者对支持和不支持的观点做一个简单的梳理，以供读者参考和选择适用。

第一，可以一并转让的观点。

《深圳市中级人民法院关于建设工程合同若干问题的指导意见》第24条规定："施工单位将其对建设单位的工程款债权转让给第三人的，建设工程价款优先受偿权随之转让。"（2010年的意见不支持，2014年修改后支持）

最高人民法院民一庭编纂的《民事审判指导与参考》第65辑《建设工程转让后，受让人是否享有优先受偿权》一文明确指出："建设工程债权转让后，受让人也应享有优先受偿权。建设工程施工单位转让其在施工中形成的债权，受让人基于债权的转让而取得工程款债权，因而其应当享有该工程款的优先受偿权。法定优先权属于担保物权，具有一定的追及效力，其功能是担保工程款优先支付，该权利依附于所担保的工程而存在，即使被担保的工程发生转让，也不影响施工单位优先受偿权的行使。"

上已述及，《湖南省高级人民法院关于审理建设工程施工合同纠纷案件若干问题的解答》第20条规定："建设工程价款优先受偿权所设立的立法本意系解决拖欠工程款问题，以推动承包人价款债权的实现，具有从属性，不具有人身属性，故承包人将建设工程价款债权转让的，建设工程价款优先受偿权随之转让。"

第二，不可以一并转让的观点。

《河北省高级人民法院建设工程施工合同案件审理指南》第37条规定："建设工程价款优先受偿权与建设工程价款请求权具有人身依附性，承包人将建设工程价款债权转让，建设工程价款的优先受偿权消灭。"

《深圳市中级人民法院关于建设工程合同若干问题的指导意见》第31条规定："承包人将其对发包人的工程款债权转让给第三人的，建设工程价款优先受偿权不能随之转让。"

第三，支持一并转让与否定一并转让的理由。

支持一并转让与否定一并转让观点分歧的背后，主要是由于各方对建设工程价款优先受偿权的性质及其是否具有人身专属性的看法不同，最高人民法院的案例中对采用肯定说与否定说的理由均有过阐述。

其一，否定说。

（2019）最高法民申 3349 号案件中，最高人民法院认为：建设工程价款优先受偿权为法定优先权，其设立初衷为通过保护施工单位的建设工程价款债权进而确保建筑工人的工资权益得以实现，专属于施工单位。

（2022）鲁 14 民终 757 号案件中，法院认为：建设工程价款优先受偿权是基于建设工程施工合同产生的法定优先权，享有该权利的主体应当受到合同相对性的约束，即只有与建设单位签订了建设工程施工合同的施工单位才享有建设工程价款优先受偿权，与建设单位之间没有建设工程施工合同关系的主体不享有建设工程价款优先受偿权。

其二，肯定说。

（2021）最高法民终 958 号案件中，最高人民法院认为，建设工程价款债权转让后，施工单位享有的建设工程价款优先受偿权可以随之转让，理由如下：建设工程价款优先受偿权为法定优先权，功能是担保工程款优先支付，系工程款债权的从权利，不专属于施工单位自身，可以随建设工程价款债权一并转让。《合同法》（已失效）第 81 条规定，债权人转让权利的，受让人取得与债权有关的从权利，但该从权利专属于债权人自身的除外。原《最高人民法院关于审理建设工程施工合同纠纷案件适用法律问题的解释（二）》第 17 条虽然规定由施工单位主张优先受偿权，但是并不能得出建设工程价款优先受偿权具有人身专属性的结论。故建设工程价款债权转让的，建设工程价款优先受偿权随之转让并不违反法律规定。

96. 应当通过何种方式行使优先受偿权？

答：该问题的本质系施工单位应当以何种方式行使优先受偿权才能受到

法律的保护，从而避免超过法定期限。笔者倾向于认为：第一，催告程序非行使优先受偿权的前置条件。虽然该问题在理论上存在争议，但实践中极少有施工单位因为未履行催告程序而丧失优先受偿权的案例，但为避免麻烦，可做防御性的催告。第二，仅在法定期限内向建设单位发函主张优先受偿权存在法院不认可其效力的风险，施工单位还应通过诉讼的方式主张权利，以确保万无一失。

第一，催告程序一般非前置条件，但为避免麻烦，可做防御性的催告。

工程价款优先受偿权成立之后，施工单位能否正常行使，还需要判断其是否具备相应的条件。根据《民法典》第807条的规定，其行使主要涉及了三个条件：其一，建设单位未按约定支付价款；其二，施工单位催告；其三，工程性质可折价、拍卖。第一个条件简单明了，一般不会发生争议；第二个条件和第三个条件在实践操作中时常会出现分歧。

关于上述第二个条件，主要存在必须催告和非必须催告两种观点。

坚持第一种观点的人认为，施工单位向建设单位发出催告通知后，经过一个合理期限，而建设单位仍未支付建设工程价款是优先受偿权的行使条件；此合理期限应当从建设单位收到催告通知之日起算，且此催告通知应当采用书面形式，至于合理期限究竟是多少天，应由法院按照建筑行业习惯及建设工程合同具体情形判断。坚持第二种观点的人则认为，按照法律规范的内容，施工单位可以催告建设单位在合理期限内支付价款，而非应当催告，即也可以不催告，且为彻底保护施工单位权益，应直接规定建设单位未按约定支付工程款时，施工单位即可行使优先受偿权。

值得注意的是，在司法实践中极少有施工单位因为未履行催告程序而丧失优先受偿权的案例。多数案例中，司法机关认为催告并非优先受偿权行使的前提条件或者将起诉本身视为一种催告，理由为：施工单位可以催告建设单位在合理期限内支付价款的规定中，催告并非施工单位行使优先受偿权的前置性条件，属提示性条款。

第二，仅在法定期限内向建设单位发函主张优先受偿权存在法院不认可其效力的风险，施工单位还应通过诉讼的方式主张权利，以确保万无一失。

为避免因超过法定期限而导致权利丧失，施工单位时常会通过多种方式证明其主张过优先受偿权。施工单位通过协商折价、提起诉讼的方式自然可以，但是仅向建设单位发函主张优先受偿权能否产生效力，实践中存在一定分歧，对此问题，实践中主要存在三种观点。

第一种观点：完全认可施工单位通过发函方式主张优先受偿权的效力。该观点认为，既然法律允许施工单位以非诉方式行使优先受偿权，则应为施工单位以此方式行使权利构建相应的保障机制，施工单位在法定期限内向建设单位发函主张优先受偿权，亦应受到法律保护。

第二种观点：部分认可施工单位通过发函方式主张优先受偿权的效力。该观点认为，施工单位通过发函方式主张建设工程价款优先受偿权的，需要确定欠付工程款的数额和工程折价的数额，未明确欠付的工程款数额及工程折价的数额的，不能认定为行使优先受偿权的有效方式。

第三种观点：不认可施工单位通过发函方式主张优先受偿权的效力。该观点认为，施工单位在法定期限内主张优先受偿权须以提起诉讼或达成协议为限，仅在法定期限内发函催告，不受法律保护。工程价款优先受偿权具有对物属性，如果施工单位仅是对建设单位发函催告，则为对人行使权利，与特定建设工程无关，不应具有法定的行使权利的效力。

笔者更倾向于第三种观点，具体理由主要为：其一，从规范的文义角度，依照《民法典》第807条的规定，施工单位行使优先受偿权的方式只有两种：一种是双方协议以工程折价，另一种是请求法院依法拍卖工程。从文字内容上，并不能解读出施工单位可发函主张优先受偿权的结论。其二，从与抵押权类比的角度，工程价款优先受偿权与抵押权相比，两者在标的物性质、担保作用层面具有一定的相似性，故抵押权的实现方式可以作为借鉴。其三，从如果可以发函主张所引发的后果角度，退一步来说，若施工单位通过发函的方式主张了优先受偿权，建设单位无非承认或拒绝，那么接下来的问题就是：发函产生了什么效果？下一步应该做什么？考虑到优先受偿权的行使期限最长是 18 个月，施工单位在 18 个月内发函主张优先受偿权，会使 18 个月的期间产生中断吗？显然不会发生该种后果。那么，是否会如保证期间一样，施工单位发函类似于主张了保证责任，进而起算优先受偿权本身的诉讼时效？显然也不会。因为在《民法典》担保物权的制度体系中，担保物权的行使期限只是和主债权诉讼时效期间进行了关联，并没有如保证制度那样同时设置保证期间和诉讼时效期间。

另外，《湖南省高级人民法院关于审理建设工程施工合同纠纷案件若干问题的解答》中认可了以发函、协议或其他方式主张优先受偿权。但根据上述分析，仅在法定期限内向建设单位发函主张优先受偿权存在法院不认可其效力的风险，笔者建议施工单位还应通过协商、提起诉讼的方式主张权利，以确保万无一失。

案例案号：（2020）鄂 11 民终 1313 号

案情概要：施工单位承建建设单位某工程，双方确认已完工工程价款支付期限。因建设单位逾期未能履行全部付款义务，施工单位主张建设工程价款优先受偿权。

裁判观点：法律对于施工单位可以催告建设单位在合理期限内支付价款的规定，并非主张优先受偿权的前置条件，施工单位未经催告程序，亦可直接起诉主张优先受偿权，施工单位向法院起诉，本身也是一种催告。

97. 建设工程价款优先受偿权可否通过调解确认？

答：在司法实践中，对这一问题的认识还存在一定的争议，主要有两种观点。笔者倾向于可以通过调解的方式予以确认，但法院一般会进行实体审查，重点审查建设工程价款优先受偿权的行使主体、行使期限、行使方式以及工程款债权的范围等实质性事项是否符合法律规定等。

建设工程价款优先受偿权是法律赋予施工单位的法定优先权。那么，施工单位除通过判决或仲裁裁决确认外，能否通过民事调解确认工程价款优先受偿权呢？在司法实践中，对这一问题的认识还存在一定的争议，主要有两种观点。

第一种观点认为，建设工程价款优先受偿权不能以调解书形式确认，理由为：其一，《最高人民法院关于适用〈中华人民共和国民事诉讼法〉的解释》第355条规定："当事人申请司法确认调解协议，有下列情形之一的，人民法院裁定不予受理……（五）调解协议内容涉及物权、知识产权确权的。人民法院受理申请后，发现有上述不予受理情形的，应当裁定驳回当事人的申请。"建设工程价款优先受偿权在性质上与法定抵押权类似，属于物权范畴，故不能通过调解书予以确认。其二，除施工单位外，建设单位往往还存在其他债权人，建设单位与施工单位在调解书中确认施工单位享有建设工程价款优先受偿权，易损害其他债权人利益。

最高人民法院在某案中认为调解书可能存在错误。已经有证据初步表明调解书可能存在将其他债权纳入建设工程价款优先受偿权范围的错误。调解书内容存在错误将直接损害银行的抵押权。建设工程价款优先受偿权是法定优先权，该权利一旦确定，当然优先于银行的抵押权。在建设工程价款优先受偿权与抵押权指向同一标的物，且该标的物拍卖、变卖所得价款不足以清偿工程欠款和抵押权所担保的主债权时，抵押权人的权益必然会因为建设工程价款优先受偿权的有无以及范围大小而受到影响。如果调解书存在错误，通过当事人约定的方式随意扩大法定优先受偿权的范围，将直接损害银行的抵押权。

第二种观点认为，建设工程价款优先受偿权可以以调解书形式确认，理由为：《民法典》第807条规定，建设单位未按照约定支付价款的……施工单位可就该工程折价或者拍卖的价款优先受偿。上述规定并未对确认优先受偿权的形式予以限定，也就是法无禁止即可为，在现行法律法规并未作出禁止性规定的情况下，应当允许以调解书形式对建设工程价款优先受偿权予以确认。

笔者倾向于第二种观点即可以通过调解确认优先受偿权，而且在笔者办理的一起案件中法院也支持了通过调解确认优先受偿权，主要理由为：

第一，建设工程价款优先受偿权系法定优先权的一种，不同于抵押权，亦不属于物权范畴。

优先受偿权系法律规定的特定债权人优先于其他债权人甚至优先于其他物权人受偿的权利，是法定优先权的一种。建设工程价款优先受偿权为法律直接规定的权利，具有法定性，生效无须登记公示；而抵押权系意定担保物权，须由当事人以法律行为设立，且以登记公示为生效要件。抵押权担保的范围包括主债权及利息、违约金、损害赔偿金和实现抵押权的费用，而建设工程价款优先受偿权的范围仅限于实际支出的费用。因此，两者在性质、范围等方面存在根本区别，故建设工程价款优先受偿权不同于抵押权，亦不属于物权范畴，不应受《最高人民法院关于适用〈中华人民共和国民事诉讼法〉的解释》第355条的限制。

第二，以调解书形式确认建设工程价款优先受偿权并未排除法院的审查义务，与以判决书形式确认建设工程价款优先受偿权并无本质区别。

比如《湖南省高级人民法院关于审理建设工程施工合同纠纷案件若干问题的解答》认为以调解方式确认建设工程价款优先受偿权的，符合法律规定的，法院可以确认，但要进行实体审查，未经实体审查或者经审查不符合建设工程价款优先受偿权行使条件的，不予出具调解书。

第三，以调解书形式确认建设工程价款优先受偿权并未阻断第三人的权利救济途径。

第四，建设工程价款优先受偿权作为一种法定优先权，诉讼不是施工单位实现建设工程价款优先受偿权的唯一方式。

案例案号：（2022）最高法民申22号

案情概要：施工单位从建设单位处承包案涉工程后，孔某作为案涉工程负责人与施工单位签订《工程项目管理合同》，建设单位、施工单位均认可案涉工程由孔某挂靠施工单位承建，工程实际由孔某施工完成。

裁判观点：建设工程价款优先受偿权是法定优先权，对于在人民法院调解书中明确建设工程价款享有优先受偿权的情形，法律、法规及司法解释并未予以禁止。本案中，建设单位与施工单位系集团化运作模式，实际控制人为同一自然人，建设单位的总经理、财务负责人均由施工单位任命并核发工资，所有资产均属于施工单位和实际控制人。由此，建设单位对案涉工程实际由孔某借用施工单位资质施工是明知或应知的，孔某与建设单位之间形成事实上的建设工程施工合同关系，调解书确认孔某在应收工程价款范围内享有优先受偿权并无不当。

98. 施工单位对哪些建筑不享有优先受偿权？

答：施工单位对不宜折价、拍卖的建筑不享有优先受偿权。违章建筑和工程质量不合格且难以修复的建筑，以及法律规定的其他情形等属于建设工程不宜折价、拍卖的情形。

根据《新建设工程施工合同解释（一）》第38条和第39条，竣工或未竣工的质量合格的工程属于宜折价的建筑在司法实践中没什么争议，施工单位对这类建筑可主张优先受偿权。

一般而言，建设工程价款优先受偿权的对象为可以折价、拍卖的工程，而对不宜折价、拍卖的工程则无法享有优先受偿权。然而，哪些建设工程不宜折价、拍卖，在司法实践中存在较大争议。笔者认为，违章建筑和工程质量不合格且难以修复的建筑，以及法律规定的其他情形等属于建设工程不宜折价、拍卖的情形。

第一种情形，违章建筑。

什么是违章建筑？一般认为违章建筑是指建造人违反国家法律、行政法规关于建筑行为的规定所建造的各种建筑物及其附属设施。违章建筑有两个鲜明的特征：一是违章建筑是违反了法律、行政法规的规定而建造形成的一种状态；二是违章建筑不仅包括各种建筑物，还包括其附属设施。

根据《城乡规划法》第64条、《土地管理法》第53条之规定，建设工程应当取得国家规划部门、土地管理部门的行政许可，即应取得建设用地规划许可证、建设工程规划许可证，否则属于违法建筑。而根据《民法典》《不动产登记暂行条例》等关于建筑物确权登记的规定，建筑物只有被确定为“合法”才能被准许登记，只有被依法登记为物权，权利才有被转移的可能性，从而实现其所担保的工程款债权。违章建筑未取得建设用地规划许可证、建设工程规划许可证等行政许可，实质上违反了法律，应属于违法建筑，无法折价、拍卖，不具备行使建设工程价款优先受偿权的基础，因此，施工单位不享有建设工程价款优先受偿权。

综上，违章建筑因为建造行为违法，导致无法完成初始登记，在此情况下，相关权利主体对违章建筑不能进行处分，即使进行了处分，根据《民法典》第232条的规定，处分行为也不发生物权效力。基于违章建筑不能处分之客观情况，其亦无法实现通过折价、拍卖的方式予以转让。

当然，一般认为如导致建筑违章之事由得以消除，使违章建筑成为合法建筑，则其不再属于前文所述的违章建筑之列。依据《新建设工程施工合同解释（一）》第3条之规定，建设单位虽未取得建设工程规划许可证等规划审批手续，但在起诉前取得的，仍然可以确认双方签订的建设工程施工合同有效，建设工程的违法因素消除，自然应属于合法建筑，施工单位应当享有建设工程价款优先受偿权。

第二种情形，工程质量不合格且难以修复的建筑。

《建筑法》《建设工程质量管理条例》等法律、行政法规均明确建设工程必须经过竣工验收合格方可交付使用。《新建设工程施工合同解释（一）》第19条对合同无效，工程验收不合格的处理规则进行了规定。根据该规定，对施工单位有关支付工程价款的请求，应根据修复后的建设工程的具体情况确定。即修复后的建设工程经竣工验收合格，建设单位请求施工单位承担修复费用的，应予以支持。修复后的建设工程经竣工验收不合格，施工单位请求支付工程价款的，不予支持。由此，建设工程经竣工验收不合格，主要是建设工程质量不符合国家或者行业规定的标准，一般包括两种情况：一种情况是，建设工程质量虽然不合格，但经过修复，可以使缺陷得到弥补，符合国家或者行业强制性质量标准。在这种情况下，建设单位仍然可以接受建设工程，并在修复后继续利用建设工程。另一种情况是，建设工程的质量缺陷无法通过修复予以弥补，建设工程丧失利用价值。对于没有利用价值的建设工程，只能炸掉重新进行建设，施工单位没有请求支付工程款的权利。

建设工程质量不合格且难以修复，属于建设工程经竣工验收不合格的一种情形。从合同目的的角度考虑，建设单位将工程交由施工单位进行施工并支付价款，目的在于获取质量合格的建设工程。如施工单位施工的工程质量不合格，且难以修复，则建设单位无法使用，导致合同的目的无法实现，施工单位不能享有工程价款优先受偿权。

第三种情形，法律、行政法规规定的其他情形。

建设工程不宜折价、拍卖，主要指建设工程不适合以折价、拍卖的规则进行转让。《民法典》第 399 条对禁止抵押的财产范围进行了规定。根据该规定，学校、幼儿园、医疗机构等为公益目的成立的非营利法人的教育设施、医疗卫生设施和其他公益设施属于不得抵押的财产。对上述财产的抵押进行限制，主要是基于公共利益的角度考虑。设定抵押权的目的是担保特定债权人债权的实现，若以学校、幼儿园、医疗机构等社会公益设施设定抵押，将会损害国家、集体和他人的利益，并且有可能扰乱社会经济秩序、破坏社会稳定。同理，对于不适合抵押的财产，更不适宜通过折价、拍卖的方式进行转让。故上述建设工程属于法律规定的不宜折价、拍卖的建设工程。需要明确的是，学校、幼儿园、医疗机构等的非公益设施范围内的建设工程，则不属于不宜折价、拍卖的建设工程，如学校开办的宾馆、医疗机构开办的生产基地等。

案例案号：（2020）最高法民终 905 号

案情概要：建设单位与施工单位签订《某工程施工总承包协议》，协议载明：在本工程建设规划许可证正式批复下达后，双方在本协议基础上正式签署《某工程施工总承包协议》。

裁判观点： 案涉工程因未取得建设用地规划许可证、建设工程规划许可证等行政审批手续，导致施工协议无效，且案涉工程属于违章建筑，无法实现折价、拍卖，不具备行使建设工程价款优先受偿权的基础。施工单位上诉认为在违章建筑尚有价值的情况下，其享有的该项权利不以工程非违章建筑，能够折价、拍卖为前提条件。但是，本案双方均认可案涉建筑现无合法手续，仅有主体框架，未装修使用，亦不具备出租等获取收益的合法、现实条件，施工单位未能证明其该项主张符合法律及司法解释规定的该项权利行使的各项基础条件，不予支持其该项上诉理由。

十一、管辖

99. 工程总承包合同纠纷案件或设备安装合同纠纷案件的诉讼管辖如何确定?

答：工程总承包合同纠纷适用专属管辖，由工程所在地人民法院受理，如约定仲裁则由仲裁机构处理；设备安装工程性质为建设工程，设备安装合同纠纷依法应属于建设工程施工合同纠纷，也应适用专属管辖。

依据《最高人民法院关于适用〈中华人民共和国民事诉讼法〉的解释》第28条的规定，《民事诉讼法》第34条第1项规定的不动产纠纷包括建设工程施工合同纠纷，应由不动产即工程所在地的法院管辖，这就是常说的建设工程施工合同纠纷的专属管辖。

建设工程施工合同纠纷以及建设工程分包合同纠纷适用专属管辖争议不大，在实务中争议较多的问题有：仅就工程总承包合同或联合体协议中的勘察或设计费起诉发包人，是否仍适用工程案件的专属管辖，是否可以由被告所在地或约定管辖地法院受理？设备安装合同常含有大量的采购内容，那么它属于买卖合同还是施工合同呢？

第一，工程总承包合同中的发包人与总承包人仅就工程总承包合同范围内的勘察、设计工作产生纠纷的，应适用专属管辖。

有观点认为，工程总承包合同中的发包人与总承包人仅就工程总承包合同范围内的勘察、设计工作产生纠纷的，并不属于建设工程施工合同纠纷，不应扩大建设工程施工合同纠纷专属管辖的适用范围。

笔者倾向于认为，应当适用专属管辖，理由如下：

首先，结合相关法律法规的规定及相关工程实践，通说认为工程总承包模式下发包范围可根据项目情况包含勘察、设计、施工、采购等多项内容，施工系该模式下总承包人的核心义务，由此建设工程总承包合同纠纷参照建设工程施工合同纠纷适用专属管辖原则从保持法律体系一致性来说具有合理性。

其次，就工程总承包模式下发承包双方因勘察、设计工作产生纠纷的管辖原则，除基于勘察、设计包含在总承包工程发包范围的，对于单纯的建设工程勘察、设计合同适用专属管辖具有一定的司法倾向。例如，湖南省高级人民法院、江苏省高级人民法院均将建设工程勘察合同纠纷及建设工程设计合同纠纷明确纳入不动产纠纷专属管辖的范围内。具体而言，从建设工程勘察、设计合同的内容上看，依据“先勘察、后设计、再施工”的建设工程原则，勘察文件是否准确以及设计文件是否合理，极大地影响了建设工程实际施工过程中的造价、工期、安全、质量等问题。从建设工程勘察、设计合同的履行方式上看，虽然该类合同的部分工作可以依托勘察单位、设计单位的智力和技术在工程所在地之外的地区完成，但无论勘察还是设计均需对工程现场进行详尽的勘察、分析，出具的成果文件亦体现了工程现场的实际情况。在交付成果文件后，勘察单位及设计单位同样会参与施工过程，在施工前与施工单位进行详细的交底并指导后续施工工作。

由此，对于建设工程勘察、设计工作产生的纠纷，尤其是包含在工程总承包范围内的勘察、设计工作产生的纠纷，即便在进入施工阶段之前发承包双方产生争议的，纳入不动产纠纷适用专属管辖从法律体系上看具有统一性，从工程实操上看具有合理性，从司法实践上看便于查明同一工程项目的建设工程纠纷案件事实。

第二，从相关法律法规对建设工程的定义来看，设备安装工程性质为建设工程，设备安装合同纠纷依法应属于建设工程施工合同纠纷，也应适用专属管辖。但购买设备带安装的合同中，买卖是主合同义务，安装是从合同义务的，此类合同则很可能被认定为买卖合同。

首先，设备安装工程性质为建设工程，设备安装合同纠纷依法应属于建设工程施工合同纠纷。

《建筑法》第2条规定："在中华人民共和国境内从事建筑活动，实施对建筑活动的监督管理，应当遵守本法。本法所称建筑活动，是指各类房屋建筑及其附属设施的建造和与其配套的线路、管道、设备的安装活动。"

《建设工程质量管理条例》第2条规定："凡在中华人民共和国境内从事建设工程的新建、扩建、改建等有关活动及实施对建设工程质量监督管理的，必须遵守本条例。本条例所称建设工程，是指土木工程、建筑工程、线路管道和设备安装工程及装修工程。"

《建设工程安全生产管理条例》第2条规定："在中华人民共和国境内从事建设工程的新建、扩建、改建和拆除等有关活动及实施对建设工程安全生产的监督管理，必须遵守本条例。本条例所称建设工程，是指土木工程、建筑工程、线路管道和设备安装工程及装修工程。"

根据上述法律规定可知，设备安装工程的性质为建设工程，设备安装合同纠纷依法应属于建设工程施工合同纠纷，也应适用专属管辖。

其次，购买设备带安装的合同中，买卖是主合同义务，安装是从合同义务的，此类合同则很可能被认定为买卖合同。反之，如果买卖或采购仅仅是从合同义务，那么该类合同也应当定性为设备安装合同即施工合同，相关纠纷依法应适用专属管辖。

案例案号：（2022）最高法民辖102号

案情概要：合同约定被告向原告采购31台电梯，合同履行期间，双方又签订补充协议，将总价调增。合同对付款方式、付款条件、违约责任等做了相应约定。

裁判观点：建设工程施工合同纠纷往往涉及工程造价评估、质量鉴定、留置权优先受偿、执行拍卖等，由建筑物所在地法院管辖有利于案件审理与执行，因而按照不动产纠纷确定管辖。在本案中，买卖设备是双方的主合同义务，安装仅是从合同义务，故应按照主合同义务（买卖）确定管辖法院，即不适用不动产纠纷专属管辖。

100. 在建设单位与施工单位所签订的施工合同中，已经约定了仲裁条款的，实际施工人向建设单位主张工程价款时，是否受该仲裁条款制约？

答：在建设单位与施工单位所签订的施工合同中，已约定的仲裁条款仅对合同相对方具有约束力，除非实际施工人认可或接受仲裁条款。

在建设工程纠纷解决过程中，合同相对性系实务中较为重要的法律问题，因此，在分析本问题时，笔者首先就本问题涉及的两层法律关系和两种情形进行梳理，以便于读者参考和理解。

第一层法律关系为建设单位与施工单位的施工合同关系；第二层法律关系为施工单位与实际施工人的施工合同关系；此处暂不展开讨论建设单位与实际施工人之间的法律关系及合同效力问题。第一种情形为建设单位与施工单位双方的施工合同约定仲裁管辖，施工单位与实际施工人双方的施工合同仅约定诉讼管辖，实际施工人是通过仲裁还是诉讼方式主张权利；第二种情形为施工单位与实际施工人双方的施工合同约定仲裁管辖，建设单位与施工单位双方的施工合同仅约定诉讼管辖，实际施工人是通过仲裁还是诉讼方式主张权利。

那么，实际施工人在主张权利时能否排除总承包人与转包人、发包人与承包人的仲裁管辖约定？对于这一点，司法实践中存在一定争议。

有观点认为，实际施工人应当受该仲裁条款约束，主要理由为：

首先，根据《新建设工程施工合同解释（一）》第43条的规定，建设单位仅在欠付工程价款范围内承担责任，实际施工人享有的权利系依附于施工单位对建设单位的权利。其次，在建设工程合同履约过程中，绝大部分实际施工人掌握并了解建设单位与施工单位所签订的施工合同的内容，甚至明知该施工合同已约定了仲裁管辖条款。最后，建设单位对于施工单位和实际施工人双方之间的真实关系可能不明知，因此应当符合建设单位对于第一层施工合同关系的争议解决途径的预期，即通过仲裁途径解决。

实际施工人主张建设工程价款以建设单位与施工单位所签订的施工合同为基础，该施工合同约定了仲裁条款，具有独立性且排除了人民法院的管辖权，并且实际施工人知晓该施工合同中已经约定了仲裁条款，故不得再通过诉讼途径排除案涉仲裁条款的适用。

笔者倾向于认为，实际施工人不应当受该仲裁条款限制。

首先，实际施工人并非发承包人签订的建设工程施工合同的签约方，不受建设工程施工合同中仲裁条款的约束。在《新建设工程施工合同解释（一）》第43条的情形下，存在三类主体、两层法律关系，建设单位和实际施工人之间并无签订新的施工合同的合意。基于合同相对性原则，建设单位与施工单位所签订的施工合同不得约束合同之外的实际施工人，除非实际施工人自愿认可仲裁条款或接受仲裁条款约束。

合同相对性原则在建设工程纠纷司法实践中具有深远影响，在个案的处理中，严格的合同相对性并不符合签订施工合同的各方主体的初衷，甚至与其初衷相背离。这就促使突破合同相对性原则的需求产生，如《新建设工程施工合同解释（一）》第43条就针对该需求做了规定。但是，在建设工程施工合同纠纷中存在合法突破合同相对性的情况，并不代表彻底否定合同相对性原则的适用，尤其涉及其他争议问题比如管辖问题时应对该等突破严格限缩适用。

其次，同样基于合同相对性原则，实际施工人对建设单位主张工程价款等，也不构成《最高人民法院关于适用〈中华人民共和国仲裁法〉若干问题的解释》第8条规定的情况，不得进一步视为对施工单位权利义务的继承。

最后，第43条规定实际施工人可突破合同相对性起诉建设单位，不具有代位请求的性质，也不属于代位权的范畴，否则不利于解决农民工工资拖欠问题。

案例案号： 最高人民法院指导性案例198号

案情概要： 建设单位与施工单位签订施工合同，约定施工合同发生争议的，向某仲裁委申请仲裁解决。合同履行过程中，因建设单位欠付工程款，实际施工人申请仲裁，建设单位以未与实际施工人达成仲裁协议为由提出仲裁管辖异议，该异议被某仲裁委驳回，并作出了仲裁裁决。建设单位向某中级人民法院起诉撤销仲裁裁决，某中级人民法院作出裁定撤销该仲裁裁决。

裁判观点： 实际施工人并非施工合同的当事人，亦未与建设单位、施工单位订立有效的仲裁协议，不应受建设单位与施工单位的仲裁协议的约束。实际施工人依据建设单位与施工单位的仲裁协议申请仲裁，仲裁机构作出仲裁裁决后，建设单位请求撤销仲裁裁决的，人民法院应予支持。